江苏粮食产业发展报告

——江苏优质粮食工程（2018—2020）

曹宝明　李　德　主编

中国农业出版社

北　京

图书在版编目（CIP）数据

江苏粮食产业发展报告. 江苏优质粮食工程：2018
-2020 / 曹宝明，李德主编. -- 北京：中国农业出版社，
2025. 6. -- ISBN 978-7-109-33507-3

Ⅰ. F326.11

中国国家版本馆 CIP 数据核字第 2025BR8122 号

江苏粮食产业发展报告——江苏优质粮食工程（2018—2020）
JIANGSU LIANGSHI CHANYE FAZHAN BAOGAO
——JIANGSU YOUZHI LIANGSHI GONGCHENG（2018—2020）

中国农业出版社出版

地址：北京市朝阳区麦子店街 18 号楼
邮编：100125
责任编辑：闫保荣
版式设计：小荷博睿　责任校对：吴丽婷
印刷：北京通州皇家印刷厂
版次：2025 年 6 月第 1 版
印次：2025 年 6 月北京第 1 次印刷
发行：新华书店北京发行所
开本：700mm×1000mm　1/16
印张：15
字数：261 千字
定价：88.00 元

主　　编　　曹宝明　李　德

编写人员　　刘　婷　高　杨　钱　龙
　　　　　　李玉莹　王　睿　刘煜妍
　　　　　　陶毓珉　宋　亮　缪书超

本报告获

国家社会科学基金

江苏省优质粮食工程专项资金

资　助

前言

　　洪范八政，食为政首；粮食安全，国之大者。粮食产业是全面夯实国家粮食安全根基的重要保障，"中国好粮油"行动计划实施的优质粮食工程是发展优质粮食产业、促进粮食产业现代化发展的重大举措。江苏作为经济发达的沿海省份，既是粮食生产大省，又是粮食流通大省，还是粮食消费大省，粮食作物种植业、粮食商贸流通业、粮食仓储物流业、粮食加工业、粮机装备制造业、粮食科技服务业等粮食产业各个部门的发展均处于全国领先水平，优质粮食工程实施以来，优质粮食产业发展取得了令人瞩目的成绩，不仅在维护国家粮食安全方面作出了江苏贡献，而且为全省经济繁荣和社会发展构筑了粮食产业的坚实支撑。

　　本书是江苏优质粮食工程实施的研究报告。课题组在广泛调查和深入研究的基础上，综合运用经济学、管理学、统计学等学科的理论和方法，描述和分析2018—2020年江苏实施优质粮食工程促进优质粮食产业发展的状况，具体包括三个部分。第一部分包括三章，第一章绪论；第二章江苏优质粮食产业发展概况；第三章江苏优质粮食产业发展的方向和重点。第二部分包括三章，其中第四章江苏优质粮食工程：产后服务体系建设；第五章江苏优质粮食工程：粮食质量安全检验监测体系建设；第六章江苏优质粮食工程："中国好粮油"行动计划的实施与推进。第三部分附录，是江苏优质粮食产业的相关政策文件。第一章介绍了粮食产业和优质粮食工程的内涵，并提出了江苏发展粮食产业的总体要求，随后从粮食产后服务中心、粮食质检体系、"中国好粮油"行动等方面具体阐述了江苏粮食产业的发展目标。最后分析了江苏优质粮食产业发展的必要性。第二章主要对江苏的产业发展情况进行了详细介绍与分析。包括江苏粮食产业发展的整体成绩，江苏"中国好粮油"项目的示范实施情况，粮食产后服务体系建设和完善质量检测体系的建设情况，项目管理统筹推进特色情况，科技兴粮实施成效情况，推动粮食产业高质量发展政策、措施和实施情况。也着重介绍了江苏优质粮食产业发展存在问题，包括整体层面的粮食加工发展滞后，缺乏市场竞争力，粮食产业链一体化水平低，影响产业发展，龙头企业规模和实力比较弱、辐射面小。还重点对小麦和稻米两大主粮发展的不足进行了归纳和分析。第三章对江苏优质粮食产业发展的方向和重点提出了针对性的建议，面上层面主要以"优质粮食工程"为契机，全面提升粮食产业发展水平；积极开展优质粮食订单收购，落实粮食产后服务政策措施，大力发展粮油精深加工，提高农业供给侧质量，拉长粮食产业链条，提升产业发展水平，实施科技兴粮、科技强粮战略，着力提高粮食科技含量，积极培育江苏粮油名牌，不断扩大市场影响，全面提升收储能力与物流效能。并具体对小麦和稻米两大主粮的发展提出了对策建议。第四章主要论述了有关优质粮食工程体系中有关产后服务体系建设的内容。通过明确产后服务体系建设的建设目标、建设亮点、主要任务、建设情况、发展经验以及发展建议等六个方面详细阐述了产后服务体系建设的具体情况。江苏粮食产后服务体系是"优质粮食工程"的重要组成部分，江苏按照"建设一批集收储、烘干、加工、配送、销售于一体的粮食服务中心"有关要求，组织开展粮食产后服务中心建设，旨在为市场化收购条件下的种粮农民提供优质、高效、双赢的粮食产后服务。第五章主要论述了江苏优质粮食工程：粮食质量安全检验监测体系建设的有关内容。从建设背景、建设意义、建设目标、保障措施、工作安排等方面详细介绍了江苏粮食质量安全检验监测体系建设的具体情况。列举了当前江苏粮食质量安全检验监测体系建设的主要成就，分析了其在建设过程中遇到的问题，并提出了相应的政策措施。粮食质量安全检验监测工作贯穿于粮食行业的购、销、调、存、加、进出口等各环节及社会流通的全过程，是整个粮食安全工作的重要组成部分。如何进一步加强粮食质量监管体系建设，实现粮食质量安全"机构成网络、监测全覆盖、监管无盲区、系统无风险"，切实保障粮食质量安全，是当前各级粮食行政管理部门必须思考和解决的问题。第六章以江苏"中国好粮油"行动计划建设目标为导向，分别介绍了江苏"中国好粮油"行动示范县，"中国好粮油"行动示范企业，"苏米"品牌发展建设发展情况。江苏"中国好粮油"行动示范县的建设成就：优质优价收购，促进粮农增收；推进加工转化，延伸粮食产业链；推广优良品种，加强绿色优质粮油供给；加强优质粮油品牌整合和培育，初见成效。存在的不足："示范工程"推进力度不够；优质粮食品种界定不清晰；权威有效的鉴定认定标准亟待出台；标准化管理和产业链滞后；科技支撑能力弱和产品附加值低。"中国好粮油"行动示范企业的建设成就：优质优价收购，促进农民增收明显；加强产学研合作，增强科技支撑能力；多渠道联动，扩大品牌影响力；打造全产业链，推动"好粮油"行动。存在的不足：粮食精深加工能力还需进一步提升；质量可追溯系统还需进一步升级；科技支撑能力还需进一步提高；线上渠道营销能力还需进一步强化；直销渠道建设还需进一步加强。"苏米"公用品牌建设成就：制定标准，启动"苏米"品牌化；品牌带动，聚"苏米"资源合力；整合传播，提升"苏米"品牌影响力。存在的不足：品牌影响力仍需扩张；品牌竞争压力较大；品牌推广力度有待提高；品牌聚合力没有完全发挥。结合"中国好粮油"行动计划建设实际和存在不足，江苏继续加强"中国好粮油"行动建设：进一步加强领导，落实责任；继续加大投入，推进"苏米"品牌建设；突出龙头企业带头作用，健全标准管理产业链条；进一步大力发展粮油精深加工，促进主食产业升级；加强科技支撑，推动科技成果转化；保持优质优价收购，调优产品结构；健全销售渠道，做好专题宣传。

本书是国家社会科学基金重点项目"粮食安全的法治保障研究"（20AZD116）的研究成果，获江苏省优质粮食工程专项资金资助。由于本书是对2018—2020年江苏优质粮食工程实施情况的集中阶段性的总结研究，其研究视角与数据收集主要聚焦于该特定时间段内的工程实施过程与成效，暂无针对后续年份数据的更新计划与相应研究安排，故本书数据截至2020年底不再更新。本书由曹宝明、李德主编，参与撰写和讨论的课题组成员有：刘婷、高杨、钱龙、李玉莹、王睿、刘煜妍、陶毓珉、宋亮、缪书超等。由于水平有限，错漏在所难免，恳望读者批评指正。

编　者

2025 年 6 月

目 录

前言

第一部分　江苏优质粮食产业发展总论

第二部分　江苏优质粮食产业发展分论

第三部分 附录（相关政策文件）

第一部分
江苏优质粮食产业发展总论

第一章 绪 论

古往今来，粮食安全都是治国安邦的首要之务。对中国这样一个人口大国而言，粮食生产是时刻不能放松的。正如习近平总书记反复强调的，"保障粮食安全是一个永恒的主题"。在党和政府的高度重视下，以及多重惠农政策的支持下，2003 年以来，我国的粮食生产取得了历史性的"十二连增"。2015 年全国粮食总产量 62 143.5 万吨。2016 年、2017 年全国粮食产量虽然有所减少，但在历史上仍然属于高峰。2018—2020 年，全国粮食产量再次迎来一波三连增，创下"十七连丰"的历史佳绩，2020 年全国粮食产量达到 6.69 亿吨[①]，创下历史最高值，同时持续保持世界第一。然而近年来，中国粮食产量得到有效保障，实现了高产量的同时，还同时存在"高库存"和"高进口"现象。

为了保护农民种粮收益和种粮积极性，国家对农民种植的粮食进行最低价敞开收购。因而，在国内粮食产量不断走高的同时，国内粮食库存也渐渐高企。2017 年初，国务院发展研究中心主任李伟在《中国经济时报》撰文称，近几年我国粮食库存屡创新高，2016 年就超过 6 亿吨，攀上历史最高点[②]。其中玉米占一半左右，大约为 3 亿斤[*]。粮食库存如此之高，以至于 2015 年国家粮食局使用了两个前所未有来形容当前中国的粮食储存形式，指出"各类粮油仓储企业储存的粮食数量之大前所未有，储存在露天和简易存储设施中的国家政策性粮食数量之多也前所未有"。2020 年，国家粮食和物资储备局有关负责人表示，中国粮食库存仍然处于历史高位，小麦、稻谷等口粮品种能够满足

---

① 数据来源：http://www.stats.gov.cn/tjsj/zxfb/202012/t20201210 _ 1808377.html。

② 数据来源：https://xianhuo.cngold.org/c/2017 - 02 - 23/c4824667.html。

* 1 斤＝500 克。

一年的消费需求，同时，企业商品库存明显增加，企业商品库存创近 15 年来的最高水平。

进口方面，2017 年，海关数据显示：2017 年，中国累计进口谷物和谷物粉 2 559 万吨，较 2016 年增长 16.4%，处于历史第二高位。2017 年大豆进口量达到 9 554 万吨，同比增长 13.9%，创历史最高纪录。2017 年食用油进口量为 580 万吨，同比提高 4.4%①。2019 年，中国累计进口谷物和谷物粉 1 785 万吨，同比减少 265 万吨，呈现明显下降趋势②。中国 2020 年累计进口大豆 10 033 万吨，首次超过 1 亿吨，较 2019 年进口增加 1 182 万吨，刷新 2017 年进口 9 553 万吨纪录③。

也就是说，当前中国粮食生产出现了历史上没有出现过的"三量齐增"现象。为何会出现这种局面呢？有学者指出，深层次的原因是农业生产和粮食种植结构不合理和不均衡，本质上是粮食生产的结构性失衡问题。或者更为确切地说，是中国粮食生产和粮食需求不匹配问题的集中体现。这种不匹配既包括粮食品种方面的失衡，比如玉米种植过多带来的玉米产量和库存过高。更为重要的是，品质和质量方面的结构性失衡。即生产出来的粮食没有市场竞争，大部分都是质量一般的大路货，而不是市场上需求量大的优质粮食产品。这就导致了一方面广大人民群众有购买优质粮食的刚性需求，另一方面市场上并没有足够的优质粮食供给，供需两个层面的矛盾十分突出。从而造成了大多数普通质量的粮食只能进入仓库。当国内需求不能得到有效满足时，只能从国外进口来予以满足。因此，在某种意义上，所谓的"三高并存"就是人民日益增长的美好生活需要不能得到充分有效满足，优质粮油产品供给少于需求而产生的供给侧问题。当然，党和国家已经充分意识到这个问题，提出了加快推进农业供给侧改革。2017 年，财政部和国家粮食局共同推出了"优质粮食工程"，试图通过中央财政引导性资金投入，有效地激活市场，发挥粮食流通对生产和消费的引导作用，促进粮食种植结构调整，提升粮食品质、满足消费者需求，促进农民增收、企业增效。"优质粮食工程"是粮食流通领域的一项重大工程，主要包括建立专业化社会化粮食产后服务体系、完善粮食质量安全检验监测体系和开展"中国好粮油"行动。之所以开展"优质粮食工程"，其目的是增加优

---

① 数据来源：http://www.sohu.com/a/223986124_806497。
② 数据来源：http://finance.sina.com.cn/money/future/agri/2020-02-05/doc-iimxxste8956726.shtml。
③ 数据来源：http://www.agri.cn/province/hainan/dsxxlb/202103/t20210322_7632988.htm。

质粮食产品供给，带动种粮农民增收，更好服务绿色农业发展和"健康中国"建设。其中，"中国好粮油"的目标是与优质粮食供给末端紧密联系的三大任务，其就政策目标来看，是到 2020 年把全国产粮大县的粮食优质品率提高 30% 左右。

党中央、国务院一直高度重视粮食工作，对粮食安全和粮食产业发展做出了一系列重大决策和部署。习近平总书记多次强调粮食安全的重要性，党的十九大报告也明确提出要"确保国家粮食安全，把中国人的饭碗牢牢端在自己手中"。

江苏地处长江三角洲，平原辽阔、雨热同季、河湖密布成就了粮食种植的悠久历史，是久负盛名的鱼米之乡。江苏省委、省政府高度重视粮食生产和流通，在推进经济发展的同时，正确处理好工业化、城镇化与粮食生产、粮食安全的关系，加大财政投入，加强科技和人才支撑、推进产业融合。近几年江苏粮食总产量保持在 700 亿斤左右，不仅保障了省内 8 000 万人口消费，而且水稻、小麦每年销往外省 200 亿斤以上，为全国粮食安全做出了积极贡献。

2017 年 8 月，国家粮食局、财政部发布了《关于印发"优质粮食工程"实施方案的通知》（国粮财〔2017〕180 号），江苏通过竞争性申报成功入围国家粮食流通领域"优质粮食工程"重点支持省份，获得中央财政补助资金 3 亿元，省财政安排配套资金 1.57 亿元。2017 年 9 月，江苏省粮食局下达了《关于开展 2017 年江苏省"优质粮食工程"申报工作的通知》，全面推进江苏省"优质粮食工程"建设；2017 年 9 月，国务院办公厅印发了《关于加快推进农业供给侧结构性改革大力发展粮食产业经济的意见》（国办发〔2017〕78 号），2018 年 1 月，江苏省政府办公厅印发了《关于大力发展粮食产业经济加快建设粮食产业强省的实施意见》（苏政办发〔2018〕2 号），对大力发展粮食产业经济做出战略部署。

当前中国特色社会主义进入新时代、我国社会主要矛盾已经转化为人民日益增长的美好生活需要和不平衡不充分的发展之间的矛盾，在我国粮食供给侧结构性改革持续深入推进，在江苏迈进"强富美高"新征程、乡村振兴实施新战略、粮食产业实现高质量发展、城乡居民对优质粮食出现新需求的背景下，迫切需要加强优质粮食相关技术与标准、产业与政策的研究工作，本书系统性分析了江苏 2018 年"优质粮食工程"实施的现状，指出了实施中存在的问题，提出了未来发展的措施及建议。

一、优质粮食产业

(一) 粮食产业的内涵

粮食产业是指从原粮生产到成品粮消费过程中所有与粮食相关的细分产业的集合体，主要由生产环节、流通环节、消费环节以及提供信息和技术支持的周边服务部门组成，包括粮食种植业、粮食商品流通业、粮食加工业、粮食仓储物流业、粮食装备制造业、粮食科技与信息服务业等部分。尽管各部分分工形成的经营方式、经营形态、企业模式和流通环节有所不同，但是它们之间利益相互联系，其经营对象和经营范围是围绕着共同产品而展开的，并在各行业内部完成各自的循环。

粮食产业的形成是社会分工和社会生产力水平提高的产物，一方面我国经历多次粮食市场化体制改革，逐渐由计划经济时期的统购统销向社会主义市场化体制下自由购销转变，在此过程中，随着粮食市场放开，购销市场经营主体多元化发展速度加快，使得市场分工不断细化，《粮食流通管理条例》中将粮食的收购、销售、储存、运输、加工、进出口等经营活动都纳入粮食流通的范畴中，各粮食经营活动之间既相互独立又相互融合，不断充实粮食产业的内涵；另一方面，社会生产力水平不断提高，目前我国粮食产业逐步实现由传统粮食业向现代化、国际化、生态化粮食业过渡的转变过程，其中社会生产力水平的提高是最主要的推动力，由此出现粮食科技与信息服务业以及"互联网＋"形式的新型粮食经营业态，粮食产业的内涵也被进一步扩展。因此，随着社会生产力水平的进一步提高，以及各部门专业化程度的不断深化，粮食产业的内涵也将得到充实和更新。

长期以来，我国粮食产业一直存在生产与流通分割的弊端，粮食种植业属于农业生产部门，而粮食的收购、销售、储存、运输、加工、进出口等细分产业则属于粮食流通部门，这对粮食产业的长远发展形成一定的障碍。

(二) 优质粮食工程

国家"优质粮食工程"自 2017 年 5 月开始部署，2017 年 8 月正式启动实施，主要包括粮食产后服务体系、质检体系、"中国好粮油"行动三个子项工程。"优质粮食工程"是推进粮食行业供给侧结构性改革的重要突破口，是加快粮食产业经济发展的重要抓手。"优质粮食工程"的实施以"为耕者谋利，为食者造福"、推进精准扶贫、保障国家粮食安全为目标。一方面，有利于提高绿色优质粮油产品供给，将提升收获粮食的优质品率、优质优价收购量和粮油加工产品的优质品率等作为重要考核指标；另一方面，有利于提高种粮农民利益，将带动农民增收作为重要考核指标。

国家粮食局和财政部要求各参与省份要年度统筹安排好"优质粮食工程"3个子项的实施规模和实施范围，避免安排畸轻畸重。粮食主产省份要协调推进产后服务体系建设、质检体系建设、"中国好粮油"行动各个方案的实施。粮食主销省份和产销平衡省份要以质检体系建设和"中国好粮油"行动为重点，同时适当安排产后服务体系建设。各地在具体实施过程中，要讲政治、顾大局，认真落实党中央、国务院关于扶贫攻坚决策部署，在安排具体项目时，要向本省份的国家级扶贫开发工作重点县和集中连片特殊困难县倾斜。粮食产后服务体系建设要保证为种粮农民提供市场化、专业化的粮食产后服务，确保在"十三五"期末实现产粮大县全覆盖的目标。质检体系建设要坚持"机构成网络、监测全覆盖、监管无盲区"的原则，向辖区内粮食主产区域、新建粮食检验机构适当倾斜。"中国好粮油"行动要以"增品种、提品质、创品牌"为目标，充分发挥中央、省级以及地区性大型国有骨干粮食企业的引领、带动和示范作用，重点支持有基础、有实力、有品牌、有市场占有率，且能带动农民扩大优质粮食种植、增加绿色优质粮食市场供给的企业，尽快实现规模化、标准化、品牌化，加快推进产业升级，提升绿色优质粮油产品供给水平。

二、江苏优质粮食产业发展目标

（一）建设粮食产业强省

1. 总体要求

全面贯彻党的十九大精神和中央农村工作会议精神，以习近平新时代中国特色社会主义思想为指导，以实施乡村振兴战略为新时代做好"三农"工作的总抓手，认真落实国家粮食安全战略，积极践行创新、协调、绿色、开放、共享的新发展理念，以推进农业供给侧结构性改革为主线，以增加绿色优质粮食产品供给、促进农民持续增收为重点，坚持市场主导、政府引导，产业融合、协调发展，创新驱动、提质增效的基本原则，坚持质量兴农、绿色兴农的发展方向，大力实施优质粮食工程，加快推进农业由增产导向转向提质导向，打造新动能，促进粮食产业创新发展、转型升级、提质增效，推动形成"种粮农民种好粮、收储企业收好粮、加工企业产好粮、人民群众吃好粮"的粮食流通新体系，构建更高层次、更高质量、更有效率的粮食安全保障体系，推动江苏由粮食产业大省向粮食产业强省转变。

2. 发展目标

到 2020 年，初步建成适应江苏省情和粮情的现代粮食产业体系，产业发展的质量和效益明显提升，更好地保障粮食供给、带动农民增收、促进产业升级。绿色优质粮食产品有效供给稳定增加，全省粮油优质品率提高 30％以上，实现粮油加工业总产值 3 000 亿元以上，粮食加工转化率达到 88％，打造主营业务收入 50 亿元以上粮食企业 5 个，建成省级粮食产业园区 30 个，省级以上粮食产业化龙头企业和粮食产业集群辐射带动能力持续增强，把江苏建设成为产值千亿级的全国油脂加工中心和世界级粮食机械装备制造基地，粮食科技创新能力和粮食质量安全保障水平位居全国前列。

（二）实施"优质粮食工程"

1. 粮食产后服务中心

针对市场化收购条件下农民收粮、储粮、卖粮、清理烘干等一系列难题，通过整合粮食流通领域的现有资源，建立专业化的经营性粮食产后服务中心，有偿为种粮农民提供"代清理、代干燥、代储存、代加工、代销售"等"五代"服务基本功能，并逐步实现"功能延伸"将服务扩展到提供市场信息、种子、化肥等和融资、担保服务，发展"粮食银行"，推广订单农业等服务，最终实现增强农民市场议价能力，促进粮食提质进档，推动节粮减损和提高专业化服务水平的目标。

2. 粮食质检体系

按照"机构成网络、监测全覆盖、监管无盲区"的总体要求，向辖区内粮食主产区域、新建粮食质检机构适当倾斜，建立与完善由省、市、县三级粮食质检机构组成的粮食质检体系架构，着力解决粮食质量安全预警监测与检验把关能力不足、基层粮食质检机构严重缺失的问题，实现省、市、县三级工作联动，提升粮食质量安全监管水平。

3. "中国好粮油"行动

以推进粮食供给侧结构性改革为主线，按照高水平全面建成小康社会的要求，通过加强科技支撑、建设销售渠道、做好专题宣传、实施示范工程，更好地发挥流通对生产和消费的引导作用，大力增加绿色优质粮油产品供给，到2020年，在确保粮食数量安全的前提下，让农民在优质优价中增加收入，全省产粮大县的粮油优质品率提高30％以上，新增一批具有影响的省级以上绿色优质粮油品牌，促进城乡居民由"吃得饱"向"吃得好"和"吃得健康"转变。

三、江苏优质粮食产业发展的必要性

国务院办公厅要求地方各级人民政府要高度重视粮食产业经济发展，因地制宜制定和推进本地区粮食产业经济发展的实施意见、规划和方案，加强统筹协调，明确职责分工。加大粮食产业经济发展实绩在粮食安全省长责任制考核中的权重。国家粮食局要求大力发展粮食产业经济，围绕加快推动我国由粮食生产大国向粮食产业强国迈进，顺应一二三产业融合发展趋势，突出强化产业链、创新链、价值链"三链协同"，加快粮食产业创新发展、转型升级、提质增效。江苏要实现粮食产业强省的目标，就要以推进农业供给侧结构性改革为主线，大力实施"优质粮食工程"，高质量推动江苏优质粮食产业发展。

（一）是人民日益增长的美好生活的需要

党的十九大报告指出，中国特色社会主义进入了新时代，我国社会主要矛盾已经转化为人民日益增长的美好生活需要和不平衡不充分的发展之间的矛盾。而粮食行业紧贴生产者和消费者，必须把人民对美好生活的向往作为奋斗目标。2018年全国粮食流通工作会议工作报告指出，从现阶段粮食消费看，人民群众对美好生活的追求和向往，主要体现为从"吃得饱"向"吃得好""吃得健康""吃得放心""吃得便利"跃升。在产品种类上，更加注重多样化、个性化。在质量要求上，更加注重绿色有机、安全营养。在供给服务上，更加注重便捷化、精细化。这些都要通过加大粮食产业发展来加以实现。

（二）是实施乡村振兴战略的需要

实施乡村振兴战略，是党的十九大做出的重大决策部署，是新时代"三农"工作的主要抓手。实施乡村振兴战略，是产业兴旺、生态宜居、乡风文明、治理有效、生活富裕的总要求，而产业兴旺则是乡村振兴的重点。这其中，为夯实农业生产能力基础，必须深入实施藏粮于地、藏粮于技战略，严守耕地红线，确保国家粮食安全，把中国人的饭碗牢牢端在自己手中。必须全面落实永久基本农田特殊保护制度，加快划定和建设粮食生产功能区、重要农产品生产保护区，完善支持政策。实际上，乡村振兴尤其是产业发展，离不开粮油产业的发展。粮食产业发展对乡村振兴特别是乡村产业兴旺具有十分重要的意义。

（三）是行业发展上台阶的需要

随着我国粮食供给侧结构性改革持续深入推进，江苏省粮食产业经济有了前所未有的大发展，但其存在的结构性矛盾这一突出问题，长期表现为产业结构不合理、产能利用率低；产业链短、关联度低；产业布局分散、集中度低；创新投入少能力弱、产品附加值低。我国粮食连年丰收，产量多年处在6亿余吨的高水平，供求相对宽松，粮食库存持续高企，粮食价格形成机制和收储体制改革深入推进。江苏粮食产业企业担负着粮油加工转化任务，与山东、河南等粮食工业企业相比、与世界粮食强国的差距还很大，如何借机发力，乘势而上，统筹好粮食生产、储备、流通三个能力建设，显得机不可失、迫在眉睫。

第二章 江苏优质粮食产业发展概况

一、江苏优质粮食产业发展成就

江苏认真贯彻落实《国务院办公厅关于加快推进农业供给侧结构性改革大力发展粮食产业经济的意见》（国办发〔2017〕78号），推动全省粮食产业经济高质量发展，促进粮食提质增效、农民就业增收。江苏把推进"优质粮食工程"作为厚重产业优势、增创发展亮点、加快粮食产业转型升级的重要载体，明确县级人民政府是"中国好粮油"行动示范建设的责任主体，县（市）粮食部门是推进主体、监管主体，示范企业、建设单位是实施主体，统筹组织实施"优质粮食工程"，确保工作开展有序，项目建设合规达效。

（一）江苏粮食产业发展成绩斐然

2020年，江苏省入统企业①1 179家，全省粮油工业总产值3 040.2亿元，较2017年增加21.1%；实现销售收入2 477.97亿元，较2017年增加23.51%。全省粮油机械制造业产值112.2亿元，约占全国粮机制造产业总值一半。全省拥有国家级研发中心6家，国家级龙头企业23家，省级龙头企业137家，拥有中国驰名商标24个、中国名牌11个、江苏名牌117个、地理标志产品24个。江苏省2020年粮食播种面积540.6万公顷，占全国的4.63%，排名全国第九；粮食总产量3 729.1万吨，占全国的5.57%，居全国第七位；粮食单位面积产量为每公顷6 898千克，居全国第三位，较2019年有所提高，

---

① 入统企业是指被列入政府统计部门名单的企业，这些企业需要按照规定向统计部门报送相关数据和报表。

每公顷单位面积产量比全国总体水平高出 1 165 千克，高出 20.3％。

2017—2019 年，全省批复"优质粮食工程"总投资 27.31 亿元，支持建设 19 个"中国好粮油"行动示范县、4 个省属国有和 4 个央企示范企业、198 个粮食产后服务中心和 90 个县级粮食质检机构。截至 2020 年，全省累计完成投资 25.82 亿元，投资完成率 94.53％；累计投入使用项目达 330 个，项目完工率 92％。通过持续推进"优质粮食工程"，2018 年、2019 年推广优质食味稻面积分别达 1 050 万亩、1 213 万亩，稻麦优质品率增长 30％以上；2017—2019 年度优质优价收购粮食 235 多亿斤，助农增收 10 亿元；江苏粮油产品在长三角地区、福建、广东沿海地区广受欢迎，近三年优质稻米年均销往省外达 100 亿斤以上；2019 年销售"苏米"217.1 万吨，销售金额 100 亿元；评审认定 50 家"江苏好粮油样板店"，新增粮油品牌国家级 8 个、省级 8 个。"江苏省优质稻米产业技术创新战略联盟"等 5 家省级以上联盟单位，涵盖大米、小麦粉、油脂、饲料、粮机等五大产业。成立全国首个国家优质粮食工程（南京）技术创新中心，研发创新新品种，提升粮油品质。

（二）"中国好粮油"项目示范实施

1. 示范项目重"实"

围绕建设目标合理设置优质优价收购、科技支撑、销售渠道建设、宣传推介等子项。推进措施实，认真组织策划论证，切实加强项目调度，确保项目按期建设。资金投入实，在省级配套到位基础上，要求各地抓好配套、自筹和垫付资金的落实，确保项目顺利实施。

2. 示范项目求"新"

围绕区域粮油特色，创新思路，挖掘亮点。19 个示范县、4 个省属示范企业和 4 个央企示范企业均有各自特色，泗洪县着力打造稻米小镇、阜宁县打造中国地理标志产品阜宁大米、沭阳县发展高墟碱米、如东县发展地区高端小品种食用油、兴化积极发展全国最大的水上粮食交易市场——戴窑市场、宝应县依托宝粮集团发展全产业链建设、盱眙县发展龙虾米，江苏省粮食集团和江苏省农垦集团分别在优质红小麦和稻米全程质量可追溯上示范引领。推进中注重发展方式、运行机制上的创新，如泗洪县注重整合集聚各类要素参与稻米小镇建设。产品研发新，通过精准施策、多方推动，鼓励支持加快粮食产品供给绿色化、优质化、特色化、品牌化，满足市场需求。

3. 示范项目显"优"

鼓励支持粮油企业打造粮油品牌。2017 年起，江苏对全省新增的省级以上粮油名牌产品进行奖补，其中新增的"中国好粮油"产品和国家级粮油品牌，每个奖补 50 万元以上，新增的省级粮油品牌，每个奖补 20 万元以上。通过发挥品牌效益，推动产业集聚，带动农民收入增加，提高地区粮油优质品率。

4. 示范项目显"特"

将创建省域"苏米"公共品牌作为江苏的首要任务。2017 年 8 月，时任江苏省委常委、副省长杨岳批示要求"集中精力打造'苏米'这一亮丽名片"。2018 年 4 月，江苏省政府 2018 年度十大主要任务百项重点工作考核内容，明确"制定'苏米'团体标准和管理办法，培育'苏米'省域公共品牌"。《江苏省委省政府关于贯彻落实乡村振兴战略的实施意见》（苏发〔2018〕1 号）明确要求，打造一批有影响力的"苏"字号区域公用品牌，着力推进"苏米"品牌创建。一是组织编制了适合江苏实际的"苏米"团体标准，包括"苏米"稻谷种植技术规程、"苏米"加工技术规范、"苏米"原料稻谷、"苏米"成品大米等部分。二是制定包括"苏米"加入门槛、宣传推广、包装使用等相关要求的《"苏米"品牌管理办法》；明确"苏米"产业联盟各成员方的职责、权利和义务，确保联盟有效运行的《"苏米"产业联盟章程》，推进江苏优质稻米产业的发展。三是会同省科技厅成立江苏品牌稻米产业技术创新战略联盟，积极整合科技创新资源，合作开展课题研究和产品开发，努力培育新的粮食产业经济增长点，推动"苏米"产业由数量增长向质量提升转型。四是通过开展"苏米"视觉识别系统及应用延展设计，针对"苏米"公用品牌开展营销策划及整合传播方案设计，全面开展"苏米"品牌营销推广。

（三）两大体系建设齐头并进

加强粮食产后服务体系建设和完善质量检测体系，是"优质粮食工程"的重要组成部分，二者相辅相成，江苏摆正二者之间的关系，做到齐头并进、比翼齐飞。建设产后服务中心主要以整合盘活现有仓储设施等资源为重点，在保证必要的服务功能前提下，结合实际需要，选择确定建设内容，改造、提升功能，发挥技术、人才优势。一般不得新建仓容，基建部分以维修改造为主。一是整县推进、分批建设。产后服务中心建设按照整县推进原则，集中连片组织实施。从 2017 年到 2019 年，三个年度分批推进建设，2017 年度 18 县建设 58

个产后服务中心，2018 年度 25 个县建设 110 个产后服务中心，2019 年度 4 个县建设 30 个产后服务中心。二是补助标准高。2017 年度产后服务体系建设总投资 1.8 亿元，省以上补助资金 1.09 亿元，占总投资达 60％。财政资金补助标准较高，解决了部分粮库筹资困难等问题。三是建设主体多样。主体范围以国有粮库为主，适当兼顾农民合作社、粮油加工企业等。为利于市场竞争，原则上年服务能力不低于 1 万吨、日烘干能力不低于 200 吨、一个县应不少于两类建设主体。四是建设规范合理。粮食产后服务中心依法依规用地，有新增烘干机建设的，办理前期手续，确保建设合规。列入年度计划的县和项目在 12 个月内完成建设任务。五是统一运营管理。对验收合格的粮食产后服务中心，挂"江苏省粮食产后服务——×中心"牌子，统一编号、统一标识。对各地已有的服务机构，达到产后服务中心建设标准的，可自愿申请挂牌，增强其社会影响力。

（四）项目管理统筹推进创特色

一是出台《关于江苏省"优质粮食工程"的实施意见》加强对项目实施的指导。建立"优质粮食工程"省局联系人制度，加大组织推进力度，先后召开"中国好粮油"行动示范视频推进会和"优质粮食工程"现场推进会，下发督查通报，对建设滞后的项目单位开展约谈，责成当场签字承诺开工及完成时限。在一个年度的建设周期结束后，编制《江苏省优质粮食工程发展报告》，加强面上指导。二是在严格落实国家规定的基础上，结合江苏实际，省粮食局会同省财政厅出台了"优质粮食工程"实施方案、管理制度和绩效评价办法等，具体实施情况纳入粮食安全省长责任制考核和省政府真抓实干成效考核，并作为下一年度项目资金安排和其他扶持政策的重要参考。

（五）科技兴粮实施初见成效

认真贯彻国家粮食局、科技部等相关部门下发的科技兴粮实施意见，为江苏省粮食产业经济发展提供科技支撑。一是切实发挥科技联盟作用。2017 年 5 月 17 日，召开江苏粮食产业科技创新联盟理事长单位负责人座谈会，协调解决有关问题，交流课题研究和产品开发经验。2017 年江苏粮食产业已成立国家级研发中心 7 家、省级研发中心 31 家，创建食用植物油、优质小麦、优质稻米、粮机装备、新型饲料等 5 家国家级、省级产业技术创新战略联盟，积极整合科技创新资源，合作开展课题研究和产品开发，努力培育新的粮食产业经济增长点。二是深入开展粮食科技周活动。2017 年 5 月 18 日，在苏州成功举办全省粮食科技活动周主会场活动，展示江苏粮食科技成果，开展科技成果对接，宣传优质粮油产品。同时，推荐省内优质涉粮科技企业参加国家粮食局在武汉举办的科技周展示活动，提升江苏省涉粮企业影响力。其间，指导各地粮食部门围绕"科技创新强业兴粮"主题，组织开展丰富多彩的活动，助力高质量发展和乡村振兴，不断满足人民群众日益增长的绿色优质安全的粮油消费需求。三是大力推广绿色储粮。积极推广绿色生态、节能环保的储粮新技术、新工艺。气调储粮、食品级惰性粉防虫、粮库屋顶光伏发电、水源热泵低温储粮等技术工艺在众多库点投入应用。全省实现气调储粮仓容 238 万吨，实现低温准低温储粮仓容 1 651 万吨，占全省完好仓容的 47％。粮库仓顶光伏发电装机容量 8 166 千瓦，年度发电量 480 万千瓦时，绿色储粮条件大幅提高。率先建成省级智慧粮食云平台和 13 个设区市市级综合信息管理平台，建成不同层次的数字化粮库近 800 家，组建省级粮食大数据实验室。

（六）推动粮食产业高质量发展

一是注重政策引领。2018 年初，提请省政府办公厅出台了《关于大力发展粮食产业经济加快建设粮食产业强省的实施意见》，明确了发展目标和实施路径以及政策支持。省粮食局下发《关于〈省政府办公厅关于大力发展粮食产业经济加快建设粮食产业强省的实施意见〉任务分解的通知》，将有关具体落实的任务分解到相关职能处室，形成推进合力。各地级市于 2018 年底前相继出台了本地区粮食产业经济发展的实施意见或实施方案，协调发展改革、财政、税务、供电等部门单位，落实相关政策措施。二是突出品牌培育。会同省粮食行业协会共同举办 2018 年度粮食行业江苏省名牌申报培训班，指导企业争创国家和省名牌。草拟《江苏省省级以上粮油名牌创建奖励办法》，会同省财政厅对当年入选国家级、省级名牌及入选"中国好粮油"产品的企业给予奖补。积极争取省工商局和国家工商总局的支持，推动"苏米"公共品牌建设，组织粮油企业参加中国粮食交易大会、第十四届粮食产销协作福建洽谈会、第十六届江苏名特优农产品（上海）交易会等活动，展示推介江苏粮油产品，努力提升江苏好粮油的市场占有率。三是加快推动粮食产业（物流）园区建设。联合省发改委组织申报、批复 2018 年中央预算内资金支持江苏省粮食物流项目 10 个，总投资 7.9 亿元，下达补助资金 1.3 亿元。与省发改委共同组织，对张家港粮食产业园等 5 个园区预授牌"江苏省级粮食物流产业园"，引领园区建设，发挥示范作用。组织各设区市和省规划园区负责人参加全省物流业高质量发展专题培训会。四是加强产业指导。为准确掌握粮食行业发展现状，加大粮食产业发展指导力度，编制出版《江苏粮食产业发展报告》，研究全省各地区产业发展区域特色和产业政策。编制粮食产业统计报告汇编材料，为各地推动粮食产业经济发展提供决策支持。召开"全省粮食产业高质量发展会议"，围绕优化产业布局、推进产业集聚、加强科技创新、夯实产业基础等内容进行了大会交流和现场观摩，着力推动粮食产业高质量发展。

二、江苏优质粮食产业发展存在问题

（一）粮食加工发展滞后，缺乏市场竞争力

全省粮油加工企业产品仍以初级加工和粗加工产品多，主食加工及副产物的综合利用率低，产能较为落后，中高端产品和深加工产品供应不足。2020年，全省粮食食品企业工业总产值仅占 2.97%，与山东、河南等邻近省份粮油产品加工结构、主食工业化等方面相比有着不小差距，粮食作物的综合利用转化效益低，农民仍以出售初级农产品为主，单一的粮食生产容易出现卖难问题，粮食作物产业链条短，粮食加工企业带动能力不强，与农户之间联系得不够紧密，绝大多数没有订单，没有稳定的契约关系，仍然是一种简单的市场交易关系，关联度低。

（二）粮食产业链一体化水平低，影响产业发展

粮食产业链是以粮食产品为核心的集生产资料供应、生产、深加工、转化、销售于一体的由各相关环节和组织载体所构成的组织体系。在中国粮食产业链发展中遇到的一个重要问题是，没有把粮食产业的所有环节作为一个整体来研究和改造，生产、储存、运输、消费尚未形成完整统一的链条。一方面，在粮食种植环节，粮食流通企业主动介入不够，导致销售与生产环节脱节，没有优质原粮，就不可能生产出优质产品。另一方面，产品专用程度和品质不能满足加工业的需求，产品研发能力低，新开发产品少。再就是，粮食生产、加工、流通的产业链短，产品加工深度不够，加工转化和增值率低。随着粮食市场放开和粮食购销主体多元化，与粮食生产、流通、消费有关的诸多市场信息难以收集。因此，存在着粮食供求形势逆转并冲击粮食产业化进程的隐患。江苏省农村很多地区采用小农户分散经营方式，几乎没有分工与协作，主要从事

原料生产。由于缺乏较强的龙头企业带动，专业合作经济组织不完善，没有把农产品的生产、加工、销售等环节连为一体。长期以来，许多粮食生产者并没有加入粮食产业链中，作为粮食生产者的农户的生产模式大多仍是小农经济，生产规模小，粮食加工企业很难与数量众多的农户建立密切的合作关系，而选择从粮库采购粮食，这就将粮食生产环节排除在产业链外。

（三）龙头企业规模和实力比较弱，辐射面小

与国内外农产品加工企业相比，江苏省参与粮食产业的龙头企业规模和实力比较弱，在产业化中的带动作用较小。发达国家粮食企业通过产业化发展已步入集团化和跨国化，行业集中度高。与之相比，我国粮油行业长期处于计划经济的环境中，按行政区划建店设厂，产业环节割裂、资源配置不合理，粮食企业模式小而弱。与世界食品加工业 50 强相差很远。目前，世界上 200 家最大的食品加工企业的产值，已占到全球食品部门总产值的 1/3，而江苏省最大的农业产业化龙头企业——江苏省粮食集团有限责任公司，年销售收入也只有 127 亿元，全国近 3 万家农业产业化龙头企业的年销售收入不如世界最大食品企业前两名的年销售收入之和。龙头企业的科技和质量水平明显落后，目前我国农产品加工企业的技术装备水平 80％处于 20 世纪 70—80 年代的世界平均水平，15％左右处于 90 年代水平，只有 5％左右达到目前国际先进水平。我国农业企业总体上规模小，市场竞争力弱，抗风险能力低，整体经济收益比较差，龙头企业的带动作用没有很好体现出来。另外，企业与农户结合松散，连接不紧，多数龙头企业和组织与粮食生产基地、粮农之间紧密型、半紧密型的结合少，松散型的协作多。利益均沾、风险共担的利益机制尚未建立起来。龙头企业与粮农一般是靠信誉维持买卖、供应关系，很少订立正式的产销合同。一旦市场发生变化，双方为了各自利益最大化，往往终止原来预约的买卖行为。当粮食走俏时，企业没有货源，粮食滞销时，粮农的粮食又卖不出去，双方都没有可靠的保障，对粮食产业化的发展极为不利。

三、江苏小麦产业发展存在问题

（一）小麦生产面临的问题

一是晚播面积大，制约小麦高产稳产。江苏小麦 70％面积为稻茬麦，水稻迟熟、迟收面积大，腾茬晚，严重影响稻茬小麦播种质量。2015—2018 年

全省夏熟作物生产技术总结统计，小麦晚播面积比例分别为 51.2%、59.6%、53.4% 和 46.4%，难以建立高产群体结构，制约大面积平衡高产稳产。二是小麦品种多乱，不利于优质麦生产。全省主体小麦品种相对突出，但小面积品种仍然较多。2018 年夏收有统计面积的品种超过 100 个，而且种植较乱，不同品质类型品种共存，甚至跨区种植品种。新修订的《中华人民共和国种子法》和《主要农作物品种审定办法》实施，还将大幅度增加小麦品种审定与推广数量。良种良法、因种而异的集中统一农艺管理措施实施和技术指导难度增大，商品麦质量一致性和稳定性差，不利于优质麦生产与专收专储。三是种植成本增加，效益低。

（二）小麦品种存在的主要问题

一是赤霉病抗性不强。淮南麦区是小麦赤霉病的重发区，推广的品种赤霉病抗性多数达中抗水平，辅以一次药剂防治可以有效控制赤霉病危害。但近年来由于小麦迟播、群体增加、气候变暖以及大量秸秆还田，使小麦赤霉病在淮南麦区连年严重发生并向淮北麦区蔓延，成为危害小麦产量和食用安全的主要障碍。2012 年全省小麦赤霉病发病面积达 2 309 万亩，产量损失达 50 万吨左右。2018 年淮安市小麦赤霉病发生面积达 236 万亩，比 2017 年增加 107 万亩。由于缺乏抗性达苏麦 3 号且农艺性状优良的高抗赤霉病品种，病害有逐年加重的趋势。二是品质稳定性不够。江苏省育成了一批优质高产新品种，品质指标虽然能达到国家优质小麦标准，但有些品种的食品加工品质并没有得到加工企业充分认可。由于种植方式、栽培条件、地域差异、气候变化，甚至同一优质品种在不同年份、不同地点的品质都有明显差异，难以达到同一稳定的质量标准，尤其是籽粒蛋白质含量、面团稳定时间和延展性等指标变化，导致弱筋不弱和强筋不强的问题。弱筋小麦宁麦 13 在大丰地区种植品质变成了中筋麦，强筋小麦郑麦 9023 在洪泽种植品质变成了中筋麦，增加了优质小麦生产的难度。

（三）江苏小麦流通和加工存在的主要问题

一是专收专储重视不够，原粮质量不稳。全省小麦生产虽有集中规模化发展趋势，但千家万户的种植方式仍占主体，品种多乱杂现象依然严重，小麦集中抢收，无法及时晾晒或烘干，小型粮食经纪人和粮贩在田间地头分散收购，多品种混收、品质难以稳定。粮食系统与农业推广系统缺少有效合作，没有形成根据市场需求有目的种植、管理、收储的规范化模式和品种布局机制，粮食加工与收储企业无法收到单一品种的大批量的小麦原粮，也无法做到分类分品种单收单储。粮食收储系统由于受仓储条件、专业技术人才、品质快速分析控制等因素制约，缺少分类收储条件，对专收专储重视不够，造成混合麦成为主体，而降低了小麦整体品质，市场竞争力下降。2016 年对扬州、泰州、南通、淮安、盐城、宿迁、连云港和徐州八个地市 113 个粮库进行抽样检测，各地区不同粮库间品质差异较大，其中徐州 14 个粮库的蛋白质含量、湿面筋含量和稳定时间变异系数分别为 2.9％、5.7％和 38.1％；泰州 9 个粮库的蛋白质含量、湿面筋含量和稳定时间变异系数分别为 8.5％、18.4％和 45.7％。二是面粉加工产业分散，产能利用率不高。目前全省小麦粉加工企业数量较多，但企业规模、加工产品数量与质量以及专用产品研发等方面存在不足，企业出于利润的考虑又怕承担订单种植风险，对加价收购优质专用小麦的积极性不高，开展订单生产优质小麦规模较小，产品品牌知名度不高，多数属于中端产品，没有形成像"雪花粉""五常大米"等的品牌效应。2020 年全省小麦粉加工企业日生产能力 6.3 万吨，全年产量仅有 526.85 万吨，产能利用率不足 60％，远远低于欧美等发达国家水平。全省粮食食品加工企业规模呈现明显的区域产业聚集特征，地区分布很不均衡，徐州、泰州和镇江三市的小麦粉加工产值占全省的 45.79％。优质和特色加工产品虽有地方品牌，如扬州包子、靖江汤包、淮安茶馓、镇江锅盖面、徐州烙馍、江都方酥、南通脆饼等，但产品规模较小，且企业对加工该类食品的小麦面粉质量缺少研究，或有研究但不愿公开。小麦面制品加工仍然以本土的馒头、挂面、饺子为主，发酵工艺老化，风味单一，产品分类不够细化，营养结构不全面，也亟须加强研发，并培植大型综合利用的龙头食品加工企业，从而带动小麦产业结构调整。

四、江苏稻米产业发展存在问题

（一）稻米总量增加与多样化、个性化市场消费需求之间的矛盾

主要表现为高品质稻米供给与居民消费需求之间的矛盾。江苏省人均GDP 已超 1.8 万美元，城镇化率达到 70.6％，已经进入"高收入阶段"，粮食和主要农产品消费已经进入结构转型和提档升级阶段。目前稻米供给虽然能满足数量要求，但品种、结构、品质等难以满足需求新变化。稻米总量增加与优质稻米供给短缺的矛盾突出表现在省内稻米库存不断攀高，稻米收购价格下

降，农业效益无法保障。

（二）科技支撑与产业结构升级之间的矛盾

突出表现在：一是农业科技资源分散与精准科技需求之间的矛盾。江苏省农业院校、科研单位等科技资源丰富，大部分单位均承担有水稻品种培育与关键技术研发等工作。据调查，2017年全省水稻生产10万亩以上应用规模的品种就有29个，且每年都有新品种审定推出，大规模的科技供给之间存在科技资源分散、低水平重复、品种研发与转化脱节等问题。二是农业科技供给与不同环节主体技术需求之间的矛盾。水稻产业链涉及品种研发、品种转化推广、栽培、病虫害防治、灾害防控、收获、烘干、储藏、流通、加工等诸多环节，由于现有的农技推广"一主多元"体系更多地关注于产中过程，对于产前和产后的服务能力不够，科技主体的技术供给与不同环节主体的技术需求存在供需不对称的问题，从而导致效率损失甚至无效供给。

（三）保障粮食供给与粮食经营效益之间的矛盾

江苏省长期承担粮食调出、保障国家粮食安全的重任。但随着种粮收益增长缓慢，保障国家粮食安全与农业效益之间的矛盾愈加突出。一是在生产主体方面，以种植大户和家庭农场为主的规模经营主体迅速增加，小农户相应减少。土地适度规模经营有利于解决没人种地的问题，但在实际经营过程中容易出现盲目扩大经营规模以至于超出自身能力范围，导致经营粗放，经营风险剧增。一旦种植效益出现大幅下滑，则退租现象难免发生，从而引起承租农户与出租农户之间的矛盾。小规模经营的小户多是留守在农村的老人和妇女，为了减少劳动力投入，农户更容易选择节省劳动力但质量无法保证、风险更大的直播稻模式。二是在生产效益方面，近几年虽然水稻收储价格不断提高，但生产成本随着土地成本和劳动力成本的上涨而水涨船高，导致水稻种植户的净收益增长缓慢，自2018年起水稻最低收购价格已由原来的1.5元/斤下调到1.3元/斤。2004年至今生产成本与净利润增加幅度分别为117.3%、11.1%，生产要素价格上涨幅度远超过利润增长幅度。随着粮食价格的持续降低，粮农收益将面临更大挑战。

（四）粮食流通体制与机制问题导致市场调节机制失灵

突出表现在以下几个方面：

1. 农户的储粮功能失效

以往在粮食流通体系中，农户承担了很大一部分粮食储存的功能，粮农的存粮行为直接受到粮价变化的影响。然而，当前直接生产粮食的农户已经很少再储粮，农户粮食收获的时候就是粮食出售的时候，粮食收购企业承担了越来越重的储粮任务。在托市政策背景下，随着城镇化与农村超市的发展，粮农逐渐从以往粮食流通体系中单纯的生产者变成兼具生产者和消费者的双重角色。粮农角色的转变一方面会导致传统乡村粮食加工作坊的消失，另一方面会对粮食物流和仓储能力造成冲击，将粮食仓储功能推给国家。

2. 粮食经纪人在特殊时期会对粮食价格起到推波助澜的作用

在粮食收购环节，经纪人收购占了绝大部分，其中 80% 的经纪人属于无证经营。这部分经纪人队伍对于粮食流通起到了承上启下的作用，但由于利益驱使，经纪人永远不会承担粮价下跌时的亏损，从而在一定时期助推了粮食市场波动。粮价下跌时，他们快购快销，边购边销，推动了市场粮价的下跌；粮价上涨时，他们哄抬抢购，有的甚至故意制造错误信息，在一定范围内拉动了市场粮价的进一步上涨，对市场行情波动起到了推波助澜的作用。

3. 粮食收储标准不利于优质水稻生产

在粮食仓储环节，国家水稻最低收购价政策与结构性过剩的矛盾日益突出，省内粮食仓容紧张，同时出库量较少，在此情形下难以避免农民卖粮难和压价情况的出现。在收储环节，由于收购粮食主要以水分、杂质、整米率等标准作为收储标准，而没有市场需求更大的营养、食味等指标作为标准，导致粮农片面追求产量，最后造成库容紧张，市场销量却受限。

4. 缺少有地区影响力的稻米加工企业和品牌来带动产业发展

稻强米弱是稻米加工行业的常态，受国家托市收购政策的支撑，我国稻谷价格持续高位平稳运行，而由于终端需求不旺，大米走货不畅，价格持续低位偏弱运行。虽然油糠等副产品价格略有上涨，但企业加工利润依然处于亏损的状态，加工企业入市经营意愿较低，企业开机率普遍不足。受"稻强米弱"格局的影响，大米加工企业入市经营意愿较低，加工利润长期处于偏低或亏损边缘，大部分企业处于半开半停的状态，部分中小型企业甚至长年处于停产状态中。受最低收购价政策的影响，加工企业往往出于规避风险的需要，缺少收购动机。由于稻米整个行业的利润率较低，开工率较低，导致整个稻米加工行业的竞争力不强。地方企业多，有影响力的品牌少，加工产业发展远远滞后于产业发展需要。

第三章　江苏优质粮食产业发展的方向和重点

2017 年 9 月国务院办公厅印发的《关于加快推进农业供给侧结构性改革大力发展粮食产业经济的意见》正式公布，明确了发展粮食产业经济的思路目标和政策措施。江苏省政府办公厅和省内各地方政府也相继出台了相关落实文件，发展粮食产业经济，目标是以"粮头食尾""农头工尾"为抓手，推动粮食产业创新发展、转型升级、提质增效，推动农业供给侧结构性改革。时任国家粮食局主要负责同志表示，这是国务院首次出台这方面的指导意见，为引领粮食产业经济发展指明了方向，提供了遵循，具有重要的现实意义。经结合江苏实际，江苏粮食产业经济要实现高质量发展，建议从以下几方面加强。

一、江苏优质粮食产业发展方向

（一）利用"优质粮食工程"契机，全面提升粮食产业发展水平

研究出台《江苏省"优质粮食工程"实施办法》，进一步细化"优质优价收购"、产后服务体系标识挂牌等具体要求。通过项目调度会、网上进度月报、现场督查等多种形式，切实加强在建项目督导，确保"中国好粮油"行动示范县（企业）和粮食产后服务体系建设项目按时保质、建成达效。同时，认真组织开展未来各地建设需求摸底，做好项目储备，及时组织申报国家"优质粮食工程"项目。

（二）积极开展优质粮食订单收购，落实粮食产后服务政策措施

把发展优质粮食订单收购作为粮食产业化发展的基础工作来抓，进一步完

善"企业＋农户""公司＋基地""家庭农场或粮食合作社＋粮食购销企业＋用粮企业"等生产经营模式，探索通过"二次结算""多次结算"、股份制合作、混合所有制等方式，建立科学合理的订单粮食利益分配机制，充分调动农民或粮食经纪人、家庭农场、粮食合作社、种粮大户参与订单的积极性、创造性。采取优质粮食产业政府推动、市场拉动、部门联动的做法，以市场为导向，粮食、农业、科技等部门加强合作，共同推进粮食订单业务开展，推动粮食产业化稳步发展。完善订单收购形式和内容，充分利用经济和法律手段，规范订单收购合同，明确订单双方的权利和义务、履约方式、违约责任等，合同要详细、严密、操作性强。要讲诚信，一诺千金，严格按合同履行，做到优质优价，取信于民，切实提高订单合同履约率。

（三）大力发展粮油精深加工，提高农业供给侧质量

在人民生活水平日益提高，消费水准也随之提高的条件下，粮食深加工产品更加具有市场竞争力。粮食企业要想在粮食产业化上有作为，就必须在粮食加工转化增值上下功夫。以转方式、调结构为主线，引导粮油加工企业精选原料、精通工艺、精细加工、精美包装、精明经营，切实提高粮油产品的增值率。综合应用现代生物技术、高效分离技术，加快产业结构调整，引导粮油加工业向精深化方向发展。强化粮油加工副产品的综合利用，积极开发新产品、新技术、新工艺，推进粮油加工向深层次延伸。认真学习借鉴山东、河南等省市经验，加快推进主食工业化产业化生产经营，提高速冻食品、方便食品、面制品、粗纤维食品、杂粮深加工、高油酸食用油、小品种食用油等名优新特产品在食品中的比重，满足不同消费层次需求。一要创新发展思路，突破传统粮油产品生产的路子，增强新产品的研发力度，努力开发适合不同档次、不同消费群体需要的粮油产品，扩大粮油产品的市场覆盖面。二要发展"名优特新"产品，并突出产品在营养、口感、形态、包装等方面的特色，以特色吸引消费者。三要狠抓粮食的综合开发利用，除对粮食进行深加工，满足人们一般食用需求外，还应加大向饲料、畜禽、水产品等方面转化；除对粮食本身进行深度加工外，还可通过对稻秆、麦秆等相关产物的加工，转换成纸张、纺织品等，从而增强粮食产业的综合效益。地方政府应注重扶植一批粮食深加工企业，打开粮食产品销售渠道，提高农民收入。

（四）拉长粮食产业链条，提升产业发展水平

提高优质绿色高效粮食生产，粮食产购加销，拉长粮食生产链条，从产业

链延伸上要效益，在多环节加工上提质增效，提高粮食生产和流通效率效益，促农民增收，促粮食企业增效。江苏应结合全省粮食产业布局结构调整，重点培育造就一批粮食加工和购销龙头企业。大力实施以强带弱战略，鼓励优势企业打破区域、行业和所有制界限，通过整合兼并、股份制、租赁、科技入股、股权改造、混合所有制等多种形式，盘活资本存量，整合资源要素，推进粮食上下游产品加工的联合与合作，实现资源优化配置，推进龙头企业向科研、生产、收购、加工、销售一体化发展，通过大型粮食企业的规模效益、成本优势、产业链条长来优化粮食产业发展环境，用市场化手段真正打造培育一批实力强、影响力大、带动力强的龙头企业。支持龙头企业运用高新技术嫁接改造传统粮食产业，向"专、新、特、精"方向发展，促进龙头企业创新发展上科技、上规模、上档次、上水平。当前尽快落实优惠扶持政策，新上一批粮油或主食骨干购销、加工龙头项目。要站在大粮食、大流通、大产业的角度，由财政、税务、农业、粮食、质检、卫生监督等部门制定一套科学合理的评定农业产业化龙头企业的指标体系，推选筛选龙头企业，给予相关政策支持和资金扶持。

依据不同产业、不同地域和不同经济环境，合理地选择相适应的产业化经营模式，由龙头企业和专业合作经济组织与千家万户的农户建立多种形式的联合与合作，把农产品的生产、加工、销售等环节连成一体，实现专业化生产、区域化种植、集约化经营的贸工农一体化的组织形式和经营机制。集中粮食生产或粮食加工的资源优势、信息优势、科技优势，通过龙头企业的带头作用，推进粮食规模生产和优质专用粮食的发展，形成"公司＋农户"或"工厂＋企业＋农户＋市场"的体系。充分发挥粮食加工企业自身在设备、技术、产品、市场方面的优势和购销企业在仓容、资金、收购网点方面的优势，实现加工企业与经营企业联合，国有企业与民营企业、个体粮食经营者的联合，变过去的竞争对手为合作伙伴，做到优势互补，共谋发展，形成粮食产业一体化。同时要全面放开粮食购销市场，积极稳妥地推动粮食流通体制改革。改革要坚持市场化取向，转换企业机制。

（五）实施科技兴粮、科技强粮战略，着力提高粮食科技含量

科技进步是推动粮食产业化发展的根本动力，牢固树立"科技兴粮、科技强粮"意识，把科技兴粮摆在更加突出的位置，从政策上、资金上、人力上积极支持粮食科技发展，以科技创新带动粮食产业向更高层次发展。鼓励和支持

粮食产业化企业积极采用现代高新精技术，加快推进粮食科技转化为生产力，加快粮食行业科技创新体系建设，提高自主创新能力，提升行业科技水平，加强粮油精深加工的科技创新，不断提高粮食加工深度、加工层次和技术装备水平，延长粮食产业链，大幅度提高粮食加工转化增值率和副产品综合利用率。引导粮食产业化加工龙头企业加强产学研结合，鼓励建立企业技术研发中心，加强与科研单位和大专院校的技术合作，组织力量联合攻关，加快科技创新步伐。落实《国家发展和改革委员会　国家粮食和物资储备局　科技部关于"科技兴粮"的实施意见》，发挥食用植物油、优质小麦、优质稻米、粮机装备、新型饲料等5个产业技术创新战略联盟作用，积极开展相关课题研究，进行粮食科研项目储备，与省科技厅对接实施，推动粮食行业科技创新。广泛开展粮食科技合作与交流，把自主研究与引进、消化吸收国内外先进技术结合起来，增加粮食附加值，提高资源利用率和综合经济效益。

（六）积极培育江苏粮油名牌，不断扩大市场影响

一是加强省域公用品牌建设，组织"苏米"核心企业评选，对入选企业进行"苏米"集体商标免费授权使用，建设以品牌准入、运营管理、市场监管以及退出机制为主要内容的"苏米"品牌全过程管控体系。筹建"苏米"研究院，与省农科院育种专家团队合作，示范推广具有江苏特色的优质稻谷品种，研发"苏米"专用品种。组织编制"苏米"发展规划。同时探索江苏省域面粉、食用油公共品牌建设。二是鼓励争创名牌，根据出台的《江苏省省级以上粮油名牌创建奖励办法》，对新增省级以上名牌进行奖励。采用先进的质量标准加工工艺，组织开发和生产高质量的粮油产品，提高产品档次，扩大市场占有率，争创中国名牌和省级名牌。三是加强品牌宣传。充分利用"优质粮食工程"、新闻媒体、借助"互联网＋"以及各种展销会和重大节庆活动，加大对品牌的宣传推介力度，扩大品牌的知名度和美誉度。

（七）推进粮食物流项目实施，全面提升收储能力与物流效能

会同省财政厅出台省财政支持粮食仓储物流设施建设项目"以奖代补制"实施办法，切实提高财政资金使用效率。会同省发改委出台省级粮食物流产业园申报认定办法，引导推进全省粮食物流产业园区建设。会商省财政厅，积极争取出台省级粮食物流产业园区奖补办法，支持适度开展粮库维修改造，支持规模库点、物流园区提升粮机装备水平，进一步提升收储能力和物流效能。抓

好批复项目验收工作，推进项目按期建成达效，完成省粮食局"1210数字粮食"项目终验。

二、江苏优质小麦产业发展重点

（一）加快优质抗病小麦品种创新与推广

加大科技投入，针对当前生产上主体小麦品种存在的问题，设立重大专项，重点对小麦品质和赤霉病抗性改良进行攻关。加强与面粉和食品加工企业的对接，共同研究市场对优质小麦的具体要求，利用现代分子生物学技术培育一批增产潜力大、具有突破性的高产优质小麦新品种，而不局限于少数品质指标的绿色优质新品种，提升江苏省小麦原粮的竞争力，发挥地域特色优势。

从育种方向、新品种审定、试验示范等方面，引导育种单位把育种目标由产量型为主转向产量与质量并重、绿色高效、特色专用型，加快培育一批产量高、品质优、综合抗病抗逆、适应范围广的小麦新品种。淮北地区注重强筋小麦选择，淮南地区注重中筋和弱筋小麦选择；选育迟播条件下发苗快、生根强、分蘖早、越冬期仍有生长量和分蘖发生的品种；选择灌浆速度快、耐高温的品种，减轻小麦后期高温逼熟对产量的影响，解决茬口紧张矛盾，实现稻麦周年增产；加强抗赤霉病性品种的选择与利用，减轻毒素污染，提升小麦品质与原粮竞争力。

（二）加快品质优势区规划建设

在农业农村部和江苏省制定发布的小麦品质区划方案的基础上，尽快完善专用品质区域规划与品种布局，根据各地特点和优势，合理布局，调整优化品种种植结构，形成江苏小麦区域品牌，促进优质小麦产业发展。引导和鼓励农户走自主联合种植、经营，扩大同一品种生产规模和进行规范化管理；推进整乡、整县规模化生产基地建设，统一种植同一品质类型的优质小麦品种；实施优质优价，促进优质品种生产布局，减少品种"多、乱、杂"现象。淮南地区弱筋红皮小麦优势区重点推广扬麦20、扬麦24、宁麦13等弱筋品种，示范种植扬麦27等；淮南地区中强筋红皮小麦优势区域重点推广扬麦23、扬麦25、扬辐麦4号、宁麦26等，示范种植扬麦28、扬麦29、镇麦10号等；淮北地区中强筋白皮小麦优势区域重点推广徐麦33、淮麦33、济麦22、郑麦9023、烟农 19 等，示范种植徐麦 36、淮麦 44、淮麦 46、连麦 7 号等。

（三）加强小麦流通引导

按照小麦生产与消费、加工需求与原料供应相匹配，因地制宜，产区为主，兼顾销区和重要物流节点，优化小麦生产、流通组织形式。引导农户使用先进适用技术和现代生产要素，加快转变生产经营方式。鼓励小麦收储、加工企业到主产区建立优质专用小麦生产供给基地，发展订单农业，提升原料及加工产品的品质。

积极推进结构调整，加快转变发展方式，加快培育拥有知名品牌和核心竞争力的大型加工企业，提高产业集中度，促进产业集聚，鼓励和支持小麦加工产业园区建设。延伸产业链，开展粮食深加工，提高资源利用率，向产、加、销一体化、专业化、规模化、集约化方向发展。未来国内消费者对于高品质高营养的面粉产品、主食产品、休闲食品等多样化需求越来越高，安全、营养、方便、专用和精细化产品成为主要发展方向，需要小麦科研育种、生产管理、流通仓储、面粉工业、食品产业等统筹兼顾，有效衔接，促进小麦产业与食品工业快速发展。

（四）加强江苏小麦品牌建设

根据全省小麦优势种植区划与品种类型，统筹生产与收储环节，提升小麦品质一致性与稳定性，加快江苏小麦商品化品牌建设，形成三大主体品类，指导全省小麦种植结构优化调整与产业化建设。苏红软麦：该类小麦籽粒硬度低、质地较软，红皮，蛋白质、湿面筋含量低，面粉吸水率低，面团稳定时间短、延展性好，适宜制作饼干、糕点、南方馒头等食品，主要产于江苏的沿江、沿海和丘陵地区。代表品种有扬麦 13、扬麦 15、扬麦 20、宁麦 13 等。苏红硬麦：该类小麦籽粒硬度高、质地较硬，红皮，蛋白质、湿面筋含量中等，面团稳定时间中等、弹性好，适宜制作优质馒头、包子、面条等蒸煮类食品，主要产于江苏的里下河地区。代表品种有扬麦 16、扬麦 23、扬麦 25、扬辐麦 4 号、镇麦 10 号等。苏白硬麦：该类小麦籽粒硬度高、质地较硬，白皮，蛋白质、湿面筋含量较高，面团稳定时间长、拉伸阻力大、延展性和弹性好，适宜制作优质馒头、包子、面条、面包等食品，主要产于江苏的淮北地区。代表品种有徐麦 30、徐麦 33、淮麦 33、郑麦 9023、济麦 22、烟农 19 等。

（五）探索小麦产业发展模式

以市场需求为导向，政府引导布局，科研院校创新品种，农户积极参与，培植大型龙头企业为主导的小麦产业发展模式。在"中国好粮油"项目的引导下，由省粮食局和省粮食集团总体规划，科研院所优选品种，农业部门深度指导，粮食收储与面粉加工企业托市优质优价保障收购，以"苏红软麦"和"苏红硬麦"为品牌核心，带动"苏白硬麦"发展，建立优势品种品类推介、区域规划、技术进村入户、定点定库定品类收储，定期抽样检测并发布江苏省小麦质量报告，形成稳定的研、产、销、加一体化，培育一批小麦产业链环节的大型龙头企业，推进农村一二三产业融合发展，提升江苏好粮油品牌。

三、江苏优质稻米产业发展重点

今后江苏省水稻产业发展政策必须紧紧围绕"创新、协调、绿色、开放、共享"的新发展理念，按照供给侧结构性改革要求，遵循"提质增效转方式、稳粮增收可持续"的总体工作方针，以产出高效、产品安全、资源节约和环境友好为发展目标，针对当前制约产业健康可持续发展的问题，以政策统筹兼顾，谋求突破。

（一）在稳粮基础上，逐步提高优质食味稻谷生产比重

千方百计保证稻米口粮绝对自给，适当调整水稻品种结构，提高优质食味水稻比例，由片面高产向优质高产高效转型。实施优质食味水稻品种补贴制度，促进水稻品种供给侧结构性改革。实施江苏省"优质食味大米推广应用工程"，依靠科技创新形成具有自主知识产权的优质科技成果，打造江苏省大米品牌，形成江苏省稻米核心竞争力，与东北大米争夺优质高端大米市场。在粮食新品种审定标准上，由注重高产向高产优质食味转变，扩大优质食味品种的审定数量。

（二）在收储政策方面，转移部分水稻收储任务到稻米加工企业

可通过与国有粮库同等待遇补贴有能力的稻米加工企业，鼓励社会主体分担水稻存储任务。启动按大米食味等级分类标准进行收储试点，围绕市场需求制定水稻收储标准，在原有托市收购政策基础上，增设食味标准，从收储端倒

逼稻米供给侧结构性改革。

(三) 着力培育新型粮食生产主体，加大政策扶持力度

在完善补贴政策方面，针对粮食烘干设备设置专门补贴，分地区对种植大户、家庭农场等新兴经营主体购置烘干设备提供专项补贴，规避粮食霉变风险，提高粮食质量。

(四) 培育一批大型粮食加工集团，增强江苏稻米产业竞争力

规模化、集团化生产经营是今后稻米产业链价值提升的关键。作为水稻主产省，江苏省大米加工企业以中小型企业为主，产品同质化竞争激烈，企业利润空间小，资本积累慢。只有凭借规模优势，依托产加销一体化，积极做大产业链，加大品牌建设，才能不断增强市场竞争力。也只有大型企业才能凭借规模优势，建设完善的大米加工全产业链，实现更高的附加值。

(五) 持续推进"苏米"品牌建设，促进江苏稻米产业健康发展

一是加强组织领导。"苏米"品牌创建是一项系统工程，涉及粮食全产业链运作，建议省委省政府继续将"苏米"品牌建设列入省重点工作，成立由省财政厅、省农业农村厅、省粮食和物资储备局、省农科院等部门组成的工作小组，明确任务，落实责任，持续推进"苏米"品牌建设，并建立联席工作会议制度，每半年召开一次联席会议，协调解决品牌建设过程中的困难和问题。二是落实相关政策。协调有关部门围绕水稻品种栽培、基地建设、农机具补贴、流通设施、品牌宣传、资金供给等6个方面，制定相关扶持政策，促进"苏米"品牌建设稳步发展。三是加大资金投入。品牌的塑造、提升和维护是一个长期的过程，需要大量资金持续投入。建议省政府明确今后几年，在财政年度预算中，设立大米品牌建设专项，视品牌推进情况，拨付专项资金支持"苏米"品牌建设。四是开展专题研究。成立"江苏省苏米研究院"，开展代表"苏米"的高品质优良食味水稻专用品种选育、"苏米"质量标准、储存、加工、品牌营销等研究。为更加全面系统、科学高效地推进江苏大米品牌建设，快速提升"苏米"区域公用品牌形象，促进江苏大米产业健康发展，提供科技支撑。五是加强日常管理。加强对"苏米"公用品牌的日常管理，对照标准，对入围的核心企业优胜劣汰，确保"苏米"的品质和安全。统筹做好品种选育、基地建设、品牌整合、生产营销、质量追溯等工作，帮助企业

解决品牌建设过程中的矛盾和问题。六是加大宣传力度。突出江苏鱼米之乡生态优势、内在品质、稻作文化三个内涵，结合重要时间、重要地点、重要事件三个要素，借助高端媒体、展会直销、网络宣传三大平台，全方位、多层次、组合式地宣传江苏大米"好吃、好看、好生态"的整体形象，不断扩大"苏米"品牌的影响力。

第二部分
江苏优质粮食产业发展分论

第四章 江苏优质粮食工程：
产后服务体系建设

　　民以食为天，粮稳天下安，粮食是国家的战略性资源。做好粮食工作，关系国计民生，关系社会和谐稳定。我国既是粮食生产大国，又是粮食消费大国。2020年，全国粮食播种面积116 768万公顷，比2019年增加704万公顷，增加0.6％。全国粮食总产量66 949.2万吨，比2019年增加565.2万吨，增产0.85％。总体来看，粮食供求仍然处于"紧平衡"状况，保障粮食安全的责任越来越重。随着粮食收储政策改革的深入，农业现代化进程不断加快，由政府主导的政策性收储将逐步淡出，收购主要依靠各类市场主体，广大农民将会直接面对市场，因此对于粮食产后服务体系的建设提出了更高更新的要求。加强粮食产后服务体系建设和完善质量检测体系，是"优质粮食工程"的重要组成部分，二者相辅相成，应当摆正二者之间的关系，做到齐头并进、比翼齐飞。

　　江苏省既是粮食生产大省同时也是粮食流通大省，在保持经济强省的基础上，高度重视农业生产和粮食工作。为了认真落实财政部和国家粮食局实施的"优质粮食工程"方案，江苏省积极开展粮食产后服务体系建设，按照"建设一批集收储、烘干、加工、配送、销售于一体的粮食服务中心"有关要求，组织开展粮食产后服务中心建设，旨在为市场化收购条件下的种粮农民提供优质、高效、"双赢"的粮食产后服务。同时根据国家《粮食产后服务体系建设实施方案》的相关要求，结合江苏省实际制定了粮食产后服务体系建设方案。

　　粮食产后服务体系建设以设立粮食烘干清理中心、建设仓间罩棚、配置粮食清理、输送、除尘、通风设备，以保障粮食安全、提高粮食综合生产能力、减少粮食损失、促进农民增产增收为目标，着力抓好粮食产后服务体系建设，解决种粮农户的粮食收储问题，更好地为种粮农民售粮提供服务，有效保护种粮农民积极性；有力推动全省粮油社会化流通规范化管理，保证粮食收购质量，扩大粮食经营范围，提升粮油品质，打造放心粮油品牌，进一步提升全省粮食产业化水平；保证老百姓购买到放心的粮油食品，保障百姓餐桌上的安全。2018年10月，江苏省粮食局发布了《关于开展2018年度江苏省"中国好粮油"行动和粮食产后服务体系建设项目申报工作的通知》（苏粮产〔2018〕12号），根据省粮食局、省财政厅《关于在粮食流通领域实施江苏省"优质粮食工程"的通知》（苏粮产〔2017〕16号）及有关要求，经省财政厅同意，组织并开展2018年度粮食产后服务体系建设项目的各县申报工作，各示范县按照《关于开展2018年度"中国好粮油"行动示范项目和粮食产后服务中心建设需求摸底的通知》（苏粮产便函〔2018〕20号）所附表格和内容进行具体申报工作内容的测算。

一、建设目标

粮食产后服务中心建设的主要目标是针对市场化收购条件下农民收粮、储粮、卖粮、清理烘干等一系列难题，通过整合粮食行业现有资源，建立专业化的经营性粮食产后服务中心，形成覆盖县域的专业化粮食产后服务能力，有偿为种粮农民提供"代清理、代干燥、代储存、代加工、代销售"等"五代"服务基本功能，并逐步实现"功能延伸"，将服务范围扩展到提供市场信息、种子、化肥和融资担保服务，发展"粮食银行"、推广订单农业等业务，最终实现增强农民市场议价能力，促进粮食提质进档，推动节粮减损和提高粮食产后服务专业化水平的目标。粮食产后服务中心应具备相应的产后服务功能和经营管理能力，打造农民需要的粮食产后服务功能，为农户开展"五代"服务。具体目标主要有：

（一）清理干燥

依托粮库配套清理干燥设备，建多粮种多用途的烘干设备、"就仓干燥"设施、旋转式自然干燥机，配备移动专用干燥设备，为农民提供粮食清理干燥服务，提高粮食质量，促进农民增收，减少产后损失。

（二）科学储粮

对基层粮库特别是收纳库进行改造，为农民提供储粮服务，按农户需求开展分等定级、分仓储存服务。为完善产后服务体系，结合实际需求实施农户科学储粮，进一步提高农户储粮能力。

（三）运输销售

配备必要的运输工具，为种粮农民提供运粮服务。利用连接市场的优势，为农民提供市场信息，开辟市场渠道，开展售粮服务，帮助农民卖个好价钱。支持产后服务中心成为国家粮食电子交易平台的会员单位，帮助农户直接开展网络销售，减少流通环节，降低交易成本。

（四）加工兑换

以加工企业为主体设立的产后服务中心，可直接为农民开展代加工服务和兑换服务，延长产业链，提高附加值，促进增收。其他类型的主体，依托仓储、烘干等设施扩展加工生产能力，为农民提供代加工服务。

此外，向农民宣传国家粮食收储和优质优价等政策，推广适用技术，指导农民科学储粮以及对粮食分档升值，引导农民调整生产结构，实现规模化、集约化生产等。

二、建设亮点

江苏省建设粮食产后服务中心主要以整合盘活现有仓储设施等资源为重点，在保证必要的服务功能前提下，结合实际需要，选择确定建设内容，改造、提升功能，发挥技术和人才的优势。其建设亮点主要有以下四个方面：

（一）整县推进、分批建设

产后服务中心建设按照整县推进原则，集中连片组织实施。从 2017 年到 2019 年度，分三个年度分批推进建设。其中，2017 年度在 18 个县建设 58 个产后服务中心，2018 年度在 25 个县内建设 110 个产后服务中心，2019 年度在 4 个县内建设 30 个产后服务中心。

（二）补助标准有所提高

2017 年度产后服务体系建设总投资 1.8 亿元，省以上补助资金 1.09 亿元，占总投资达 60.56%；2018 年度产后服务体系建设总投资 1.88 亿元，省以上补助资金 1.09 亿元，占总投资达 58%；2019 年度产后服务体系建设总投资 2.21 亿元，省以上补助资金 1.12 亿元，占总投资达 50.68%，财政资金补助标准较高，解决了部分粮库筹资困难等问题。

（三）建设主体多样

主体范围以国有粮库为主，适当兼顾农民合作社、粮油加工企业等。为了利于市场竞争，原则上年服务能力不低于 1 万吨、日烘干能力不低于 200 吨、一个县应不少于两类建设主体。

（四）建设规范合理

粮食产后服务中心应依法依规用地，有新增烘干机建设的，应办理前期手续，确保建设合规。列入年度计划的县和项目应在 12 个月内完成建设任务。

（五）统一运营管理

对验收合格的粮食产后服务中心，挂"江苏省粮食产后服务——×中心"牌子，统一编号、统一标识。对各地已有的服务机构，达到产后服务中心建设标准的，可自愿申请挂牌，增强其社会影响力。

三、建设内容

针对粮食产后服务中心建设的主要目标，建设产后服务中心主要以整合盘活现有仓储设施等资源为重点，在保证必要的服务功能前提下，结合实际需要选择确定建设内容，改造提升功能，发挥技术和人才优势。一般不得新建仓容，基建部分以维修改造为主。鼓励推广使用先进的粮食处理新技术、新装备。2017—2019 年主要进行了以下建设内容：

（一）建设产后干燥清理设备

粮食在经历收获、脱粒、晾晒以及运输等环节之后会有大量杂质产生，这些杂质大致可分为有机杂质和无机杂质。其中，有机杂质包括植物的秆、根、茎、叶、壳和外来植物种子或杂草种子。无机杂质包括：石子、沙子、炉渣、泥块和一些金属物等。杂质对储粮稳定性的影响主要包括：①有机杂质具有较强的呼吸能力，使储粮稳定性下降；②有机杂质是虫霉滋生场所，给粮食储藏发热霉变提供了条件；③杂质聚集的地方改变了粮堆内部原有的孔隙度，给粮食霉变创造了条件。

粮食入仓之前要进行充分清理，使杂质含量尽量维持在国家要求范围（≤1%）之内。粮油储藏期间，生物成分和非生物成分相互影响、相互制约，对储藏稳定性起着决定性作用。据调查，我国储藏中的粮食损失，国家粮库为0.2%，而农户的储粮损失为6%～9%，其中引起损失的主要因素是储粮害虫的危害。此外，在适宜条件下，微生物的大量繁殖不仅使粮食的营养物质分解、造成质量损失，同时还能引起粮食的发热霉变，使储粮变色变味，甚至产生毒素，影响人畜安全，因此微生物的作用也是造成粮食品质劣变的重要原因。

粮食发生霉变的主要因素是水分，粮食中的微生物绝大多数为兼性厌湿性，当环境湿度和粮食含水量低于微生物生长所要求的最低水分时，无法从外界获取足够水分维持自身生理代谢，致使代谢受阻，造成生理失水。同理，含水量的降低也会影响储藏害虫的生长繁殖。此外，水分也是影响粮食呼吸作用的重要因素。在0～10℃时，水分对呼吸作用影响较小；当温度超过13～18℃时，影响较为明显。根据实验，含水量为18%～23%的粮食在50～55℃温度下，呼吸作用急剧上升后骤然减弱，因此，利用温度、水分对粮食的综合作用，可严格控制粮食的含水量，达到安全储藏的目的。

因此，应当改造提升老式粮食烘干机及水分、温度在线检测、自动控制等功能；依托粮库建设配套及符合环保要求的粮食烘干设备、移动式烘干机、就仓干燥系统、热泵通风干燥器，配置旋转式干燥机，配置粮食（湿粮）清理、色选、玉米脱粒机等，以此为农民提供粮食清理干燥服务，提高粮食质量，减少产后损失。

（二）建设必要的物流仓储设施和加工兑换服务

应当配备必要的运输工具，为种粮农民提供运粮服务。配置接收、发放、输送、装卸、通风设备及必要的运输车辆等，建设与烘干机配套必要的罩棚、晒场、地坪等配套设施，维修改造必要的仓储设施。仓储设施建成之后，在粮食收购期间，一是可以为农户提供短期储粮区域，方便阴雨天气进行粮食整理；二是为烘干设施提供高水分粮食临时周转场所，在非收购期间可以存放粮食机械，延长机械使用周期。利用连接市场的优势，为农民提供市场信息，开辟市场渠道，开展售粮服务，帮助农民卖个好价钱。支持产后服务中心成为国家粮食电子交易平台的会员单位，帮助农户开展网络售粮服务，减少流通环节，降低交易成本。

以加工企业为主体设立的产后服务中心，可直接为农民开展代加工和兑换服务，延长产业链，提高附加值，促进增收。其他类型的主体，可依托仓储、烘干等设施扩展加工生产能力，为农民提供代加工服务。专题一中表4-1展示了灌南县粮食产后服务体系承建企业的基本情况。

专题一　表4-1　灌南县粮食产后服务体系承建企业基本情况

序号	单位名称	年粮食购销量（万吨）	当前开展的主要业务和辐射能力
1	灌南县三口粮食储备库	6.5	库区主要经营小麦、稻谷等品种，本项目来粮以本地及周边地区流入为主，流出以江苏、山东、福建、广东等地区为主
2	灌南县张店粮库有限公司	2.3	库区主要经营小麦、稻谷等品种，运输方式为公路、水路运输。本项目来粮以本地及周边地区流入为主，流出以江苏、山东、福建、广东等地区为主
3	灌南县百禄国家粮食储备库	4	粮食入库主要从本地及周边地区收购，轮换至区域内粮食加工企业，流出以上海、广东、福建等地区为主

（三）配置粮食质量常规检测仪器设备

配置与国家粮食电子交易平台连接的网上交易终端等设备。根据国家粮食产后服务中心功能要求和各地实际，在保障实现基本功能基础上，合理确定粮食产后服务中心建设规模及数量，并因需配置设施设备。

专题二　宿豫区粮食质量常规检测仪器设备清单

为保证粮食安全储备，必须遵照国家粮食行业有关标准，严格控制库存粮食质量，确保粮食品质。粮食检化验内容主要包括：粮食品种、容重、水分、杂质等。库区已有和新增检化验设备见表4-2、表4-3。

表4-2　库区已有检化验设备清单

序号	设备名称	规格型号	单位	数量
1	精米机	绿洲 LTJM160	台	1
2	砻谷机	JJBJ-30-D	台	1
3	分样器		台	1
4	水分测定仪	绿洲 LDS-1G	件	1
5	105度恒温箱		套	1
6	选筛		套	1
7	容重器	HGT-1000A	台	1

表4-3　新增检化验设备一览表

序号	设备名称	单位	数量	单机功率（千瓦）	总功率（千瓦）	合计（万元）
1	自动扦样机	套	1			7.02
2	散装粮扦样器	台	1			0.05
3	精细样品粉碎机	台	1	1.10	1.10	0.94
4	电热烘箱	台	1	5.00	5.00	0.59
5	分析天平（感重0.1毫克）	台	1			0.59
	合计				6.10	9.19

四、建设情况

（一）建设成效

2017—2019年江苏省以上财政共支持了198个粮食产后服务中心建设，项目总投资8.04亿元，省以上财政资金补助4.77亿元。截至2020年底，已完成投资总额 79 294.89 万元，占总投资的 98.62%，其中 195 个项目已完成建设任务，投入运营，项目完成率达 98.5%，取得较好的社会效益和经济效益。2017 年度江苏省主要城市现有仓容情况见表 4-4。

表 4-4 2017 年度江苏省主要城市现有仓容情况表

单位：万吨

地区	数量
南京市	108.0
徐州市	93.6
连云港市	148.3
盐城市	38.0
扬州市	49.6
泰州市	69.3
宿迁市	160.4

1. 积极探索购销新模式，购销总量稳中有升

从总量上看，江苏省粮食购销总量稳步增长，"十一五"期间全省国有粮食企业共收购 6 675 万吨[①]、销售 8 225 万吨，粮食购销总量居全国第二位。"十二五"期间全省国有粮食企业收购量又进一步上升，累计总量达到 7 935 万吨，占社会总收购量的 75%，比"十一五"时期增加 1 260 万吨。

从购销模式上看，一方面江苏省积极推进国有粮食购销企业改革，通过出台《关于深化国有粮食购销企业改革的意见》，96% 的县（市、区）出台改革方案，25% 的划拨地变更为出让地，67% 的国有粮食购销企业实施兼并重组，60% 的县（市、区）基本形成购销总公司或集团总公司＋分公司（子公司）发展模式，企业融资和发展能力明显增强。国有粮食企业主动适应并与种粮大户、家庭农场等规模种粮组织进行合作，开始多种方式的订单农业，实现企业与农民的互惠共赢。另一方面，国有粮食企业积极探索发展全产业链经营，助力农业产业化、现代化的发展。这种粮食收购企业与粮食规模经营主体对接的新型购销模式是产业融合背景下国有粮食企业改革的有效路径，不仅增强流通活力、有利于提高国有粮食购销企业的经营效率，还能有效促进产业链中各市场主体实现营利，促进农民增收。

---

① 数据由原江苏省粮食局提供。

专题三　宝粮集团——科技创新促升级，开拓销售品牌响

2018 年宝粮集团认真贯彻中央 1 号文件精神，紧扣"质量提升"主线，顺势主动作为，创新服务思路，优化收购措施，小麦、稻谷力争完成收购总量 30 万吨，其中优质粮源 50% 以上，助民增收 2 500 万元以上。

注重优质绿色粮油产品研发、质量控制建设，与科研院校研发提升宝应稻麦品质，改良提纯品种，打造升级宝应稻麦品质优势。宝粮集团成立了农业科技发展公司计划土地流转 10 万亩，推进优质粮油基地建设，加快粮油产品提质升级。与科研院校改良精致小包装米、面系列新产品。与江南大学、扬州大学、四川大学、上海交通大学等专家教授合作，联系调研筛选，提供基础材料。对宝粮大米、面粉精心策划，设计、完善、升级"宝粮""名佳""洁莹"礼盒装，精品包装设计小包装精致专用馒头、面条、油条、饺子面粉、荷香大米产品，"宝粮大米"连获"江苏十大好大米"称号。通过产品质量追溯系统，进行防伪、防窜货报表的查看，实现全流程溯源，真正可以做到顺向可追踪、逆向可溯源、风险可管控，发生质量安全问题时产品可召回、原因可查清、责任可追究。

线下销售方面，宝粮集团在上海、宝应对直销店选址、洽谈、租赁，宝应已经在安宜路开设了体验店、在上海开展了"宝粮到家"直营店，扩大了宝粮优质粮食的知名度、美誉度。品牌进驻苏果、上海绿地、永辉等大中型超市，目前已有宝粮大米、荷香米、宝粮菜籽油、石磨小麦粉上架销售。积极推荐"宝粮名佳"牌超级粉和"宝粮洁莹"大米申报入选"中国好粮油"。利用宝应电视、户外屏幕、广播、公交车、站台、高速道口、宝粮集团网站、公众号等进行了多媒体广告宣传；在上海中高档小区，进行宝粮好粮油品尝、体验活动，提高市场占有率。

线上销售方面，上海公司牵头，业务部协同，已经对"宝粮到家"互联网十、线上宝粮 App 设计、销售、信息系统、宝粮公众号，采取统一比选与追溯系统、产后服务平台，确定完整方案。目前电商进入淘宝、天猫，有宝应大米、荷香米、饺子粉、面条、馒头、石磨面粉。宝粮集团分别参加上海、连云港农业展、南京"江苏十大好米"、扬州"烟花三月"展、扬州海峡两岸农产品展览等活动，对外集中展示"宝粮"系列米、面、油、酒、水果等优质品种，宝粮大米蝉联"江苏好大米"称号。

2. 仓储项目建设稳步推进，仓储设施能力提升

江苏省财政专项补助资金项目的实施，有力地调动了各地建设与修缮粮库的积极性，引导带动地方政府及粮食企业不断加大建设资金投入，基层粮食企业仓储设施建设力度迅速提升。通过省级补助、地方配套、企业自筹等多方投入的方式，国有粮食企业新建仓容明显增加，企业库容库貌明显改善，全省粮食仓储物流产业布局更趋合理，为提升为农服务水平和确保储粮安全打下了坚实的基础。截至2018年7月底，新增现代型仓容15.64万吨，新增年粮食烘干能力达25.64万吨，有效降低了粮食霉变损失，粮食品质得到进一步提升。仓储建设项目多为高大平房仓，坚固耐用、防漏防潮、隔热保温，有效降低粮食储存损耗，基本实现"四合一"（粮情检测、机械通风、环流熏蒸、谷物冷却）储藏技术全覆盖。项目建设地点多位于铁路、港口或国道旁，实现了散储、散运、散装、散卸"四散化"，提高了运输效率，增强了应急保供能力。

为进一步优化全省的粮食仓储设施建设，提升粮食流通水平，推进现代粮食流通产业发展，2018年10月江苏省粮食局出台了《关于优化全省粮食仓储设施的意见》，在意见中省粮食局提出了优化仓储设施的指导思想、基本原则、工作目标和主要措施。其中，基本原则主要有：

科学规划，优化布局。深入研析区域性粮食生产、储存、流通和消费的状况和当地区位、交通等优势，结合用地及建设要求，按照国家和全省粮食物流规划统筹安排，优化库点布局，合理确定新建项目规模，避免盲目扩张和低水平重复建设。

改进技术，完善功能。合理选用符合使用功能要求和适应当地自然条件的仓型，积极采用成熟的新技术、新工艺、新设备和新材料，提高粮食仓储设施现代化水平。

突出重点，整合资源。打破地区分割和行业界限，以充分利用现有粮食仓库、码头、加工厂等设施为主，积极运用退城进郊、资产变现等成功经验，广辟渠道筹集资金。

为了切实配合国家对于粮食仓储建设的指导原则，江苏省粮食局将"十一五"期间的仓储建设工作目标定为：在全省形成以区域性物流园区为龙头、中心示范库为重点、骨干收储库为支撑、基层收纳库为基础的相辅相成的体系：以"四散化"为核心，按照规划构建10个左右仓容在5万吨以上、年周转量30万吨以上、年加工能力30万吨以上、粮食批发市场年交易量50万吨以上的区域性粮食物流园区；以管理规范化、设施现代化、储粮科学化为重点，凸显粮食储备调控功能，培育 50 个左右仓容 2.5 万吨以上的市、县级中心示范粮库；以掌控粮源、承担储备为主业，通过资源整合和维修，改造 300 个左右有效仓容在 1 万吨以上条件较好的骨干粮库；以收购粮食、服务"三农"为目的，合理布局和保留部分收购网点，因地制宜，逐年缩减仓容规模偏小的基层收购点。为实现上述工作目标制定了具体措施，主要包括：加快"四散化"进程，构建区域性粮食物流园区；加强规范化管理，培育中心示范粮库；突出掌控粮源，整合修缮基层库点；优化粮食仓储设施的保障措施。

专题四　洪泽县产后服务中心建设概况

本项目以整合盘活现有仓储设施等资源为重点，发挥技术、人才等优势。在保证必要的服务功能前提下，结合实际需要，改造、提升功能，推广先进的粮食处理新技术、新设备。主要包括：一是提升产后干燥清理设备。原烘干线建于 2009 年，现清杂、除尘提升设备老化，影响烘干速度及粮食质量且对环境有影响，本次计划对清理筛、提升机、除尘装置、集尘室进行更换改造；二是物流仓储设施功能提升。配置清理筛、输送机、通风机提高进仓粮的质量和进仓速度，做到及时（适时）通风均温、均水和通风降温降水；建设与烘干线配套的潮粮罩棚、堆场、地坪等配套设施，维修改造仓储设施，提高储粮质量实现低温储粮；三是增加客户手机终端。江苏省洪泽湖粮食储备直属库有限责任公司于 2012 年投资 340 万元建设物联网数字粮库系统，主要建设内容有：基础硬件配套建设、粮食进出仓管理系统、粮库业务管理系统、仓储智能化管理系统、安防监控系统、远程管理系统。根据现状拟增加公共服务平台（App），主要包括：信息发布、预约收粮、政策查询三个部分。服务平台通过微信公众号，实现粮食信息发布，缴粮预约，为粮农和粮食企业服务。

本项目于 2017 年初已开始进行前期准备，已完成的烘干线功能提升项目已进入设备询价阶段，清理、输送、通风设备已进入询价阶段，以上项目力争于秋粮收购期间投入使用；仓库维修已做好招投标前期准备工作、潮粮罩棚建筑于库区西南角位置，征地工作结束，已取得土地证。本项目距 205 国道不足 2 千米，离宁淮高速道口不足 1.5 千米，公司有年中转 120 万吨的粮食专用码头，距新淮铁路淮安南站 30 千米，经公路、铁路可到达全国各地，水运可进江达海。原烘干线建于 2009 年，现清杂、除尘提升设备老化，影响烘干速度及粮食质量且对环境有影响，本次计划对清理筛、提升机、除尘装置、集尘室进行更换改造。

（1）湿粮接收状况。库区已有 1 条日处理 300 吨潮粮的烘干线（24 小时作业，降水 5%）。来粮水分高，小麦水分在 14%～19%，稻谷水分在 15%～20%，均须经烘干后方能储存、加工，高水分来粮的比例高达 100%。小麦尚可以短期储存，或水分超过标准 1%～2% 的通过大风量通风方法解决。

（2）烘干工艺流程。湿粮→卸粮坑→提升机→双筒清理筛→风选器→提升机→湿粮仓→闸门（手动闸门、电动闸门）→皮带输送机→提升机→烘干机→皮带输送机→提升机→干粮仓→闸门（手动闸门、电动闸门）→移动式皮带输送机（业主自备）→干粮发放。

（3）工艺设备清单。新增清理、烘干设备见表 4-5。

表 4-5 新增清理、烘干设备清单

序号	名称	型号	单位	数量	单机功率（千瓦）	总功率（千瓦）	合计（万元）
1	设备拆除						2.20
2	圆筒振动清粮筛	TQLYS100/420、30 吨/时	台	1	4.00	4.00	13.69
3	循环风选器	ZCFX60	台	1	11.00	11.00	4.13
4	风机	4-72-4.0A	台	1	5.50	5.50	0.63
5	关风器	TGFZ35	台	1	7.50	7.50	0.59

3. 粮食加工能力逐步提升，加工效益十分可观

从结构上来看，江苏省粮食加工产业实力雄厚，加工结构较为完善，加工品种十分丰富。现有的粮食加工体系共涉及大米产业、小麦粉产业、食用植物油产业、食品及副食酿造产业、饲料加工、淀粉加工、米面制食品、速冻食品以及粮食深加工等多个产业。江苏的粮油加工产业不仅规模可观，同时在生产工艺、加工质量和经济效益方面也是全国领先的。2017 年江苏省农副食品工业领域加工利润总额为 234.70 亿元。

江苏太粮米业是农业产业化省级重点龙头企业，位于洪泽湖北岸革命老区

新四军军部盱眙县黄花塘镇，占地 110 亩。项目分两期实施，第一期工程投资固定资产 8 000 多万元，总建筑面积 23 000 多平方米，建设了精米加工线两条（主机设备选用世界领先的日本佐竹设备），采用三抛三色选精米加工工艺，于 2012 年投入生产，年产大米 10 万吨，产品畅销福建、广东、海南、广西等地区。太粮米业于 2017 年开始投入 5 000 多万元用于新产品开发建设项目，即二期建设项目，新增用地 28 亩*，建设粮食深加工（GABA 米）生产线一条。年产 GABA 米 8 000 吨，配套仓容 1.8 万吨。GABA 米生产线计划于 2018 年底竣工并投入生产。

GABA 米生产工艺是采用现代生物转化技术使稻米萌芽，可生产发芽糙米。糙米发芽后，生命活动开始，大量酶原被激活，使蛋白质、植酸等贮藏性物质降解生成具有生理活性的 GABA、功能肽、肌酸等小分子物质，这些物质对人体具有明显的生理作用。GABA 是一种非蛋白质氨基酸，是哺乳类动物中枢神经系统的一种重要的抑制神经递质，具有降血压、调节心律、抗惊厥、抗焦虑和巩固记忆的作用，含此成分的食品也适合于高血压、高血脂和高胆固醇的"三高"人群。通过现代生物转化技术，也使发芽糙米的蒸煮性、口感、营养价值和消化吸收率得到改善，提高了稻米产品的利用价值，增进了国民健康。公司为江苏省第一家建设 GABA 米项目的企业，项目投产预计年增销售收入 8 500 多万元，利税 250 万元。

同样是利用 GABA 米生产工艺技术，盱眙县借助发展"虾稻共生"种养模式，加大科技投入，着手开发健康、保健的深加工"好粮油"产品——GABA 米，通过深加工提升了粮食内在的营养，使产品档次得到了大幅提升，该项目投入运营后，能为消费者提供高端的健康保健食品，满足人们对健康食品的高端需求。

（二）主要经验

江苏粮食产后服务中心建设起步于 2014 年，是与粮食生产方式转变同步产生的，因此江苏全面推进粮食产后服务中心建设基础较好，优势突出，其中各市县区以及示范企业的粮食产后服务建设的发展经验主要有：

一是政策上高度重视，整合各方力量有序推进。江苏省委省政府高度重视农业生产、粮食工作以及粮食仓储物流基础设施和烘干能力建设。针对不同项

---

* 1 亩＝1/15 公顷。

目规划的特点，高度重视统筹各方力量、形成建设合力，推动产后服务各项目建设的稳步开展。省委省政府相继出台文件，明确到 2020 年全省粮食烘干能力达到年粮食产量 70％的（其中国有粮食收储企业达到 20％）工作目标。江苏省在 2016 年、2017 年、2018 年连续三年将国有粮食企业粮食仓储设施和烘干能力建设列入省政府重点工作年度考核目标，着力推进粮食产后服务体系的发展。鉴于不同项目涉及不同的主体单位，省委省政府依据定期磋商协调机制，不定期开展专项专题研讨会，会商和解决相关问题的办法。同时，省委省政府将省内各示范县、示范企业的粮食产后服务体系建设进行统筹管理分工，取长补短，有效地确保各项配套资金及时到位，工作措施有效落实、项目实施高效推进。

为了响应江苏省委省政府的要求，江苏各企业集团也纷纷以制度建设为中心，不断加快企业组织制度的规划，以期更好地建设粮食产后服务体系。作为"中国好粮油"示范企业的苏粮集团，不仅编制了《江苏省粮食集团公司"中国好粮油"行动示范工程 2017—2018 年度项目申报指南》（以下简称《申报指南》）《江苏省粮食集团公司"中国好粮油"行动示范工程项目管理暂行办法》（以下简称《办法》）《关于加强"中国好粮油"行动项目资金管理的通知》《关于加强"中国好粮油"行动项目优质优价收购资金补助管理工作的通知》（以下简称两个《通知》）等多项规范性文件，同时也进一步加强和规范了集团公司"中国好粮油"行动示范项目管理，更好地发挥财政资金使用效益和示范带动作用，推动"中国好粮油"行动顺利实施，为后续项目申报创造有利条件。《申报指南》明确了示范工程总体目标和任务，按照全链条布局、一体化实施的总体思路，对2017—2018 年"中国好粮油"行动示范工程实施方案的 5 个方面重点任务进行重点项目分解。《办法》及两个《通知》则明确了"中国好粮油"行动实施的范围和原则、组织管理与职责、项目立项和审批、资金管理、项目实施、验收与成果管理、项目监督管理等方面内容，为打造项目管理的示范奠定了坚实基础。建立联席会议机制，实施主体部门定期向县政府和上级粮食部门上报各项工程实施进展情况、季度工作小结和经费使用情况，及时总结经验。

二是财政上配套有力。2015—2016 年，省财政支持粮食产业项目补助资金 9 亿元，撬动地方财政和国有粮食企业自筹资金 20 亿元，用于粮食仓储物流设施建设和烘干机配置，其中：仓储项目 116 个，建设仓容 317 万吨；烘干机项目 123 个，增加日烘干能力 35 600 吨。全省谷物烘干机保有量超过 1.7万台，在"三夏""三秋"阴雨天气中发挥了重要作用。2016 年，江苏新增安排省级财政资金 1 000 万元，在泰州市姜堰区开展包括代烘干在内的全程社会化服务试点。

如东县作为"中国好粮油"行动示范县，制定并下发了《如东县开展粮油优粮优价收购工作实施意见》，明确了优粮优价收购的概念、目标、奖补办法和保障措施。具体由县财政部门和粮食行政主管部门对优质粮和普通粮进行市场差价测算，按不超过差价部分的 50% 给予补助，且最高不超过 0.2 元/斤。特别是借力粮食全产业链联盟建设，通过供种、栽培、施肥用药、收购、加工、销售"六统一"，全程把控菜籽油、面粉、稻米质量安全，有序推进优质优价收购，改变了过去收"万家粮"、卖"大路货"的现象。

专题五 射阳县产后服务建设资金筹措方案

射阳县地处黄海之滨，是全国粮食生产的强县。2016 年，全县粮食种植面积 280 万亩，总产 140 万吨。高标准农田比例达 60%，高效农业突破 130 万亩，设施农业达 24 万亩，连续 5 年获评全国粮食生产先进县，"射阳大米"荣获中国国际农产品交易会金奖。随着"射阳大米"品牌效益的凸现和迅猛发展，射阳已有近 50 多家千吨级大米生产企业，目前"射阳大米"的原料射阳水稻产量约 80 万吨，每年上市的"射阳大米"仅 40 多万吨，主要在上海市场销售。

投资估算依据及说明：

①国家发改委会令《中央预算内直接投资项目管理办法》（2014 年第 7 号令）；

②财政部关于印发《基本建设财务管理规定》（财建〔2002〕394 号）；

③国家计委、国家环保总局《关于规范环境影响咨询收费有关问题的通知》（计价格〔2002〕125 号）；

④建设部《工程勘察设计收费标准》（计价格〔2002〕10 号文）；

⑤国家发展改革委、建设部关于印发《建设工程监理与相关服务收费管理规定》的通知（发改价格〔2007〕670 号）；

⑥《国家计划委员会招标代理服务收费暂行办法》（计价格〔2002〕1980 号）；

⑦《江苏省建筑与装饰工程计价定额》（2014 版）；

⑧《江苏省建设工程费用定额》（2014 年）；

⑨2017 年第二季度盐城市建设工程信息价格；

⑩建设场地的条件和施工条件。

建设投资估算见表4-6。

表4-6 总体建设资金估算

序号	项目内容	投资（万元）
1	射阳县兴桥粮食产业发展有限公司	542.49
2	射阳国投农业科技发展有限公司	542.39
3	盐城市立成生态农业科技有限公司	436.39
4	江苏宏建粮油科技发展有限公司	243.00
5	射阳县华扬家庭农场	341.23
6	江苏河海运输股份有限公司	525.70
	合计	2 631.20

资金筹措方案：
①企业自筹约1 579.20万元，约占建设投资的60%。
②申请省级及地方财政配套约1 052万元，约占建设投资的40%。

三是中心建设基础好。主要包括以下七个方面。

（1）仓储设施基础较好。2019年度江苏入统粮食仓储企业（包括中央企业）共1 364家，入统标准仓房仓容3 948万吨，低温准低温储粮仓容1 914万吨，占完好仓容的48.48%。基层粮食收储库点配置基本输送、清理设备，机械化作业程度较高。在加大仓储设施建设力度，改善仓储设施条件的基础上，积极研发和推广应用绿色生态、节能环保的储粮新技术、新工艺。"优质粮食工程"建设项目中，总投资5亿元，其中用于科研、技改、信息化建设等方面的资金就达2亿多元，占比高达40%以上。截至2019年底，江苏实现气调储粮仓容238万吨，实现低温准低温储粮仓容1 914万吨，占全省完好仓容的48.48%，绿色储粮条件大幅提高。

阜宁县充分利用"中国好粮油"行动示范县建设机遇，紧紧围绕实施粮食安全战略和乡村振兴战略，结合县域实际，突出特色产业目标，通过加强科技支撑、建立销售渠道和做好专题宣传，全力打造"阜宁有机大米"品牌。在仓储设施建设方面，采用完善设施手段不断实现优质稻米的绿色储藏。在各收储库（所）增添比重筛、震动筛等除杂设施，帮助农民整理水稻，提高入库稻谷质量。对新建的阜宁地方储备库和凤谷粮库进行技术改造，采用低温循环系统实现常年低温储粮，添置氮气保粮设备，在不采用常规药物熏蒸的环境下达到有效杀虫效果。江苏省示范县产后服务建设情况见表4-7。

表 4 - 7　江苏省示范县产后服务建设情况一览表

示范县名称	产后服务建设项目
宝应县	低温仓库建设，线上线下同步销售渠道
兴化县	优质优价收购，建立品牌形象店
沭阳县	涉粮企业设备改造，积极打造销售平台
阜宁县	品牌销售模式，设置网上直营店
盱眙县	分品种监测稻谷品质，建立区域公共品牌推销
如东县	大米生产线改（扩）建，定点加工，统一品牌营销
泗洪县	打造稻米小镇，提升品牌形象

（2）粮食产业发展有利于代加工。江苏粮油加工业门类齐全，效益较好。同时，粮食食品业品种丰富，速冻主食及杂粮制品、米粉（线）等米制食品均有涉猎。2020 年，全省入统粮油加工企业 1 179 家，比上年增加 56 家，入统企业范围持续扩大。粮油加工企业通过改进生产工艺、引进科研成果、扩大自营优质原料基地和订单农业联盟，巩固和扩大了优质粮源基地，产品产量得到了大幅提升，产品品质又上了一个台阶，产品附加值更上一个档次，市场竞争力和抗风险能力得到了增强，粮食产业得到了快速发展。随着加工能力的提升，广大消费者的消费偏好也从"吃得饱"向"吃得好"进行了转变，市民们最大的感受是：过去买米总是扛着编织袋的大包装大米，现在买米总是手提着五颜六色非常靓丽的礼品小包装大米，而且食味值回到 20 世纪七八十年代的原生态口味，深受广大消费者的喜爱和欢迎。

作为江苏省内最大的大米市场交易市场，兴化粮食交易市场现有大米加工企业 54 家，年加工能力达 500 万吨。该交易市场规划紧扣"水上粮食交易市场"这一特色，突出水上特色，提升市场功能，制定建设交易、检测、研发三大中心目标，为企业提供网上交易、质量检测、产品科研等服务，推动市场从传统交易型向现代服务型转变。而作为"龙虾之都"的盱眙县则依托"稻虾共生"的综合种养绿色模式，使得"盱眙龙虾米"率先采用"柔性抛光"加工工艺，既有效地保留了大米的糊粉层、亚糊粉层及胚芽中的营养成分，具备多种保健功效，又克服了糙米口感不佳的缺陷，健康又美味。

（3）网络电商的发展有利于代销售。积极构建电子商务＋物流配送的粮食营销新模式，通过电商平台，打造江苏粮食名特优品牌优势，建设放心粮油消费网络，营造放心安全的粮食消费环境。搭建网上商城、打通成品粮供应商与城乡居民的直通渠道，让广大老百姓鼠标一点，足不出户就可买到放心优质的粮油产品。其中，泗洪县借助网络平台，推广泗洪大米产品，在京东、阿里巴巴等平台上开展销售活动，并以在中央七套广告为契机，在京东成为销售爆款大米产品。同时进一步统筹资源，在大型城市开设直营店，目前已在郑州、淮安、南京、深圳等城市选好店铺开始装修，泗洪大米旗舰店也正在积极地建设之中。

专题六　如东大米推介项目

如东县"如东大米"2016年10月获得国家工商总局授予的"国家地理标志证明商标"，为了打响"如东大米"这一区域金字招牌，向广大消费者推介如东好大米，如东县出台了《县委办公室、县政府办公室关于印发"如东大米"品牌建设实施方案的通知》（东办发〔2017〕78号），并成立了品牌建设领导小组，全面打响"如东大米"品牌创建的攻坚战役。通过公开竞标，委托中标的广告公司对"如东大米"品牌进行包装、推介、策划，设计了多种产品包装，涵盖了高、中、低档次。与如东喜丰农业科技发展有限公司、南通绿之蓝米业有限公司等6家大米加工企业签订了委托加工协议，并由如东县粮食行业协会授权其使用"如东大米"地理标志商标，生产销售"老愚家""绿之蓝""玉奇"等6个系列品牌的如东大米。制作了"如东大米"形象宣传片，建立了"如东大米"微信公众号，利用电视台、机场、户外屏等进行了多媒体广告宣传，在二三线城市中精选了60多个中高档小区的广告点进行灯箱广告宣传及线下赠送精美1.25千克真空包装"试吃装"的如东优质大米近5 000份，进行品牌推广宣传。建设了作为实体店的"如东大米展示展销中心"，正式对广大市民开放；"如东大米"质量标准、可追溯系统正在编制和建设中。"如东大米"在江苏优质稻米暨品牌杂粮博览会上，荣获"江苏好大米"特等奖；"如东大米"在上海、杭州、哈尔滨、长沙、深圳及江苏电子商务大会等多个农展会、招商会上进行了参展和推介。此外，还对国有"如东大米"委托生产企业——如东玉奇米业中心进行了生产加工设备改造，提升了生产加工能力。以上"如东大米"推荐项目总投资为650万元，其中企业自筹340万元，申请财政资金310万元。以后如东县将着重拓展销售渠道，进一步扩大市场覆盖面，将"如东大米"做成有一定影响力的、受老百姓欢迎的大米品牌。

四是项目管理规范有序。江苏省近年来先后在危仓老库维修改造、仓储智能化升级、物联网示范应用工程等方面获得国家试点，省财政也支持了一批仓储物流设施和烘干机建设，在实践中形成了较为完善的项目标准化管理体系。①重视项目规范。严格执行中央和省粮食仓储物流设施建设专项资金管理办法，细化管理规定，确保项目审批规范、推进有序、档案齐整，项目全程合法合规合廉；②重视督查推进。主要采用在线督查、现场督查、约谈督查和通报督查等方式对各项目实施情况进行监管，多种渠道多种方式推动项目建设；③重视项目绩效。建立建仓和烘干机项目库，原则上在项目库内优先支持确有建设必要、建设条件基本具备的项目。开展培训，要求各地严格按照国家相关标准，本着科学、经济、适用的原则合理安排投资、规范推进项目建设。配合第三方开展项目绩效评价，提高项目规范管理水平。

专题七　姜堰区产后服务建设序时进度安排情况

姜堰区总人口 80 万，辖区面积 927.52 平方千米，现下辖 2 个街道，14 个镇，1 个省级经济开发区，1 个 5A 级风景名胜区。耕地面积稳定在 50.2 万亩左右。2016 年，全区粮食总产量 50 万吨，是江苏省的产粮大区。在全区成立村级农业合作社，2016 年全区土地流转率达 85%。农户的粮食集中收获量越来越大，不少地方收获的粮食出现霉变现象，必须及时解决收获粮食的集中收购、湿粮收购、湿粮集中烘干和及时储藏难题。

泰州市姜堰区粮食购销总公司（兴泰粮库、里华粮库、梅垛粮库、娄庄粮库）项目实施计划见表 4-8。

表 4-8　粮食购销总公司项目实施计划表

序号	项目	2017 年	2018 年		
		10—12 月	1—3 月	4—6 月	7—9 月
1	前期审批工作				
2	工程勘查				
3	初步设计编制				
4	施工图设计				
5	项目招标及基础建设				
6	主体建筑工程及附属工程施工				

（续）

序号	项目	2017年	2018年		
		10—12月	1—3月	4—6月	7—9月
7	机电工程施工			———	
8	室外工程施工				———
9	联合试运转				———
10	竣工验收				———

江苏省姜堰粮食储备直属库项目实施计划见表4-9。

表4-9　粮食储备直属库项目实施计划表

序号	项目	2017年	2018年		
		10—12月	1—3月	4—6月	7—9月
1	前期审批工作	———————————			
2	工程勘查	———			
3	初步设计	———			
4	施工图设计	———			
5	项目招标及基础建设		—————		
6	主体建筑工程及附属工程施工		———————————		
7	机电工程施工			———	
8	室外工程施工				———
9	联合试运转				———
10	竣工验收				———

　　五是落实国家项目卓有成效。近两年，江苏省粮食和储备局与省发展改革委、省财政厅密切配合，共同做好中央投资补助项目申报、审核、评审和资金分解等工作，确保具体项目及时落实到位、资金及时分解到位。在"危仓老库"维修改造和仓储智能化升级的过程中，江苏各地积极落实国家建设项目，建立健全管理制度，财政资金配套到位，粮食部门管理规范，企业建设守规有序，建设项目绩效显著，努力把国家重点支持项目建成全国示范。

专题八 泗阳县产后服务体系建设之"危仓老库"改造

泗阳县属产粮大县，粮食产量大，商品率高，每年的政策性收购粮食数量较大。多年来，泗阳县粮食主要依靠国有粮食购销企业收购储存。2002年该县国有粮食购销企业改革，一些国有粮管所相继出售，大大削弱了粮食收购仓储能力，已经不适应每年增长的粮食产量，无法更好地满足农民卖粮需求。近年来虽然经过新建、维修改造了部分仓容，但还有很大一部分破旧仓房始建于20世纪六七十年代，年久失修，已到报废期，粮食总仓容量小、储存条件差，已无法满足农民售粮和粮食存储的现实需要，给中央强农惠农政策的落实带来负面影响。同时，洋河酒厂总厂是该县粮食消耗和流通大户，年消耗粮食50多万吨，更加剧了全县粮食储备库的紧张状况。为保证粮食储藏和流通，需要进一步改善全市粮食收储环境，维修改造老库，并建立新库以补足报废粮库无法收储的储备缺口，以进一步满足全县粮食收储需要。泗阳县现有仓容情况见表4-10。

表4-10 泗阳县现有仓容情况表

单位：万吨

序号	项目	单位	数量
1	有效总仓容	万吨	39.96
	国有企业	万吨	11.85
	非国有企业	万吨	16.26
2	需要大修仓容	万吨	
3	待报废仓容	万吨	2.55
	合计（1+2）	万吨	39.96

对于仓房的一般维修主要包括维修改造1#～6#平房仓，总占地面积为7 500平方米，总建筑面积为7 500平方米。其主要维修方案有：

①外墙粉刷出新。

现状：平房仓外墙面原为涂料饰面，经过多年使用，墙面吸附大量不易清理的灰尘，表面龟裂、空鼓严重，维修面积约7 830平方米。

维修方案：清除墙体表面灰尘，铲除空鼓、水泥砂浆粉刷，刷界面剂两道，1:2水泥砂浆粉刷，外墙弹性涂料饰面。

②屋面防水层修补。

现状：1#～6#平房仓，钢筋混凝土预应力双板屋面，年久失修，屋面防水卷材老化，多空鼓严重，经常发生渗漏，屋面防水性能已不能达到安全储粮要求，存在储粮安全隐患。

维修方案：清除原有防水卷材至屋面刚性保护层，重新铺设防水卷材。具体做法为：ⓐ4毫米厚SBS改性沥青防水卷材（聚酯胎片页岩石）；ⓑ3毫米厚SBS改性沥青防水卷材；ⓒ原有屋面刚性防水层。

六是科技人才保障有力。江苏涉粮涉农院校数量在行业内遥遥领先。各涉农涉粮院校专业门类齐全，人力资源丰富。先后成立国家级研发中心4家、省级研发中心34家，南京财经大学创建粮食专业博士点，设立从本科到博士的粮食专业教育体系，为引领和支撑江苏粮食行业创新驱动发展提供源源动力，也为推进粮食科技服务提供了人才保障。

在示范企业方面，以江苏苏垦米业公司为例，公司注重与高校及科研院所的合作，与南京财经大学、江南大学等建立了良好的科研合作关系。近年来，承担省级课题两项（就仓干燥及大米保鲜项目、农业物联网项目），农垦内部课题项目一项（准低温储粮项目），苏垦农发内部项目4项。参与南京财经大学主持的粮食仓储物流安全协同创新中心建设，与南京航空航天大学合作开展重力热棒低温仓储研究，并取得一系列成果。2011年与南京财经大学共建企业研究生工作站，通过引进高校高端人才参与公司科研，不断提升公司整体科研水平。2016年公司被南京财经大学列为学校教学、实习和培训基地。

在示范县方面，阜宁县与江苏省农业科学院、徐州农业科学研究所、南京财经大学等科研院所建立合作协议，根据县域水土气候条件，进一步优化优质稻米品种，提升优质稻米的绿色储藏水平，共同搭建科技指导服务体系平台。同时，完善人才引进机制，大力开展优质稻米生产、检验、烘干、储存、加工、销售、电子商务等各类业务技术培训，对在岗人员采取脱岗学习、集中培训、实地观摩等方式，提高各类人才专业素质，为优质稻米生产加工提供科技支撑。

七是宣传力度舆论氛围较好。通过报纸、网络等多种媒体，广泛宣传实施"优质粮食工程"的重要意义和建设进展，营造浓厚舆论氛围，提高社会各界及广大消费者对"中国好粮油"项目的关注度和认知度，使"中国好粮油"项目成为政府满意、百姓放心的民生工程。

专题九　宿城区粮食产后服务体系建设之宣传手段情况

宿城区总人口82万人，辖区面积854平方千米，辖4个街道、11个乡镇和1个省级经济开发区和一个省级现代农业产业园，耕地面积稳定在53万亩左右。2016年，全区粮食总产量45.8万吨，粮食产量实现十三连增，是江苏省的产粮大区。在全区成立村级土地股份合作社，2016年全区土地流转率达51％。农户的粮食集中收获量越来越大，不少地方收获的粮食出现霉变现象，必须及时解决收获粮食的集中收购、湿粮收购、湿粮集中烘干和及时储藏难题。宿城区埠子粮食储备库紧邻 249 省道，距离运河中心港口 15 千米，据洋河火车站 18 千米，交通极为便利。宿城区屠园粮食储备库距徐淮路不到 5 千米，距宿淮盐高速、徐宿宁高速仅 5 千米，"宿淮"铁路穿门而过，距离运河中心港口 15 千米，交通极为便利。

秉持"为粮农服务、为粮企服务、为消费者服务"理念，依托智慧粮食市级信息平台，变监管后台为服务全社会的共享平台，打造"互联网＋粮食"下"产后服务中心"模式。宣传国家粮食流通政策，发布粮食市场行情，为粮食购销企业、加工企业、种粮大户、"放心粮油"发布供需信息，为粮食供求双方、产业链上下游客户多方信息互动提供平台，撮合供需双方达成交易。本库除配备同埠子粮食储备库相同的"粮 e 通"电子商城＆粮食竞价交易平台和"满意售粮"移动应用系统和微信服务公众号外，增加粮库业务管理系统和智能通风控制系统。

建立独立的 App 产后服务中心管理数据平台，管理数据平台将多个节点的数据进行定时或是实时的交互，达到数据共享和相互影响的作用。数据交换可分为前置机和消息中间件两个部分。数据交换通过一个合理、稳定的消息中间件，保证每条信息能够准确、完整、及时地传输到指定的结点数据库中。新增 ETL（抽取转换加载）服务器及 OLAP（联机分析处理）服务器及其他相关配套建设。

五、主要存在问题

江苏粮食产后服务的建设是一项系统工程，也是一个新的工作领域，在项目实施过程中不可避免地会遇到一些新情况、新问题，因此在各项工作取得成绩和经验的同时，也面临整体经验不足、项目建设比计划有所迟缓等诸多问题，具体来说主要有：

（一）产后服务体系建设内容缺乏大力宣传

通过各示范县和示范企业的实际工作可以发现，由于是首次开展此项工作，因对政策掌握、市场了解不足等因素，导致项目实施进度与初期计划存在差距。在产后服务体系建设方面还需要强化对国家和省级产后服务政策的宣传培训，使项目的实施人员领会粮食产后服务体系建设的目的，更好地做好各项工作。强化政策指导和监督，通过省级层面的指导和监督，使得相关项目实施单位可以自加压力，更好地完成项目建设，并通过日常监督，及时发现建设过程中的不合理和不合规的问题，做到及时发现及时纠正。强化和细化公司下一年实施方向、原则和措施，更加精准地对各项目开展谋划、监督和管理。

（二）粮食仓储安全隐患仍需重视

在各项目实施过程中，由于省局和相关部门缺乏经常性的指导监督，因此个别地区存在为缓解高库区压力，一些地方老旧仓储设施仍在使用的情况。江苏省尚有需大修待报废仓容总量 117 万吨，部分还在使用，存在安全隐患。同时，粮食仓储设备配备不足，空气呼吸器、气体检测仪器、爬梯等防护器具装置缺失或老化。一些企业负责人安全生产意识淡薄，存在侥幸心理，对安全教育培训重视不够。

（三）粮食深加工发展相对滞后

全省粮油加工企业产品仍以初级加工和粗加工产品为主，主食加工及副产物的综合利用率低，产能较为落后、中高端产品和深加工产品供应不足，技术及工艺设备改造升级尚不完善，小包装系列产品的研发有待进一步加强。2017年全省粮食食品企业仅占工业总产值的 4%。

以兴化县楚穗公司为例，公司从 2016 年成立至今，由于自己的大米生产线老化，所以委托他厂代加工，通过一段时间的运行发现存在成品米的成本加大、生产环节不易管理等弊端。随着人们生活质量的不断提高，公司发现优质大米越来越被人们青睐，市场份额在逐步变大，生产加工优质大米符合现阶段市场的需求，所以希望通过改造升级低温精制碾米生产线能有效控制成品米的品质、成本等，加上建设中的可视化溯源管理平台，再把大米加工生产环节加上就可以真正做到全程可溯源。这样优质稻谷从种植、收购、保管、加工每个环节都能有效掌控，能确保成品米的品质及纯度。为进一步提高"兴化大米"的核心竞争力打下基础。

（四）涉粮企业科技支撑有待加强

基层粮食企业是传统老企业，自主科技创新能力不强，建议在科技支撑方面以采购相关高新科技产品或设备，与关联涉粮科研机构合作为主。现代科技和智能科技引进较少，好多厂家还是多年前的老设备、老工艺。今后应当进一步结合"中国好粮油"行动项目，适时引进现代粮食科技成果，加强技术改造，要向工业 4.0 方向发展，加速科技成果转化，挖掘农副产品精深加工，引导产品向健康型、营养型方面发展，努力提高产品科技含量，促进粮食企业降本增效，加快粮食产业发展，夯实粮食安全根基。

六、进一步完善的方向与重点

（一）加强组织领导，落实责任目标

应当围绕贯彻落实国家及各级政府支持粮食企业发展的有关政策措施，密切配合，各司其职，加大实施力度。在项目资金下达前，由省财政厅、省粮食和储备局与项目所在地政府签订责任书，明确维修任务、目标、责任、资金安排。省财政厅、省粮食和储备局会同市、县财政、粮食主管部门做好项目实施的跟踪推进工作，制定有关管理办法，加强项目建设的督促检查，发现问题及时解决，保证资金到位、项目落实到位和工程监管到位。对各示范县优质粮食工程项目资金实行分账核算、专款专用，不得挤占、挪用和滞留，对虚报冒领、挤占挪用和其他不符合相关规定的行为，依规依法追究责任。严格遵守工作程序，加强自查自纠，确保工程规范操作，实施目标和任务落实到位。落实省局的"六严"要求，建立健全工程实施档案，全面、真实、客观地反映工程实施过程和效果。

大力营造实施粮食产后服务体系建设的氛围和条件，充分利用各种媒体宣传其重要意义及进展情况，扩大影响。把各项任务具体化，从人力、物力、财力上加大投入，落到实处，服务全省人民。

（二）加强过程管理，实行阳光操作

项目建设工作全程公开，支持政策、主体选择、资金补助、项目验收等向社会公开，相关情况及时向社会公布，接受群众监督，确保补助政策规范高效、廉洁实施。在项目建设前、建设中和建成后按进度进行拍照存档。为加强项目建设过程管理，实行目标责任制，以"统筹规划、分级管理，责任到人"为原则，将目标任务层层分解落实到相关粮食企业，确保各项政策和要求落实到位。指派专人负责项目的日常管理工作，如：经费管理与发放，执行进度的监督、检查，参与单位的联络与信息交流，组织研讨等。根据项目进度要求定期交流考察，建立信息反馈表。实时跟踪和报送项目进展情况，及时解决项目建设过程中出现的困难和问题，抓好项目建设进度和建设质量，确保好事办出好效果。

项目资金管理严格按照国家财经纪律和规范要求"单独核算、专款专用"进行管理，严格执行"项目预算、项目实施过程监控、项目审计"管理程序，做到厉行节约、科学评估、全面审计，确保专项资金的使用规范和安全。所有项目都邀请第三方机构审计，所有项目资料、资金使用情况都要进行全方位审计，必须达到申报建设要求，按照提高优品种植率、农民增收率目标验收。

（三）加强协调指导，落实配套责任

指导各地科学规划，结合实际建设产后服务中心，拓展服务功能，满足需求；指导企业用好用足省深化地方国有粮食企业改革政策，进一步加大企业改革重组力度，加快盘活土地存量资产；在省级财政按国家规定配套基础上，协调地方财政安排专项资金进行配套，确保建设资金筹措到位，共同推进工作顺利开展。

要按照进度实现各项建设目标，需组建高水平的项目管理队伍，认真组织各项目相关管理人员认真学习相关文件，提高项目负责人对项目实施的整体把握能力，并通过培训使各项目管理人明确职责，确保各项目建设顺利实施。

（四）加强项目监管，实施绩效评价

省粮食和储备局牵头组织有关部门对照相关条件和具体标准对申报项目进行审核确定，并与省财政厅共同下发文件。在今后的项目实施过程中，应当定期、不定期召开项目推进会、协调会，每个季度对全省项目进展情况进行通报。项目结束后，督促各项目实施单位，做好工作总结，完善项目档案。根据《财政部 国家粮食和物资储备局关于开展"优质粮食工程"实施情况绩效评价的通知》（财建〔2018〕196号）要求，对项目经济效益、社会效益、实施过程等方面开展评价，将绩效评价结果作为以后项目安排的重要依据。

加快督促项目进度，对已进行招投标的项目，倒排工期，规定时限内必须完成，并且必须保质保量。所有项目程序依规依法实施，严格按照当时申报内容开展建设，不做"人情工程"，不做"报大建小工程"。

（五）加强粮食人才培育，持续强化人才保障

坚持每月召开粮食产后服务体系建设行动示范工程工作例会，加强团队成员之间的协调联系，及时沟通和解决工作中存在的问题。同时与高校、检测研究院及其他单位建立多种形式的合作关系，实现"产学研"有机结合。同时，完善人才引进机制，大力开展优质稻米生产、检验、烘干、储存、加工、销售、电子商务等各类业务技术培训，对在岗人员采取脱岗学习、集中培训、实地观摩等方式，提高各类人才的专业素质，为优质稻米生产加工提供科技支撑。

（六）加强科技支撑，提升涉粮企业加工能力

进一步响应国家科技兴粮的号召，挖掘农副产品深加工，发展新业态，向生态、绿色、有机、健康产品方向发展，大力引进先进科学技术和智能化产业，促使粮油产品上档次、受消费者欢迎，降本增效上规模、让生产者高兴。大力推广普及粮食科技，推进优质粮油基地建设，加快粮油产品提质升级。在稻米领域，着力加强对大米加工平台的技术改造。

为落实《国务院办公厅关于深入推行科技特派员制度的若干意见》（国办发〔2016〕32号）中"建立农村粮食产后科技服务新模式"要求，配合省粮食局派遣的行业内科技特派员，专项开展粮食产后干燥、储藏、加工减损、农户储粮等技术服务和推广，提高新型农业经营主体和农户粮食收储技术水平。

第五章　江苏优质粮食工程：粮食质量安全检验监测体系建设

　　粮食质量安全是粮食安全战略的重要组成部分。近年来，各地粮食质量安全事故时有发生，江苏粮食质量安全状况也不容乐观，质量安全问题已经成为全社会关注的热点。粮食质量安全检验监测工作贯穿于粮食行业的购、销、调、存、加、进出口等各环节及社会流通的全过程，是整个粮食安全工作的重要组成部分。如何进一步加强粮食质量监管体系建设，实现粮食质量安全"机构成网络、监测全覆盖、监管无盲区、系统无风险"，切实保障粮食质量安全，是当前各级粮食行政管理部门必须思考和解决的问题。江苏省自然条件优越，农业历史悠久，既是粮食生产大省，也是粮食流通和产业大省。江苏高度重视粮食质检体系建设，江苏省根据《关于在流通领域实施"优质粮食工程"的通知》（财建〔2017〕290号）、《粮食和物资储备局 财政部关于印发"优质粮食工程"实施方案的通知》（国粮财〔2017〕180号）和《财政部 国家粮食和物资储备局关于报送"优质粮食工程"三年实施方案的通知》（财建〔2018〕410号）和《财政部 粮食和物资储备局关于完善"优质粮食工程"三年实施方案的通知》（财建〔2018〕581号）要求，为全面贯彻落实乡村振兴战略，提升粮食质量安全保障能力，江苏省结合当地实际情况，推动实施了江苏省粮食质量安全检验监测体系，表5-1汇总了2017—2019年江苏省粮食质检体系建设的投资情况。

表5-1 2017—2019年江苏省粮食质检体系建设总表

单位：万元

范围	个数	投资标准	投资总额
省级中心	1	975	975
市级站	13	450	5 850
县级站（建设）	24	200	4 800
县级站（提升）	48		10 920
江苏连云港工贸高等职业技术学校	1	500	500
南京财经大学	1	600	600
江南大学	1	500	500
中储粮镇江粮油质量检测中心有限公司	1	500	500
合计	90	/	24 645

一、建设背景

（一）人民群众对粮食质量安全的关切日益强烈

在温饱问题没有解决的紧缺经济年代，人们只注重吃得上、吃得饱，而随着国家经济持续高速发展，人民群众生活水平得到显著提升，人们不仅关注吃得饱、吃得好，而且越来越重视吃得健康、吃得安全。人民群众对食品安全的关注度越来越高、对保障粮食质量卫生安全的诉求日益强烈。如果某个地方发生粮食质量安全事件，很快就可能引发市场的动乱乃至社会的不稳定。

（二）引发粮食质量安全事故的隐患日益凸显

这些年来，食品安全事故频发，粮食质量安全隐患也呈上升趋势。这些隐患主要来自天灾、人祸。所谓天灾，是在粮食收获季节由于持续高温多雨，使得收获的粮食极易发生霉变，导致真菌毒素超标。所谓人祸，一方面是由于耕地和水被污染，导致粮食重金属超标。粮食霉变了，只是一时一季一年的事，但耕地和水资源被污染了，需要一个艰难而漫长的降解、恢复过程。另一方面是人为地造成粮食质量安全隐患。比如农户在粮食种植、收藏过程中滥用高毒、高残留农药造成粮食农药残留超标；不法奸商把变质粮食人为地"美化"一下，即变为优质粮销售，坑害消费者。部分地区粮食重金属污染问题比较严重、大米中农药残留和黄曲霉毒素含量超标、面条中违规使用增白剂、以工业用磷酸钙盐和滑石粉作为增白剂载体、在面制品中添加国家禁止使用的"吊白块"等。

（三）社会监督粮食质量安全事故的渠道日益增多

这些社会监督渠道有来自新闻媒体的、网络的、学界的、民间的，还有来自有关国际组织的。一时一地的一个小事故，可能在一夜之间甚至是片刻就传遍全国以至全球。如《南方日报》重点报道的镉重金属超标事件就是一个值得我们反思的典型案例，我们绝对不能轻视、更不能敌视这些渠道的监督，因为这些有效的监督能够有力地促进我们改进工作。

（四）当前粮食质量安全监管能力不足日益显露

近些年我们在加强质量检验体系和监管能力建设上虽然取得了很大的成绩，但与防范现实社会粮食质量安全隐患和加强粮食质量安全监管的要求相比还差距很大。比如说，目前在粮食检验机构的分布上还处于产区多销区少、东部多西部少的状况；在检验能力建设上还存在省级机构强、市县级机构和企业弱，常规检验能力强、卫生指标检验能力弱等问题。总之，我们在粮食质量检验能力和质量安全监管体系建设上面临的困难还不少，存在的问题还很多。

（五）粮食质检机构建设滞后问题日益明显

我国的粮食质量检验机构模式采取的是分散型模式，国家及各级地方政府均有自己的相关检验检测机构，大部分粮食仓储和生产企业也设有相关检验部门，力量分散，人员素质参差不齐。虽然国家粮食和物资储备局加大了质检机构建设，授权各省级龙头站及大型企业成立国家级粮食质量监测中心，并分批设立区域国家监测站，形成了一定的覆盖和网络。但是在体系未完全建立的情况下，发挥的作用较为有限，对于农户及分散储粮的检验监测能力有待提升。

二、建设意义

粮食质量检验是粮食生产流通消费各领域工作的基础，具有政策性强、技术性高、涉及面广、社会影响力大等特点。在涉及粮食质量安全活动中，粮食质量检验监测的作用和意义主要体现在以下几方面：

（一）为贯彻国家法律法规提供技术保障

2013 年 7 月，国务院对《粮食流通管理条例》进行修订，其中第十九条修改为："建立粮食销售出库质量检验制度。粮食储存企业对超过正常储存年限的陈粮，在出库前应当经粮食质量检验机构进行质量鉴定，凡已陈化变质、不符合食用卫生标准的粮食，严禁流入口粮市场。"《粮食质量监管实施办法》第四条规定：各级粮食行政管理部门应积极宣传贯彻国家有关粮食质量、卫生管理的法律、行政法规和质量、卫生标准，依法履行对粮食收购、储存、运输活动和政策性用粮购销活动中粮食质量及原粮卫生的监管职责，定期对粮食质量监管、监测结果进行通报。第十四条明确标明：建立粮食质量和原粮卫生的抽查、监测制度。这些法规要求都表明，在粮食购、销、调、存等流通环节，粮食质量检测机构的介入是有法律依据的，对保证进入消费环节的粮食质量也是十分关键的。

（二）为维护粮食流通秩序依法管粮提供法律支持

正常粮食流通秩序应该是：购销畅通、监管到位、调控自如、市场稳定。如对粮食经营者要实行粮食收购资格准入制度，其中在资格审核中就有很关键的一项：粮食经营者是否具有粮食质量检验的能力和水平。如果没有具有第三方法律服务资质的粮食检验机构的参与和介入，那审核的过程就不是真正法律规定的审核程序，审核的结果就不可信。再比如，在粮食流通监督检查过程中，发现了违反国家粮食收购标准、掺假使杂、霉变污染、坑农害民的案件，必须由有法律资质的粮食检验机构出具检化验报告，才能鉴别事件的程度和性质，为下一步执法奠定基础。随着粮食购销市场化进程的加快和国有粮食企业改革力度的加大，粮食经营更趋于复杂化，加强市场粮油质量的监管与检测，维护广大消费者的利益，是国家对粮食进行管理和调控的一个重要方面。

《粮食流通管理条例》赋予了粮食行政管理部门对粮食流通的行政管理、行业指导及对粮食经营者从事收购、储存、运输活动和政策性用粮的购销活动、执行国家流通统计制度等情况的监督检查权和依法处理的职能。管理方式由过去重事前审批变为事前、事中和事后的全过程监管；管理手段由过去的以行政手段为主转变为以法律手段、经济手段为主。在执法过程中，加强对收购粮食的质量检测，对粮食销售供应市场的粮食质量进行跟踪，看其是否有质价不符的行为；平时的执法检查中，要深入粮食加工、销售企业，检查其粮食产品是否有掺杂使假、以次充好等违规行为；对负有储备粮承储任务的企业，要加强对存粮质量的检查，确保存粮安全。由此可见，粮食行政执法与粮食质量检测工作是分不开的。因此，粮食质量监管检验机构必须正确履行国家赋予的粮食质量监管重要职能，既维护粮食流通秩序，又有力促进依法行政。

（三）为构建生态农业绿色粮食产业提供优质服务

镉超标"毒大米"事件，根源在于淡漠食品安全意识，关键在于粮食质量监管缺失，最终导致重金属污染对耕地带来的侵害。粮食安全连年增长的确鼓舞人心，但赖以生存的土壤酸化问题，却会带来农业生产减产、农产品品质下降以及危害农业生态环境、影响食品安全的后果，因此必须关注耕地质量，从源头保障我国的粮食质量安全。其有效措施就是要加大优质粮食品种培育和发展生态农业的力度，强化种植品种质量的培育关和检验关，主动调整种植结构，生产出品质优、营养高、无公害、无污染，有利于人畜健康和环境安全的绿色粮食产品，实现粮食安全的可持续发展。为了实现这个目的，粮食质量监管机构就要做出更大的努力，为其发展提供更加优质周到的服务，把粮食质量监管服务贯穿于粮食生产、流通、消费的全过程。

（四）为粮食承储单位提供技术服务

粮食储存、调运过程中的质量安全是从生产环节进入流通环节后的最重要的一环，是防止粮食二次污染的关键。在监测过程中，应充分发挥粮油质检机构的检验技术、设备优势，开展托市粮、军供粮、期货交割粮等粮油的检验业务，向储粮单位提供技术支持与服务。一方面积极开展各种性质的储备粮油质量监督检验与检测工作。无论是中央储备粮油，地方储备粮，还是市场贸易粮，都是国家实施宏观调控的物质手段，必须严防死守，把好粮情关；另一方面，粮食质检机构要深入开展不同种植地区、不同仓型、不同储存条件、不同调运方式、不同粮食品种粮食质量、品质变化规律等技术研究，向储存单位提出适时轮换、合理销售的最佳时期，避免陈化，防止超期存储或变质的粮食流入口粮消费市场，保障人民的生活健康。

（五）为各级政府科学决策提供依据

随着国家粮食质量监管监测体系的不断完善和建立，粮食质量检测机构普遍承担着为各级政府科学决策提供依据的职责。不管是全国性的粮食质量比对和安全监管，还是区域性的粮食收获质量调查、品质测报都是粮食质量监测机构义不容辞的责任和义务。通过粮食质量安全调查和品质测报工作，为各级政府、用粮企业和广大农民提供质量信息，引导农民调整优化粮食的品种结构，种植适销对路的优质品种，使广大农民实现增产增收。更为重要的是，在做好这些基础性的质量监管和检验后，能够及时地把检验结果和结论通过一定的渠道反馈到当地政府及有关部门、新闻媒体和生产者、消费者，为政府部门优化粮食种植品种、调整种植结构、风险预警决策提供科学依据，为保障生产者、消费者和经营者的利益提供有效监督作用。

三、建设目标

按照国家粮食质量安全工作总体要求，统筹规划，合理布局，建立覆盖全省的粮食质量监测体系，形成分工明确、配合协调、管理规范、功能完善、运行高效、信息共享的工作运行机制，构建江苏省粮食质量监测体系新框架。按照"机构成网络、监测全覆盖、监管无盲区"的总体要求，向省内粮食主产区新建粮食质检机构适当倾斜，建立与完善由省、市、县三级粮食质检机构组成的粮食质检体系，着力解决粮食质量安全预警监测与检验把关能力不足、基层粮食质检机构严重缺失的问题，实现省、市、县三级工作联动，提升粮食质量安全监管水平。

（一）完善机构体系

建设以省级粮食质检机构为龙头、市级粮食质检机构为骨干、县级粮食质检机构为补充，覆盖全省的粮食质检体系。继续完善省级粮食质量监测中心功能设施配套，健全粮食质量安全监测预警体系和快速反应机制，提高粮食质量安全风险监测和应急处置能力；提升市级粮食质检机构检测能力，以"优质粮油"检测为重点，拓展工作业务范围，配备专业性更强和增加工作效能的仪器设备，并着力实现地方粮食质量安全本地监测、本地处理，全面落实粮食安全责任制；加强县级粮食质量监测站基础检测能力建设，配置各类常规专业粮食检测仪器设备和快检仪器设备，实现各县（区）粮食质量安全全面可控，形成产前质量安全预测、收购质量安全检验、库存质量安全控制网络，实现粮食质检体系的全覆盖。

（二）提升监测能力

一是配优设施设备。加快粮食质量安全检验监测仪器设备更新升级，实现"检得出、检得快、检得准"。重点抓好薄弱地区检测能力提升补强工作，突出能力建设，注重人员培训，基本形成与监管服务需求相适应的检验监测能力。二是创新服务功能。着眼于服务"江苏好粮油"行动和产后服务体系建设，依托粮食行业专业优势，开展第三方检验监测服务，创新服务功能，优化检测流程，推动功能延伸，使粮食质检服务"代检测"功能更好地与"代烘干、代储存、代加工、代销售"有机衔接，全方位服务涉粮单位，形成粮食安全保障合力。三是注重标准研究。积极承担国家粮食安全研究项目，注重与高校院所、省市站所的交流合作，加强粮食地方品牌标准研究，加强粮食质量安全形势分析评估，增强粮食质量安全服务指导能力。

（三）明确功能定位

1. 省级粮食质量监测中心

主要承担粮食质量安全监测预警体系建设和快速反应机制研究，开展粮食质量安全调查、品质测报和监测，提供相关的检验把关服务，为发展"三农"和科学储粮提供技术服务，协调、指导域内粮食质检机构的业务工作，收集粮食质量安全及生产灾害等动态信息，提出有关工作建议和意见。依据国家和行业粮油标准以及国家有关规定，具备检验各种粮食质量指标、品质指标和安全指标的能力。

2. 市级粮食质量监测站

主要承担粮食质量安全调查、品质测报和监测，开展相关的检验把关服务，协助与支持省级粮食质量监测中心开展相关业务工作，以省级粮食质量监测中心为示范，不断拓展工作业务范围，提升在"优质粮油"品牌创建中的贡献率。依据国家和行业粮油标准以及国家有关规定，具备检验主要粮食质量指标、品质指标、主要安全指标和域内必检指标的能力。

3. 县级粮食质量监测站

主要承担粮食质量安全调查、品质测报和监测，开展相关的检验把关服务，协助与支持省、市级粮食质量监测中心开展相关业务工作，承担下乡、进企业扦样和原始样品转送任务。具备检验主要粮食质量指标、主要品质指标和主要安全指标快检筛查的能力，同时具备原始样品转送能力。

四、保障措施

(一) 加强组织领导

区、市粮食局统一负责、协调域内粮食质检体系建设工作。各级粮食行政管理部门要成立粮食质检体系建设工作组，明确负责人，对粮食质检体系建设工作承担具体监管责任。要加强对项目建设的履职监督，将粮食质检体系建设工作纳入粮食安全责任制考核范围，确保工作落实，并取得实效。

(二) 规范资金管理

各级粮食行政管理部门要强化廉政风险防控，严格按照财政资金管理的有关规定使用项目资金，加强对项目资金使用的监督、指导和监管，做到专款专用，切实保障资金安全，打造廉洁示范工程。

(三) 健全工作体系

在各级粮食行政管理部门的领导和统筹协调下，合理配备与任务相适应的人员编制和场地设施，加强从省级到地方、再到基层粮食质检机构的系统建设，确保粮食质量安全检验监测工作任务饱满，保障粮食质检机构的良性运转和健康发展。将开展粮食质检工作所需的必要合理费用及仪器设备维修费列入同级财政预算，加大粮食质检经费保障力度。

(四) 严肃工作纪律

各地要认真贯彻落实省委关于改进工作作风、密切联系群众的规定要求，厉行勤俭节约。坚持公平公正、客观真实的工作原则，对弄虚作假、谎报瞒报等行为按照有关规定予以惩处。

五、工作安排

(一) 建设范围

建设 1 个省级、13 个市级、73 个县级粮食质检机构、1 个省级粮食检测培训中心、3 个国家指定的区域粮食检测中心。2017 年建设 49 个县级粮食质检机构；2018 年建设 1 个省级、24 个县级粮食质检机构、1 个省级粮食检测培训中心、3 个国家指定的区域粮食检测中心；2019 年建设 13 个市级粮食质检机构。

（二）资金规模及筹措方式

江苏质检体系建设投资总规模为 24 645 万元。2017 年项目建设总投资 10 920 万元；2018 年项目投资 7 875 万元；2019 年项目计划投入 5 850 万元。省、市、县三级粮食质检机构项目资金由中央财政资金和地方财政配套资金全额补助，省级粮食检测培训中心按国家规定筹措相应建设资金。其中，省级粮食质检机构补助 975 万元；市级粮食质检机构每个补助 450 万元；县级粮食质检机构，恢复建设的每个补助 240 万元，提档升级的每个补助 200 万元；省级粮食检测培训中心补助 500 万元、3 个国家指定的区域粮食检测中心共补助 800 万元。

（三）投资用途

省、市、县三级粮食质检机构补助资金 80% 以上用于购置检验仪器设备，其他可用于基础设施建设等。各粮食质检机构对本建设项目所配检验仪器设备具有使用权和维修义务，其隶属粮食行政管理部门具有所有权。基层一线收纳库点的补助资金用于购置真菌毒素快检设备及试纸条。

（四）工作要求

粮食质检机构应有与开展工作相适应的场地、人员。企业性质的粮食质检机构应在所属区域中心粮库中建设。拟配检验仪器设备的可在《仪器设备配置和配套基础设施建设参考目录》中选择。各项目建设单位按照功能定位、检测能力要求，结合自身实际情况，自行实施仪器设备采购。支持建设的县级粮食质检机构，要严格按照国家颁布的县级粮食质量监测站标准实施，争取在两到三年内通过检验检测机构资质认定。

六、建设情况

（一）建设成就

2017 年，江苏省通过竞争性申报，成功入围国家粮食流通领域"优质粮食工程"首批支持省份，获批中央财政补助资金 3 亿元。经组织项目申报、专家评审、网上公示，最终批复项目总投资 5.7 亿元，省以上财政资金 3.5 亿元，支持建设 7 个"中国好粮油"行动示范县、2 个省属示范国企和 2 个示范央企，建设完善 49 个县级粮食质检机构和 9 市 18 县 58 个粮食产后服务中心。就粮食安全质量检验监测体系来说，截至 2017 年 11 月底，质检监测体系累计已完成投资 8 610 万元，占批复总投资的 79%。具体建设成就如下：

1. 粮食质检机构投资建设取得进展

江苏省 2017 年质检体系建设正在有序推进。截至 2017 年 11 月末，全省重点建设的 49 个县级粮食质检机构，已落实质检工作人员 244 人，其中专业技术人员 189 人。省以上财政资金总投入 10 920 万元，已完成投资 8 610 万元（79%）；建设单位自筹资金 1 516 万元，已完成投资 1 098 万元（72.5%）。49 家县级粮食质检机构中，8 家（16.3%）已进入仪器招标采购程序，21 家（42.8%）已完成招标，19 家（38.8%）已完成验收。并于 2017 年 12 月底前完成第一批粮食质检机构建设。其中，徐州市于 2018 年 5 月 6 日率先完成粮食质量安全检验检测体系建设项目招投标，成为全省首家完成本项目招投标工作的单位。淮安市粮食质量安全检验检测体系建设作为"优质粮食工程"项目内容之一，从 2017 年 9 月份申报到 12 月份正式审批，共有 5 个县区作为首批建设单位列入全省质检体系建设，总投资 1 160 万元。吴中区充分利用专项资金 200 万元，结合吴中区实际情况，积极引进质检"新设备"。购入液相色谱原子荧光联用仪、气相色谱仪、实验磨粉机等粮油检验检测设备 8 台套。目前该项目现已进入仪器安装调试阶段。泰州市粮油质量监测所通过可行性研究、专家论证、分包承建、落实入驻、竣工验收等程序，各建设项目全部完成。共建成气相色谱室、液相色谱室、原子吸收室、前处理室、药剂室等 15 个实验室，配置了完善的通风系统、气路系统，改善了检验检测环境，提高了实验室的安全性。添置了全自动气相色谱仪、原子荧光光度仪、重金属快速检测仪等大型仪器，优化了实验设备，提高了在农残、真菌毒素、重金属等卫生指标方面的检测能力。

2. 粮食质量安全监管工作得到加强

江苏省粮食和物资储备局每年组织开展全省粮油质量安全专项调查，全面掌握原粮卫生状况，为从源头上加强粮油质量监管提供了重要依据。规范开展收获粮食、油料质量调查与品质测报，逐步建立完善了全省粮食、油料收获质量调查测报体系。根据调查测报结果，强化对粮食流向的监管，确保不符合质量标准的原粮不流向口粮市场。切实加强库存粮食质量监督抽查，认真组织开展全省范围内存储的中央储备粮、地方储备粮、商品粮的质量卫生抽查，提升了粮油库存质量，确保了储存安全。借助粮食流通监督检查联席会议和食安委两个平台，主动与工商、质检等部门联合，实施面向全社会的粮食流通市场秩序和涵盖成品粮的粮食质量监管，有效维护了消费者的合法权益。

3. 仪器设备配置得到改善，检测水平逐渐提高

近年来，国家和各级政府对粮食质量安全监测体系建设的关注度越来越高，粮油检测行业得到了迅速的发展。2017年，中央财政及地方财政首期共投入8 900万元用于省、市质检机构及县级粮食质检机构的建设和检测能力的提升。经过2019年中央和地方的投资建设，江苏省粮食质量安全检验监测体系进一步完善，实现省、市、县三级工作联动。现阶段，江苏省各级粮食质量安全检验机构的整体仪器装备水平得以提高，使检验手段和检测能力有了显著提升，在多次全国粮食检验机构检测能力比对中，均取得良好成绩。

专栏一　吴中区推进粮食质量安全检验监测体系升级

吴中区全力推进粮食质量安全检验监测体系再升级，推动吴中"优质粮食工程"建设，全力保障全区粮食安全。具体措施主要包括"三个新"。

对照上级"新要求"。按省财政厅、粮食局《关于在粮食流通领域实施江苏省"优质粮食工程"的通知》等文件要求，调研、总结全区粮食质检机构建设和完善功能情况，多次与上级部门沟通协调，确保相应工作落实到位。

引进质检"新设备"。积极申请江苏省粮食质量安全检验监测体系建设项目专项资金200万元，结合吴中实际，购入液相色谱原子荧光联用仪、气相色谱仪、实验磨粉机等粮油检验检测设备8台套。目前该项目已进入仪器安装调试阶段。

培养人员"新能力"。注重质检"软实力"同步升级，组织监测中心技术人员通过日常训练、协作交流、岗位培训等形式，提高粮食质监理论、实操技能，特别强化对新设备使用训练，推动全区粮食质量检验监测体系整体水平提升。

4. 粮油质检队伍不断壮大，素质越来越高

随着人民群众对粮油质量的安全问题越来越重视，粮油质量检验人员的队伍也正在逐步壮大和发展，专业技术人员数量迅速增多，人员素质结构也有了极大的提升。招聘的检验人员学历要求由最初的中专、大专生逐渐向本科生、研究生甚至博士生转变。这些专业技术人员有着较高的素养，在工作中能够独当一面，能够较快地承担起各项粮油相关的研究课题，以及快速掌握国内外大型先进仪器的操作、使用和维护工作。

专栏二　徐州各县级质监站申报江苏省"优质粮食工程"检测能力前后对比

　　根据国家粮食和物资储备局关于在流通领域实施"优质粮食工程"及"优质粮食工程"实施方案的文件精神，进一步落实2017年江苏省"优质粮食工程"申报工作的要求，徐州市粮食局统一编制申报"优质粮食工程"项目资金申请报告，七个市、县粮食质检机构积极填报，最终四家县级质监站申请成功，其中恢复建设的机构有三家，每个补助240万元，分别为铜山区粮油质量监测站、贾汪区祥和粮油质量监测站、沛县沛丰粮油监测站；提档升级的机构有一家，补助200万元，为睢宁县粮油质量监测站。

　　2015年，根据《徐州市县级粮油质检站建设纲要》的要求，铜山粮食局在中心库江苏铜山国家粮食储备库成立徐州市铜山区粮油质量监测站、贾汪粮食局在塔山中心粮库成立徐州市贾汪区祥和粮油质量监测站、沛县粮食局在中心库苏鲁粮食现代物流中心成立沛县沛丰粮油监测站，睢宁粮食局在睢宁粮食储备直属库成立睢宁县粮油质量监测站。四家县级质监站均为区局直属的独立法人单位，其主要工作是为本县粮食出入库提供准确的质量数据，为领导决策提供技术依据，同时承担基层质检人员业务培训工作，协助市粮油质监所完成夏秋粮质量预测、质量调查、品质测报和卫生监测等扦样工作。四家质监站原有仪器设备共70台，为电子天平、出糙机、容重器、砻谷机、恒温干燥箱等物理检测常用仪器，所检项目停留在稻谷出糙率、整精米率、小麦容重、不完善粒等20个常规物检指标，完全不具备检验品质指标和安全指标快速筛查的能力。

　　根据《江苏省粮食质量安全检验监测体系建设方案》要求，明确县级质监站功能定位，主要承担粮食质量安全调查、品质测报和监测，承担下乡扦样和原始样品转送任务。检测能力的提升首要任务就是配优仪器设备，加快

设备更新升级，因此四家质监站均把补助资金的80％以上用于购置检验仪器设备，配置了气相色谱仪、粮食真菌毒素快速检测仪、近红外谷物分析仪、降落数值仪、面筋测定仪、拉伸仪、粉质仪、石墨炉原子吸收光谱仪等常规专业粮食检测仪器设备和快检仪器设备，硬件上满足了检验品质指标和安全指标快速筛查的能力；其次就是人才的培养，壮大人才队伍，培养专业检测人员，多种方式不断提高检测人员业务水平，充分发挥仪器设备的作用，使质检工作有条不紊地开展，具体情况见表5－2、表5－3。

表5－2　申报江苏省"优质粮食工程"前徐州市县级质监站原有检测能力

县区	原有检测能力		
	仪器设备	检测人员	检测指标
铜山	电子天平出糙机、精米机、粉碎机、容重器、快速水分测定仪、恒温干燥箱、砻谷机、实验用碾米机等12台	中级以上专业检测人员4名，其中工程师1名	容重、杂质、不完善率、水分、色泽、气味、出糙率、整精米率、黄粒米、谷外糙米、互混率等11个物检指标
贾汪	电子天平出糙机、精米机、粉碎机、容重器、快速水分测定仪、恒温干燥箱、砻谷机、小麦硬度指数测定仪等18台	质检工作人员4名，其中中级检验员1名，均为中专及以上学历	色泽、气味、互混、杂质、不完善粒、水分、黄粒米、出糙率、整精米率、谷外糙米、容重、矿物质、碎米等21个物理指标
睢宁	电子天平出糙机、精米机、容重器、隧道式水分测定仪、小麦硬度指数测定仪、恒温干燥箱等22台	质检工作人员4名，其中高级检验员1名、中级检验员2名、初级检验员1名，均为中专以上学历	色泽、气味、互混、杂质、不完善粒、水分、黄粒米、出糙率、整精米率、谷外糙米、容重、矿物质、碎米等21个物理指标
沛县	电子天平出糙机、精米机、粉碎机、容重器、恒温干燥箱、小麦硬度指数测定仪、砻谷机等18台套	质检工作人员4名，其中中级检验员4名，均为大专以上学历	色泽、气味、互混、杂质、不完善粒、水分、黄粒米、出糙率、整精米率、谷外糙米、容重、矿物质、碎米等21个物理指标
总计	70台	16名	物检指标

表 5 - 3　申报江苏省"优质粮食工程"后徐州市县级质监站现有检测能力

县区	现有检测能力		
	仪器设备	检测人员	检测指标
铜山	新增高水分粮食测定仪、纯水/超纯水一体化系统、氮吹仪、旋转蒸发仪、气相色谱仪、粮食真菌毒素快速检测仪、近红外谷物分析仪、降落数值仪、面筋测定仪、拉伸仪、粉质仪、石墨炉原子吸收光谱仪、微波消解仪、直链淀粉速测仪等120台，共132台	中级以上专业检测人员4名，其中工程师1名	稻谷、小麦等全项目检验，新增面筋、稳定时间、粉质、拉伸、脂肪、蛋白质、碳水化合物、农药残留、重金属、真菌毒素等化学和卫生检测指标
贾汪	新增大米外观品质检测仪、纯水/超纯水一体化系统、氮吹仪、旋转蒸发仪、气相色谱仪、粮食真菌毒素快速检测仪、近红外谷物分析仪、降落数值仪、面筋测定仪、拉伸仪、粉质仪、石墨炉原子吸收光谱仪、微波消解仪等67台，共85台	质检工作人员4名，其中中级检验员1名，均为中专及以上学历	稻谷、小麦等全项目检验，新增面筋、稳定时间、粉质、拉伸、脂肪、蛋白质、碳水化合物、农药残留、重金属、真菌毒素等化学和卫生检测指标
睢宁	新增纯水/超纯水一体化系统、氮吹仪、旋转蒸发仪、气相色谱仪、粮食真菌毒素快速检测仪、近红外谷物分析仪、降落数值仪、面筋测定仪、拉伸仪、粉质仪、石墨炉原子吸收光谱仪、微波消解仪、增粗脂肪测定仪、pH计等52台，共74台	新增检测人员6名	稻谷、小麦等全项目检验，新增面筋、稳定时间、粉质、拉伸、脂肪、蛋白质、碳水化合物、农药残留、重金属、真菌毒素等化学和卫生检测指标
沛县	新增粗脂肪测定仪、纯水/超纯水一体化系统、氮吹仪、旋转蒸发仪、气相色谱仪、粮食真菌毒素快速检测仪、近红外谷物分析仪、降落数值仪、面筋测定仪、拉伸仪、粉质仪、石墨炉原子吸收光谱仪、微波消解仪等75台，共93台	质检工作人员4名、中级检验员4名，均为大专以上学历	稻谷、小麦等全项目检验，新增面筋、稳定时间、粉质、拉伸、脂肪、蛋白质、碳水化合物、农药残留、重金属、真菌毒素等化学和卫生检测指标
总计	384台	22名	物检、化检和卫生检测指标

（二）发展经验

健全全省粮食质量安全检验监测体系，按照"机构成网络、监测全覆盖、监管无盲区"的总体要求，建立健全由省、市、县三级粮食质检机构组成的粮食质检体系架构，着力解决粮食质量安全预警监测与检验把关能力不足、基层粮食质检机构严重缺失的问题，实现省、市、县三级工作联动，提升粮食质量安全监管水平。

1. 分级分类实施

参照国家相关设备配置标准，对涉粮县没有粮食质检机构或只有牌子没有质检功能的，支持建设；对其他已有质检机构的，支持完善功能。县级粮食质检机构建设分两年实施，实现县级全覆盖。健全省、市、县三级粮食质检体系建设，明确功能定位，提升监测能力，着力实现地方粮食质量安全本地监测、本地处理，全面落实粮食安全责任制。其中质检机构设立在企业的，由地方粮食行政管理部门授权其行使粮油质检职能。支持国家指定的区域粮食检测中心建设。

专栏三　各市、县级单位按要求紧抓粮食质量安全检验检测体系建设

1. 泰州市深入推进粮食质量安全检验检测体系建设

2018 年以来，泰州市粮食局抓住国家实施"中国好粮油"行动计划契机，多措并举，深入推进县级粮油质量监测体系建设，各项工作进展顺利。

一是组织领导到位。成立泰州市粮油质量监测体系建设领导小组，统筹负责粮油质监体系建设工作。领导小组多次赴兴化、靖江、泰兴等地实地调研，查看项目建设现场，听取情况汇报，对项目建设提出明确要求，从源头上把控粮油质监体系建设项目质量，打造精品工程，服务粮食质量监管。

二是业务指导到位。市粮油质监所全体人员分别挂钩各地建设项目，及时向挂钩联系单位传达上级工作要求，指导场地规划、设备购置等，及时了解人员落实情况、项目实施进度，帮助协调解决项目实施过程中遇到的困难和问题，确保项目顺利推进。

三是建设程序规范。高标准制订《泰州市粮食质量安全检验监测体系建设验收材料（模板）》，下发到各项目建设单位，指导各单位对照材料做好整改落实，确保项目高标准建成，顺利通过验收。

四是项目稳步推进。目前，泰兴粮油质监体系项目建设单位已进场施工，落实了仪器采购清单及参数，部分仪器采购已挂网招标，2018年4月完成检验室基础设施改造。兴化新建检测中心项目招标结束，已确定仪器采购清单，6月底完成土建。姜堰实验室改造图纸设计完成，完成改造工程造价，确定了仪器清单和招标参数，下一步将进入招投标程序。

2. 泗阳县四举措抓好粮食质量安全检验监测体系建设

为推动全县粮食质量安全检验监测体系建设，提升粮食质量安全保障能力，泗阳县粮食局四举措抓好粮食质量监测体系建设。

一是加强组织领导。县粮食局统一负责、协调粮食质检体系建设工作，成立粮食质检体系建设工作小组，加强对粮食质检体系建设工作的统筹协调，确保建设工作落实，并取得实效。

二是强化资金管理。县粮食局强化廉政风险防控，严格按照财政资金管理的有关规定使用项目资金，加强对项目资金使用的监督、指导和监管，做到专款专用，切实保障资金安全，打造廉洁示范工程。

三是强化体系建设。在省、市粮食局的领导和统筹协调下，配备与任务相适应的人员和场地，确保粮食质量安全检验监测工作任务饱满，粮食质检机构良性健康运转。积极向县政府报告，争取将开展粮食质检工作所需的必要合理费用及仪器设备维修费列入县级财政预算，加大粮食质检经费保障力度。

四是强化工作纪律。认真贯彻落实上级部门关于改进工作作风、密切联系群众的规定要求，厉行勤俭节约。坚持公平公正、客观真实的工作原则，不得出现弄虚作假、谎报瞒报等行为，否则按照有关规定予以惩处。

2. 加大财政扶持力度，拓展途径完善管理服务

对省、市、县三级粮食质量安全检验监测机构建设按建设类型和建设标准给予补助（表5-4至表5-6）。其中，对县级粮食质检机构，每个补助200万～240万元；县级粮食质检机构建设实施完毕后，对市以上粮食质检机构提档升级视情况给予补助。管理的提升必须要有稳定的财政支持做支撑。同时省财政部门更需提高认识，拓宽财政来源和完善财政分配体制，加大对我国粮食质量安全的支持力度，合理分配对粮食质量检验监测信息体系建设的财政保障，构建好具有全国先进水平的、统一高效的粮食质量检验监测信息发布平台。

表 5 - 4　2017 年已建设粮食质检机构项目投资金额表

单位：万元

序号	建设项目单位	投资金额	序号	建设项目单位	投资金额
1	六合区粮油质量检测中心	420	22	丹徒区粮食购销总公司	240
2	徐州市贾汪区祥和粮油质量监测站	240	23	泰州市姜堰区粮油质量监测所	240
3	沛县沛丰粮油质量监测站	240	24	江苏华穗粮油检测有限公司	240
4	徐州市铜山区粮油质量监测站	240	25	泰兴市粮油质量检化监测中心	240
5	江苏奔牛国家粮食储备库	255.5	26	沭阳县粮食购销总公司	300
6	如东县粮油交易（技术）服务所	240	27	泗洪县城东国家粮食储备库	240
7	如皋粮食储备库	240	28	宿城区粮食购销总公司	240
8	东海县粮油食品检测所	240	29	南京市溧水区粮食检验检测中心	230
9	灌南县粮食局中心化验室	240	30	江宁区粮食业务指导服务站	223.4
10	灌云县粮食质量检测所	700	31	南京市高淳区综合检验检测中心	350
11	淮安市淮安区粮油管理办公室	256	32	无锡市锡山区粮油质量监测站	200
12	淮阴区粮食质量监测中心	240	33	江阴市粮食局粮油质量监测站	200
13	金湖县粮食科技服务中心	240	34	睢宁县粮油质量监测站	200
14	盱眙县粮食局储粮安全防治队	247.1	35	溧阳市粮食购销有限公司	200
15	阜宁县粮食发展总公司	300	36	太仓市粮油质量监测所	200
16	建湖县粮食流通服务中心	260	37	苏州市吴江区粮食质量监测所	200
17	盐都区粮食流通监督检查执法大队	240	38	张家港市粮食质量监测站	200
18	东台市粮食购销总公司	250	39	苏州市吴中区粮油质量监测中心	200
19	宝应县粮食局中心化验室	293	40	海安县粮食购销公司	200
20	高邮市粮食质量检测中心	290	41	海门市粮食局货隆储备库	220
21	扬州市广陵区粮食质量检测中心	240	42	赣榆粮食购销总公司粮油质量监测中心	200

（续）

序号	建设项目单位	投资金额	序号	建设项目单位	投资金额
43	洪泽区粮油质量监测中心	200	47	扬中市粮油质量检测所	200
44	滨海县粮食购销总公司	230	48	句容市粮食局中心化验室	200
45	盐城市亭湖区粮食购销总公司	230	49	兴化市粮油质量检测所	460
46	仪征市粮食局粮食质量检测中心	300		小计	12 495

表 5－5　2018 年已建设粮食质检机构项目投资金额表

单位：万元

序号	建设项目单位	投资金额	序号	建设项目单位	投资金额
1	江苏省粮油质量监测所	975	16	江苏省刘桥粮食储备直属库	200
2	南京财经大学	300	17	启东市地方粮食储备库	200
3	江南大学	250	18	涟水县粮食局质量监测站	200
4	中储粮镇江粮油质量检测中心有限公司	250	19	淮安市清江浦区粮食综合服务中心	200
5	江苏连云港工贸高等职业技术学校	500	20	连云港市海州区粮油食品检测所	200
6	南京市浦口区粮食购销公司	200	21	盐城市人丰区粮油质量监测中心	200
7	无锡市惠山区阳山粮食管理所	200	22	响水县粮食购销总公司粮食质量安全检测中心	200
8	宜兴国家储备分库有限公司	200	23	射阳县粮食购销总公司检测中心	200
9	丰县粮油质量监测站	200	24	江苏丹阳西郊国家粮食储备库检测站	200
10	新沂市钟吾粮油质量监测站	200	25	扬州市邗江区粮食流通服务中心	200
11	邳州市粮油质量监测站	200	26	扬州市江都区粮油质量监测中心	200
12	江苏省薛埠粮食储备直属库	200	27	泰州市高港粮食购销公司	200
13	江苏常州城北国家粮食储备库	200	28	泗阳县粮食购销总公司粮油质量监测中心	200
14	昆山市粮油质量监测中心	200	29	宿迁市宿豫区粮油质量监测中心	200
15	常熟市粮油质量监测所	200		小计	7 075

表 5 - 6　2019 年拟建设粮食质检项目投资金额表

单位：万元

序号	建设项目单位	投资金额	序号	建设项目单位	投资金额
1	南京市粮油质量检测所	450	8	连云港市粮油质量监测所	450
2	无锡市粮食局粮油质量监测所	450	9	盐城市粮油质量监测中心	450
3	徐州市粮油质量监测所	450	10	镇江市粮油质量检测所	450
4	常州市粮油质量监督检测站	450	11	扬州市粮食局粮油质量监测所	450
5	苏州市粮油质量监测所	450	12	泰州市粮油质量监测所	450
6	南通市粮油质监中心	450	13	宿迁市粮食局粮油质量监测站	450
7	淮安市粮油质量监测所	450		小计	5 850

3. 构建畅通的监管机制

保障食品安全是保障民生的根本，建立畅通的食品安全监管机制是重要一环。粮食作为重要的战略商品，其质量情况直接关乎经济社会发展全局。因此，依法管粮、管好人民的"营养液"、守护好人民的身体健康历来是各级政府高度重视的安邦之策，国家自上而下建立了粮食行政管理机构就是明证。按照目前的食品安全管理体制，各级政府部门都成立了相关的食安委或食安办，涵盖了诸多部门，在一定程度上做到了分散职能的再集中，职责更加明晰，界限更加分明，更有利于对食品安全进行监管。但是，不可否认，这种体制下，我们的食品安全保障现状并未得到根本扭转，粮食质量安全也依然存在监管渠道不畅通的尴尬局面。没有匹配粮食质量监管机构，多数粮食行政管理部门仅有零星几人的处室在管理，监管资源严重不足，粮食质量安全检验监测能力远远落后于经济社会发展的现实需求。为改变这种局面，可充分借鉴国外粮食监管经验，在现有食品安全领导框架不变的情况下，探索建立粮食行政管理部门有条件垂直管理，并突显粮食质量安全检验监测的重要性和特殊性，各级粮食行政管理部门专设粮食质量监管机构，负责区域内的粮食质量安全监管，及时处理相关粮食质量安全事件，及时高效发布相关信息，为社会的和谐稳定贡献力量。

4. 加强对技术人员的业务培训

要开展好粮食质量安全检验监测技术的推广服务。以国家粮食质量监测中心为龙头，指导各地市相关粮食质检机构开展检验技术提升，引导公众掌握基础的粮食质量检验监测基本技能，使粮食科技创新成果惠及广大农民和消费者。这就要求加大对三级粮食质检机构业务水平培训的力度。为加强粮食质量安全检验监测体系建设，进一步提高质检机构的管理和技术水平。江苏省粮油质量监测所大力举办全省粮食质量检验机构业务培训。培训内容主要涉及"中国好粮油"系列标准解读；质检体系建设经验介绍和有关粮油质量检验技术讲解；主要粮食作物病虫害及农药使用与质量安全；检验检测机构实验室的运行和管理；小麦质量指标检测技术讲解和实操训练、稻谷质量指标检测技术讲解和实操训练，真菌毒素快检技术、重金属快检技术等。培训人员涉及纳入全省粮食质量安全检验监测体系的县级检验机构技术骨干等数百人员。培训内容的授课老师分别来自南京财经大学、国家粮食和物资储备局科学研究院、辽宁省粮油检验监测所、江苏省植物保护植物检疫站、南京市疾控中心、南京市级粮食质量检验机构等。

专栏四　张家港市举办秋粮收购检验员培训

为加强粮食质量监管，保障入库粮食质量，2018 年 10 月 31 日，张家港市粮食局举办了秋粮收购暨优质粮食质检培训，市粮食购销总公司、各粮油购销有限责任公司收购负责人和检验员共 30 余人参加了培训。

会上，江苏省粮油质量监测所专家结合《国家粮食和物资储备局 财政部关于印发"优质粮食工程"实施方案的通知》（国粮财〔2017〕180 号）及《江苏省粮食质量安全检验监测体系建设方案》等文件精神，全面解读了"中国好粮油"标准编制背景、编制原则、主要内容，对好粮油系列标准进行了分类解读，为推进"优质粮食工程"奠定基础。同时简要地介绍了周边省市 2018 年晚粳稻粮质预测情况。

张家港市粮食质量检测站对 2018 年水稻生产情况、晚粳稻质量进行了分析，与各收购单位检验员分享了晚粳稻各项质量指标的预测，分析了影响粮质的因素。最后，重点阐述了此次秋粮收购的注意事项：一是进一步做好粮质检验准备；二是校正仪器，规范操作；三是严格依质论价，统一标准。

此次培训统一了收购质量标准，明确了粮质检验重点，以确保此次秋粮收购工作顺利进行。

5. 建立技术创新机制

技术创新机制，是指以充分发挥科学技术这一"第一生产力"的作用为目的，通过政策引导和资金支持等手段，鼓励政府、企业和公众开展相关的科学研究和技术开发，加速科技创新及其产业化的进程，并以科技创新和科技进步推动全社会经济建设和社会发展的制度方法。粮食质量安全监测预警技术创新机制，要求省、市、县等各级部门都要有相应的提升水平的、统一高效的粮食质量检验监测信息发布平台。另一方面，要拓宽途径提升能力，如合理划分好职责和职能、建立联席会议的协调机制、完善事故应急处理机制、融合分段监管等，完善管理服务制度。同时，要加快检验监测技术的开发，不断完善创新激励政策、营造良好的科技创新环境、增强宏观科技管理等，强化对技术创新的服务工作，重点是构建行业科技主管部门、项目法人单位、项目负责人"三级"管理责任体系。

(三) 存在问题

1. 产品保障体系有待完善，产业支持政策有待加强

无论是在推拉理论、起飞理论等发展经济学经典理论体系中，还是中国改革开放几十年的成功经验都表明，粮食产业经济快速发展都离不开地方政府的产业政策支持。江苏省虽然是加工大省，但在政府宏观产业政策支持方面，需要向其他省份看齐。在加工环节，地方支持粮油加工业的措施少且比较零散，并且扶持政策（如技改、科技等）难以落到粮油加工企业。各地在税费、金融等政策扶持上差别也很大。目前，广西、湖南、湖北、安徽、山东等省份均以省政府名义出台了支持粮油加工业发展的专项文件，而江苏产业发展方面没有出台过支持粮油加工业发展的专项政策。省内的粮油加工产业虽然在规模上取得了长足进步，但在粮食产品标准、质量安全保障体系建设两个方面仍然较为落后。产品标准方面，比如大米产业，省内仍然采用四级分类制，质量标准尚停留在一些物理指标，如水分、杂质、灰分、碎米含量及色泽等感观指标。这与国际先进标准有较大差距，如泰国大米分15个等级，5个粒形指标和12个含杂指标。产品质量安全保障体系建设方面，省内很多企业没有通过 HACCP、ISO 9000 等认证体系，虽然苏垦集团的质量安全追溯制度在省内初步进行了推广，但是当前大部分企业仍然没有有效建立起这一体系。在当前食品安全事件频发的时代背景下，完整、便捷、有效的安全保障体系有利于恢复消费者信心，让产销之间能够基于制度信任而紧密合作，增加产品销售量，让企业和消费者都能够获利。

2. 仪器设备配置还不能完全满足粮食安全的需要

近年来，各省、市粮食部门克服重重困难，千方百计筹措资金，添置了不少新设备，但还不能完全适应新形势的发展和满足所承担工作任务的需要，设施设备陈旧老化问题仍然存在。全省三年建设 1 个省级中心、13 个市级、72 个县级质检机构、1 个省级粮食检测培训中心和 3 个国家指定的区域粮食检测中心，总投资 2.5 亿元，其中中央财政补助 0.75 亿元。项目建设期限均为批复后一个年度内完成建设。2017 年已批复建设 49 个县级粮食质检机构，总投资 1.08 亿元；2018 年拟建 1 个省级中心、1 个省级粮食检测培训中心、24 个县级粮食质检机构和 3 个国家指定的区域粮食检测中心，总投资 0.79 亿元；2019 年拟建 13 个市级粮食质检机构，总投资 5 850 万元。但是仪器设备配置还是不能满足粮食安全的需要，特别是县市级仪器设备投入，离国家的要求仍有距离。粮食质量安全中的快检、营养、高精端方面的仪器设备配置还不到位，从而影响了检验项目的开展，检验报告中所列项目整体质量不高。

3. 粮食质检工作缺乏规范的行业管理环境

由于国家对粮食质量监测机构的设置和人员编制没有具体统一要求，各地粮食行政主管部门在争取地方政府支持时，要求地方政府解决粮食质量监测机构的人员编制和工作经费等问题，地方编制办和财政预算部门对监测机构的设置、人员编制的核定和工作经费的预算是紧了又紧，地方与地方之间的机构设置差异较大。目前，已授权的国家粮食质量监测站有地方财政全额拨款或差额拨款的事业单位，也有自收自支的事业单位。随着粮食质量监测范围不断拓展，监测项目和检测指标不断增加，粮食质量监测工作任务也将越来越重，加快和完善监测体系建设显得十分重要。按照国家粮食行政部门的文件精神，区域性粮食质量监测机构的职责就是要承担本地区粮食质量与原粮卫生监测和抽查，监管范围和任务都很多，但在实际工作中还存在许多盲点和空白，如对市场粮食和社会粮食的质量监管，对粮食生产环节的监测都缺乏细致明确的措施，一方面说明法律制度存在不健全的地方；另一方面说明还需要不断营造良好的、规范的行业管理环境。

4. 人员编制数量依然不足，缺乏高学历专业技术人员

当前粮食质量监测机构大多数刚刚起步，在人才储备、检测能力、管理水平等方面相对薄弱，而且受财力和人员编制的限制，专业技术人员进不来，导致许多检测项目"检不全、检不准、检得慢"的问题不同程度的存在，尤其是对原粮卫生、农药残留、重金属等方面的检测，经常是被动管理，使得地方粮食质量监测机构很难在技术创新与开发、项目研究方面取得突破。从机构性质上看，江苏省各级粮食质检机构有财政全额拨款和差额拨款两种，但几乎所有机构都存在人员编制不足的问题。目前由于人员不能固定，流动性大，各单位也不愿意投入过多的精力进行培训，导致各机构检验人员整体技术水平提升缓慢，影响了检验工作质量，也给行业整体的可持续发展带来诸多负面影响。质量安全检验人员是粮食质检工作的主要人力资源，他们的综合素质与粮油质量检验工作的有效性息息相关。虽然粮食质量安全检验检测体系实施建设以来行业从业人数增多，从业人员整体素质有所提升，但种种原因造成专业技术人员流失严重。有些市级和县级粮食质检机构和储备库化验室基本上没有研究生学历的检验人员，本科学历的也较少。虽然近年来省粮食和物资储备局每年都安排了大型仪器培训工作，也在购置新设备时要求厂家免费提供了很多培训名额，但由于基础知识缺乏、底子薄弱，导致人员技能水平提高十分有限。例如徐州市作为农业大市，也是我国重要的粮食生产基地，工作任务较重。目前，市级机构从事检验监测的人员为 6 名，人员数量较少。县级机构检验监测人员从 2013 年的 7 人充实到目前的 34 人，但是食品、化学专业出身的技术人员较少，年轻人也较少，所学专业不对口限制了行业内人员的职称评定。全市七家县级机构只能检测小麦、稻谷等物理指标，不具备原粮卫生检验监测的能力。

七、进一步完善的对策思路

（一）强化粮食质量安全源头治理

加强农业生态环境监管，控制工业"三废"和农业面源污染。加强以重金属污染为重点的耕地与农产品调查监测，从源头上防治粮食污染。健全化肥、农药等农业投入品监督管理制度，大力推广有机肥、高效缓释肥和低毒低残留农药，逐步减少化肥、农药用量。建立耕地土壤环境和农田灌溉水质监测网络，建设农村垃圾、农药包装废弃物、污水等处理系统，加强农作物秸秆、畜禽粪便污水的资源利用，有效解决耕地面源污染问题，加强对农业污染源的监测预警。面对越来越频繁发生的粮食质量安全问题，建立一套行之有效的处置机制十分迫切。国家发展改革委、国家粮食和物资储备局、财政部、国家质量监督检验检疫总局下发《关于印发〈关于执行粮油质量国家标准有关问题的规定〉的通知》明确："对因重大自然灾害、病虫害等导致严重不符合质量标准的粮油，其收购根据管理权限，分别按国家和地方有关规定执行。"应加快制定应急处置预案。一是明确粮食生产、收购、储存环节和政策性用粮购销活动中发生的粮食质量安全事故（事件）应急处置和违法行为调查处理的原则和省、市、县三级政府的责任。二是明确问题粮食处置路径。对因灾影响，不完善粒 20％以内的等内小麦争取国家列入最低收购价收购范围，不完善粒超过 20％的等外小麦由省政府组织收购，多渠道消化。对重金属、真菌毒素等超标的粮食，委托有资质的粮食收储企业实行统一收购、单独存放，超标较低的可转作动物饲料，或通过风除、筛选等技术处理降低含量；超标较高的，通过工业用途消化。三是建立粮食质量问题处置专项资金，专门用于问题粮食处置过程中发生的收储、保管、整理、检测费用及购销差价损失。专项资金从粮食风险基金中列支，由省、市、县财政分级负担。四是规范粮食重金属污染、真菌毒素感染等不宜食用粮食的信息发布渠道，重大信息统一由省级政府食品安全委员会及其办公室组织对外发布。

（二）完善粮食质量安全监管体系

粮食质量检测体系建设欠账较多，尤其是基层质量检测能力建设亟须加强，要按照"机构成网络、监测全覆盖、监管无盲区、系统无风险"的要求，加强建设。一是加强粮食质量检测机构建设。完善全省粮食质量检测体系布局规划，明确粮油质检机构性质、人员、经费来源和各级政府职责。加大对粮食质检机构建设薄弱地区的指导、协调和扶持力度，消灭粮食质量安全监管盲区。在市、县粮油质量检验监测机构中，按标准评定命名一批省级粮食质量监测机构，由省级财政给予扶持建设，命名为区域性省级站，一方面实现优质资源共享，解决重复建设的问题；另一方面可以统筹全省的质检力量，应对越来越繁重的检测任务。二是加大粮食检验机构基础设施和仪器设备投入。多渠道争取、筹措设施装备的资金，各级财政可每年从产粮大省奖励资金中给予补贴，尽快提高质量、卫生安全项目检验、检测能力。三是加强技术人才队伍建设。大力培养使用年轻技术骨干，加强技术人才的实践锻炼，积极引进优秀的专业技术人才，造就一支高素质的粮食质量安全技术专家队伍。结合国家实施粮食行业"百千万创新人才"工程和"青年英才计划"的契机，充分发挥专业技术骨干的示范带头作用，加速推进江苏省粮油检验高技能、高素质人才的培养。积极创新培养机制，建立培训考核制度，开展形式多样的业务技能培训，不断加强实验室内部质量管理和提高各级质检机构及粮油企业专业技术人员的检验技术水平。对于国家和省里组织的实验室能力验证考核比对，各级质检机构应积极配合参加。在强化专业技能的基础上，保证做好库存粮食、品质测报、政策性粮油及"放心粮油"等品质、质量和卫生的检验工作，为江苏更好地开展粮油质量安全检验监测提供高质量的技术保障。四是健全粮食质量安全标准体系，充分发挥农业、粮食、食品药品监管等部门质量安全检测机构的作用，加强粮食收购入库和入市质量检测，实行从田间到餐桌的全过程监管，严防发生区域性、系统性粮食质量安全风险。健全粮食产地准出和质量标识制度，推进粮食质量追溯体系建设，实现粮食流通全程可追溯管理，完善城乡"放心粮油"供应网络。加强对农药残留、重金属、真菌毒素超标粮食管控，探索超标粮食处置渠道，禁止不符合食品安全标准的粮食进入口粮市场。

（三）健全粮食质量安全宣传教育体系

宣传教育体系是整个粮食质量安全监管体系的有益补充。在粮食连年丰收，粮食紧平衡危机感不强的情况下，有必要作经常性、有益性的粮食质量安全知识普及，使得新时期的公民能够在和平年代下依然做到警钟长鸣。按照教育规律，可以探索沟通教育部门，将粮食质量安全领域的知识分类进行普及教育，如发展粮食行业中等职业技术教育、进一步强化高等院校粮食质量安全相关专业课程的设置等，多形式培养粮食安全专业技术人才。另外，必须充分发挥各检验监测机构和粮食企业、粮食行业协会等主体的力量，把向全社会普及粮食质量安全知识作为一项重要基础性工作，营造良好的气氛。可依托粮食相关行业协会制定粮食质量安全宣传教育规划，送粮食质量安全知识进社区、进村镇、进学校、进工地、进军营；可利用粮食科技活动周将知识以最直白最感官的形式与大众分享；还可利用先进媒体，运用广播、报刊、互联网等多种形式，科学、严谨、客观、准确、及时地宣传粮食质量安全信息。充分利用广播、电视、网络、报刊等媒体宣传粮食产品质量标准、粮食产品市场准入应具备的条件、法律法规等方面知识以及将粮食质量安全监测情况和认证结果向社会公布，及时将市场需求和质量标准信息传递给生产者和经营者，引导产销衔接，促进粮食品种优化、品质改善和有序流通。同时不断提高全社会对粮食标准化体系和粮食产品质量安全监督检测体系的认识，提升全民消费安全监督意识和自我保护意识，维护广大消费者利益，促进粮食优质高效和可持续发展。通过技术培训和业务考核的方式，优化人才结构，引进优秀人才，建设一支高素质的粮食检验检测队伍。要充分利用检测资源条件，积极争取政策对场地设施、仪器设备的投入，改善技术装备条件。注重粮食品质检测基础研究、培养技术后备力量，全面提升粮食监测机构的检测能力。

（四）借鉴国外先进经验和成果

西方发达国家土地资源极为有限，因此在发展过程中一早就建立了相关体系，支撑粮食质量安全的发展，如美国、欧盟、英国、日本等，这些国家取得的成果对江苏省具有重大的借鉴意义。我们要充分利用他人之长为我所用，可以参考借鉴美国等发达国家已经形成的比较成熟的风险分析理论，主导建立江苏特色的风险评估体系，为江苏省的粮食质量安全提供有益的评价。一是学习预警技术和方法，学习钻研具有中国特色的粮食质量安全检验监测能力和风险评估技术，通过建立粮食质量安全监测点，广覆盖、无死角地进行各个环节的主动监测，获取江苏省的粮食质量安全动态和静态相关规律，更进一步了解家底，如发展水平、区域分布、污染情况等，为上级政府部门决策提供支撑。二是要建立相关的溯源制度。通过建设数据平台对相关情况进行监测，对粮食生产、加工、包装、储运到销售过程进行全程监控和溯源。三是加大财政投入，充实力量。江苏省粮食质量安全检验监测力量过于薄弱，亟须通过加大财政支持力度，培养适合新时期发展需要的人才，对检验监测机构也亟须进一步武装，才能提高应急反应能力、安全预警处置能力，为社会的和谐稳定发展提供保障和基础。

（五）落实粮食质量安全监管责任

各级政府和职能部门要切实转变观念，将粮食安全监管引入到成熟的依法管粮体系中来。这就要求要加强立法工作，完善江苏省粮食安全监管的相关法律法规体系，做好配套法律法规的立法工作。还要坚持依法行政，在"米袋子省长负责制"的基础上，强化粮食质量安全第一责任人的观念，为粮食质量安全建设的成熟发展提供技术和政策保障。同时，发挥好科研机构和业内的专家力量，让这些机构或个人更多地参与到粮食质量安全监管工作上来，及时发现并防范化解各种粮食质量安全风险。还要加强对民众的教育，提高公众的参与意识，让他们实实在在地参与到粮食质量安全监管工作中来，构建粮食行业的群防群治。实行粮食质量安全监管责任制和责任追究制度，落实地方政府属地管理责任和企业生产经营主体责任。建立粮食质量安全监管部门协调机制，粮食、农业、食品药品监管部门要切实担负起粮食质量安全监管责任。加强基层粮食质量安全监管能力建设，强化县乡两级监管责任。开展粮食质量安全治理整顿，完善相关经营者处罚和工作责任追究机制。

（六）高要求打造粮食质量安全新标准

将粮食质量安全的目标进一步提高，才能更加有效地推动工作。当务之急，我们一要健全粮食科技人才评价机制，以高标准要求打造人才，必须有项目、论文量、专利等硬性指标评价，更要以科研能力和创新成果等为导向，探索建立有利于发挥创新人才作用的评价标准；二要强化技术标准研究，在全省范围内逐步形成层次分明、配套齐全、统一权威的粮食质量安全标准体系；三要强化成果推广转化标准，要加快科技成果推广、转化、应用，提升科技支撑引领粮食质量安全检验监测的发展能力，提升市场认可率；四要建立奖励新标准，对于重大成果提倡有偿推广，激励成果单位或部门或个人，以经济手段促使建立科研成果转化反馈机制，形成科研、设计、产业一体化的利益共同体；五要强化指导标准，要接地气，深入到粮食生产的实际中，将复杂、抽象的标准转化为日常性的操作规程或技术手册，为全社会提供更好的服务；六要提高认证标准，特别要积极推进无公害农产品、绿色食品、有机食品认证工作，带动地方性产业和标志的打造，积极打造品牌，增强粮食行业的影响力，提升产品档次和人民生活水平。

（七）争取资金投入和政策支持

当前江苏省粮食质量检验监测体系建设依然相对缓慢，难以保证粮食质量安全。粮食质量安全检验监测是粮食收购、储存、运输活动中必不可少的重要环节。现有的粮食检验机构难以满足微生物指标、农药残留、营养成分等国际通行检测指标的检测任务。各种粮食的质量信息和品质测报能力整体水平较低，现实需求大但无法满足。各级粮油企业，包括仓储、交易和加工企业有心无力，导致了众多企业既想重视安全但又无法武装检验力量，主体责任卡在了粮食质量安全的源头。粮食质量检验监测专项经费也不足。目前，各级粮食主管部门和科技管理、农业部门都没有对粮食质量安全监管经费引起高度重视，经费不足直接导致了检验监测和日常监管抽查工作难以及时、高效、科学化开展。因此，县级粮食质检站项目建设资金以中央财政补助和地方财政配套、建设单位自筹为主。市级粮食行政管理部门要积极争取国家"优质粮油工程"中的粮食质量安全检验监测体系建设项目政策和资金支持，加大对市、县两级粮食质检站的建设投入力度。努力争取本级政府重视和相关部门单位的支持，确保检验监测机构的日常运行经费来源。

第六章 江苏优质粮食工程："中国好粮油"行动计划的实施与推进

  江苏作为全国粮食主产区，同时也是经济大省，人均收入较高，但土地资源不足，实施"优质粮食工程"显得更为迫切。江苏粮食除满足本地需求外，还向上海、浙江、福建、广东等东南沿海地区供应粮食，这些地区的粮食消费具有如下明显的共同特征：粮食消费能力强，高品质粮油产品需求旺盛。然而，江苏人均耕地不足 0.9 亩，复种指数高达 1.7，耕地地力大大减弱，与此同时粮食生产成本快速增长，种粮比较收益下降。基于江苏粮情，江苏省粮食和物资储备局紧密围绕国家粮食安全战略、乡村振兴战略和健康中国战略，重点实施"优质粮食工程"，通过"中国好粮油"行动示范项目（示范县和示范企业）和"苏米"品牌建设深入推进"中国好粮油"行动计划，在推进粮食供给侧结构性改革，稳步增加粮油优质品率，快速提升粮油品牌影响力，加快粮油产业转型升级，增加农民收入等方面作出示范，树立标杆，促进城乡居民由"吃得饱"向"吃得好"和"吃得健康"转变，为把江苏省建设成粮食产业强省作出积极贡献。

一、建设目标

  江苏的"中国好粮油"行动计划的实施与推进主要以调优种植结构、拓展优粮优价、推动品牌创建、促进农民增收为目标，充分发挥大型国有骨干粮食企业的带动和示范作用，新增一批"中国好粮油"标准产品和省级以上粮油品牌。具体建设目标如下：

  以推进粮食供给侧结构性改革为主线，按照高水平全面建成小康社会的要求，通过加强科技支撑、建设销售渠道、做好专题宣传、实施示范工程，更好地发挥粮食流通对生产和消费的引领作用，大力增加绿色优质粮油产品供给，到 2020 年，在确保粮食数量安全的前提下，让农民在优质优价中增加收入，全省产粮大县的粮油优质品率提高 30％以上，示范单位（示范县、示范企业）优粮增加量超 160 万吨，带动农民收入增加 7.8 亿元，新增一批具有影响的省级以上绿色优质粮油名牌。

二、建设情况

（一）"中国好粮油"行动示范县

根据《财政部 粮食和物资储备局关于报送"优质粮食工程"三年实施方案的通知》（财建〔2018〕410 号）要求，示范县每年应动态调整。2017 年度批复了如东县、盱眙县、阜宁县、宝应县、兴化市、沭阳县、泗洪县 7 个示范县，2018 年度批复了泗洪县、兴化市、阜宁县、宝应县、沭阳县、如东县、靖江市、铜山区、东海县、射阳县、六合区、海安市 12 个示范县（表 6-1）。

表 6-1　江苏省"中国好粮油"行动示范项目

序号	2017 年	2018 年
1	泗洪县	泗洪县
2	江苏省粮食集团有限责任公司	兴化市
3	盱眙县	阜宁县
4	兴化市	宝应县
5	江苏省农垦米业集团有限公司	沭阳县
6	阜宁县	如东县
7	宝应县	靖江市
8	沭阳县	铜山区
9	如东县	东海县
10	中储粮油脂镇江基地	射阳县
11	中粮米业（盐城）有限公司	六合区
12	连云港粮校	海安市
13		江苏省粮食集团有限责任公司
14		江苏省农垦米业集团有限公司
15		中粮米业（盐城）有限公司

1. 建设成效

在创建"中国好粮油"行动示范县过程中，各县围绕建设目标合理设置优质优价收购、科技支撑、销售渠道建设、宣传推介等子项取得了重要建设成就。

（1）优质优价收购，促进粮农增收。各示范县结合"中国好粮油"行动计划，积极开展粮油优质优价收购工作，明显促进了粮农收入增加。宝应县制定了"宝应县优质粮食收购实施办法""优质红小麦、稻谷收购标准"，明确了优质粮食收购的品种、目标、补助标准，保障措施。宝粮集团优质小麦、稻谷完成收购总量 5 万～10 万吨，直接助民增收 1 000 万元以上。兴化市 2017 年秋季和 2018 年夏季优质优价，共投入收购补贴资金 739.5 万元，助农增收明显，帮助农民增收 6 200 万元，带动市场稻谷价格提高 4%，2018 年建立 6 万亩优质小麦（扬麦 23）基地，小麦种植优质品率达到 7%，收购订单优质小麦 2.26 万吨，直接帮助订单基地农民增收 362 万元，带动市场小麦价格提高 5%，全市种植优质小麦农民增收 4 700 万元，有力地带动了农民增收，彰显了优质优价。2018 年沭阳县粮食购销总公司与片区种粮大户和家庭农场签订优质稻谷种植合同 4.51 万亩，在优质优价的基础上给予一定补贴，拉动片区农民调整结构、调优布局、调新模式，发挥引领和示范作用。稻米优质品增加 2.7 万吨，促进全产业链各类经营主体增收近 2 000 万元。全县收购订单农户的优质稻谷及非订单农户的优质稻谷，收购优质稻谷每斤加价 0.1～0.2 元。阜宁县全面优质优价收购稻谷，在 2018 年实施以来，最显著的是订单农户增收后的喜悦，每亩地增收 200 多元。盱眙县共收购符合优粮优价标准稻谷约 6 000 吨，带动农民增收 240 万元。泗洪县"好粮油"项目实施主体江苏苏北粮油股份有限公司已与农户签订 4 万亩订单，种植优质品种南粳 9108，并约定以高于市场价 0.1～0.2 元/斤收购，通过实施该项目，带动农户种植优质品种，农民增加收入 240 元/亩。如东县全县优质优价收购油菜籽，让老百姓增收了近 200 万元，极大地提高了种植优质油菜籽的积极性。

（2）推进加工转化，延伸粮食产业链。各示范县结合"中国好粮油"行动计划，推进粮食供给侧结构性改革，引导和支持有实力的粮食企业向种植农业、加工业"两头"延伸，以粮油精深加工转化和副产品综合利用为引擎，促进粮食加工产品向功能性食品方向发展。通过优化产品结构，提高粮食产品供给质量，减少原粮和初加工产品的输出，增加附加值，提高粮食就地加工转化能力和资源利用率。宝应县与科研院校合作，改良精致小包装米、面系列新产品和技术升级改造。宝粮集团与江南大学、扬州大学、四川大学、上海交通大学等专家教授建立联系，对宝粮大米、面粉精心策划、设计、完善、升级"宝粮""名佳""洁莹"礼盒装、精品包装设计小包装精致专用馒头、面条、油条、饺子面粉、荷香大米等产品，"宝粮大米"连获"江苏十大好大米"称号。盱眙县"盱眙龙虾米"率先采用"柔性抛光"加工工艺，既有效地保留了大米的糊粉层、亚糊粉层及胚芽中的营养成分，具备多种保健功效，又克服了糙米口感不佳的缺陷，健康又美味。同时，盱眙县借助发展"虾稻共生"种养模式，加大科技投入，着手开发健康、保健的深加工"好粮油"产品——GABA米，通过深加工提升了粮食内在的营养，使产品档次得到了大幅提升，该项目投入运营后，能为消费者提供高端的健康保健食品，满足人们对健康食品的需求。如东县在创建"中国好粮油"行动示范县过程中，大力推广粮食科技普及、推进优质粮油基地建设，加快粮油产品提质升级。在稻米领域，着力加强对如东大米加工平台的技术改造，投资 410 多万元对如东玉奇米业的大米生产线技术改造已竣工。在油脂领域，金太阳粮油股份有限公司投资 300 万元的脱臭、脱碱技术改造已全部结束；与武汉博特尔油脂科技有限公司签约的风味菜籽油和风味葵籽油产学研科技创新开发项目正在研发中。

（3）推广优良品种，加强绿色优质粮油供给。各示范县结合"中国好粮油"行动计划，推广优良品种，加强产业链管理，绿色优质粮油产品供给水平不断提高。宝应县宝粮集团成立了农业科技发展公司计划流转土地 10 万亩，推进优质粮油基地建设，加快粮油产品提质升级，与里下河农业科学研究所、江苏省农业科学院等科研单位合作，引进优良品种，确定打造"宝粮 1 号"，基地种植，单独储存、加工、销售。阜宁县按"全国有影响，省内有位置，创全市农业循环经济典范"的总目标，着力打造罗桥万亩连片有机稻米基地。有机稻米基地水源全部采用苏北灌溉总渠可饮用水源，实现太阳能杀虫灯全覆盖和电子监控全覆盖，配套性诱剂杀虫，达到有机稻谷从育秧、栽插、管理、收割全过程可视化，有效保证了产品质量可追溯。2017 年一期工程 3 000 亩有机稻喜获丰收，1 000 亩精品区推行稻虾、稻鱼、稻鸭三种新模式，提升了稻米品质。沭阳县 2018 年在高墟片区推广种植优质碱性水稻 4.5 万亩，实施统一供种，统一病虫害防治，统一订单收购，统一烘干仓储，优质优价进行收购。泗洪县积极探索建立国有粮食收储企业、粮食加工企业和种粮大户参与的优质优价收购合作机制，目前已经开展了 3.8 万亩南粳 9108 优质订单和 5 000 亩富硒稻米种植。盱眙县依托龙虾优质品牌，着力推广"虾稻共生"种养模式，种植有机稻，生产生态米，每亩年均纯收入可达 2 500 元。2018 年全县"虾稻共生"面积达 34 万亩，年产量可达 13.6 万吨，种植面积还将逐年递增，优质水稻供给能力将会进一步提高。

（4）加强优质粮油品牌整合和培育，初见成效。各示范县结合"中国好粮油"行动计划，加大品牌设计、提高品牌宣传力度，粮食品牌效应初见成效。宝应县宝粮集团与江南大学、扬州大学、四川大学、上海交通大学等专家教授建立联系，对宝粮大米、面粉精心策划、设计、完善、升级"宝粮""名佳""洁莹"礼盒装、精品包装设计小包装精致专用馒头、面条、油条、饺子面粉、荷香大米等产品，"宝粮大米"连获"江苏十大好大米"称号。沭阳结合县域实际，重点实施"中国好粮油"行动示范县创建项目，重点打造高墟碱米，高墟碱米在江苏省 2015（上海）名特优农产品展销会上荣获创新产品奖；2016年 12 月在南京举办的"寻找江苏最好吃的大米暨首届江苏百姓评米节"荣获一等奖；2017 年 1 月，在首届"公正杯"江苏优质稻米暨品牌杂粮博览会上，荣获江苏好大米、江苏好杂粮优质产品奖。泗洪大米于 2012 年被农业部授予地理标志产品称号，2016 年入选《中国名优农产品目录》，成为国家级名优农产品。在首届江苏优质稻米暨品牌杂粮博览会上，泗洪县蟹园牌大米荣获江苏好大米十大品牌第一名。盱眙龙虾产业发展集团倾力打造的"盱眙龙虾米"荣获 2017 年全国稻渔综合种养优质渔米金奖，集团获得 2017 年全国稻渔综合种养模式创新大赛绿色生态奖。

2. 发展经验

各县在实施"中国好粮油"行动示范县创建项目中围绕区域粮油特色，创新思路，挖掘亮点，推进中注重发展方式、运行机制创新，加快推进"中国好粮油"行动项目的成功实施。

（1）发挥地域特色打造"好粮油"。各县结合县域特色，确保"中国好粮油"行动创建项目内容的科学性、针对性、可行性。沭阳结合县域实际，重点打造高墟碱米，收到明显成效。阜宁县充分利用"中国好粮油"行动示范县建设机遇，紧紧围绕实施粮食安全战略和乡村振兴战略，结合县域实际，突出特色产业目标，通过加强科技支撑、建立销售渠道和做好专题宣传，全力打造"阜宁有机大米"品牌。盱眙县依托"盱眙龙虾"金字招牌，大力进行现代农业产业结构调整，全面发展生态农业，努力培育特色农业产业，走"全产业链"融合集群、节约发展路径，实现增产、增效、增值、增收。依托龙虾优质品牌，着力推广"虾稻共生"种养模式，种植有机稻，生产生态米。兴化市充分发挥当地大米资源优势和产业集聚优势，突出以"兴化大米"品牌建设为重点，以兴化粮食交易市场为依托，精心制定项目规划，确保项目内容科学性、针对性、可行性。宝应县以"中国好粮油"行动示范县建设为契机，利用本地资源优势，推动全县优质粮食品种种植与推广、收购与存储，优质粮油产品的开发及品牌打造，"好粮油"产品线上、线下销售相结合，形成适应现代市场的三位一体的立体化销售体系。泗洪县以成功申报"中国好粮油"示范县为契机，从产业规划、优质优价、科技支撑、宣传推广、拓展销售渠道等方面，着力打造泗洪大米全产业链。

（2）推进产学研联合，研发优质"好粮油"产品。江苏"中国好粮油"行动各示范县加大绿色优质粮油产品的研发力度，支持高等院校、科研机构与企业开展科技合作，大力推进产学研联合，推进优质粮油产品供给。宝应县重视优质绿色粮油产品研发、质量控制建设，与科研院校研发提升宝应稻麦品质，改良提纯品种，打造升级宝应稻麦品质优势。阜宁县与江苏省农业科学院、徐州市农业科学研究所、南京财经大学等科研院所建立合作协议，根据县域水土气候条件，进一步优化优质稻米品种，提升优质稻米的绿色储藏水平，共同搭建科技指导服务体系平台。沭阳县结合县域实际，重点实施"中国好粮油"行动示范县创建项目，重点打造高墟碱米。2018年在高墟片区推广种植优质碱性水稻4.5万亩，实施统一供种，统一病虫害防治，统一订单收购，统一烘干仓储，优质优价进行收购。泗洪县积极探索建立国有粮食收储企业、粮食加工企业和种粮大户参与的优质优价收购合作机制，目前已经开展了3.8万亩南粳9108优质订单和5 000亩富硒稻米种植。盱眙县依托"盱眙龙虾"金字招牌，大力进行现代农业产业结构调整，全面发展生态农业，努力培育特色农业产业，走"全产业链"融合集群、节约发展路径，实现增产、增效、增值、增收。依托龙虾优质品牌，着力推广"虾稻共生"种养模式，种植有机稻，生产生态米。"盱眙龙虾米"来源于"虾稻共生"综合种养绿色模式。稻田中养虾，因龙虾养殖不能接受农药、化肥、激素、抗生素，种植的稻谷天然具有绿色、生态品质。"盱眙龙虾米"种植全程不使用农药、化肥、激素、抗生素，采用生物防病，物理杀虫，人工除草。收割后，自然晾晒，分批加工，保持大米最天然的风味、最初的新鲜、最纯真的品质。

（3）满足消费需求，加强"好粮油"品牌建设。随着消费需求的提档升级，消费观念从"吃得饱"向"吃得好""吃得健康""吃得放心"跃升，粮食质量受到前所未有的重视。品牌是粮食质量的通行证，粮食品牌化建设是实现粮食生产由注重规模扩张向注重质量提高转变的重要抓手。阜宁县通过宣传推介提升阜宁大米品牌价值。重新设计包装标识，拍摄专题宣传片，在相关电视台、报纸和网页上植入"阜宁有机大米"宣传广告，进行全方位、立体化宣传。如东县全面打响"如东大米"品牌创建的攻坚战役。委托南通守一广告公司对如东大米品牌推广进行策划，注重产品层次、包装和内涵设计。与如东喜丰农业科技发展有限公司和南通绿之蓝米业有限公司签订委托加工协议，并由如东粮食行业协会授权"如东大米"地理商标，生产"老愚家"和"绿之蓝"系列"如东大米"。制作"如东大米"形象宣传短视频，建立"如东大米"微信公众号，利用南通电视台、如东电视台、南通兴东机场、户外屏等进行多媒体广告宣传；在南通 285 个社区中精选 60 多个中高档小区的广告点进行灯箱广告宣传及线下推广活动。"如东大米"展示展销中心已于 7 月初开张营业，对外全方位立体展示如东优质"米、面、油"产品。兴化市紧密结合地域特点和品牌建设需要，突出以"兴化大米"品牌建设为核心，重点设计优质优价收购、品牌宣传、营销网络建设、品质测报等子项目，全方位、多渠道开展"兴化大米"品牌建设，努力打造"兴化好大米、中国好味道"良好形象。

（4）拓宽销售渠道，让"好粮油"走向市场。建立经济高效的销售渠道，是"中国好粮油"行动计划的关键一环。各示范县根据优质粮油产品的生产和消费特点，合理设计线上线下的营销模式和销售体系，努力为优质粮油生产方提供具有公信力的产品信息推介服务，为优质粮油需求方提供具有质量保障的产品。阜宁县采用"互联网＋"，大力发展电商产业，让"阜宁有机大米"突破地域限制。利用中粮米业成熟的销售网络，将"阜宁有机大米"推向麦德龙、大润发、易初莲花、世纪联华等各大知名超市。同时，阜宁县 17 家"放心粮油"及粮食应急供应网点设立"阜宁有机大米"销售专区，扩大市场占有率。沭阳县与京东、淘宝、天猫等知名电商开展合作，倾力打造线上销售渠道，提升产品知名度。对于线下销售，已完成沭阳"高墟"碱米销售实体店选址工作，2018 年 8 月底投入运营。对粮食集团名下的米厂、挂面厂、项虞神酒等各类产品进行整合，与吉林省有关龙头企业、黑龙江省的供销社、农垦等单位对接，选用部分优质产品代销。对接一些绿色种植的农户，在店内做一些绿色时蔬和水果等，增加形象店的被动销售量。实体店装修改造工程已开展，店面装修风格以生态、绿色、环保为主题，所使用装饰材料完全采用国标 GB 50325—2001 标准规定要求逐项检验，明确专人跟班检查，分项验收。泗洪县不断拓展"好粮油"销售渠道。一是借助网络平台，推广泗洪大米产品，在京东、阿里巴巴等平台上开展销售活动，以中央七套广告为契机，在京东成为销售爆款。二是统筹资源，在大型城市开设直营店，目前已在郑州、淮安、南京、深圳等城市选好店铺开始装修，泗洪大米旗舰店正在建设中。多方合作共赢是泗洪的一大亮点，与光明集团对接，借助其销售渠道，布设泗洪大米；与苏粮集团合作，共建绿色仓储基地、稻米精深加工示范工厂、游客体验中心；与中化集团合作，开展仓储、基地等方面合作。兴化市加强品牌大米的渠道建设，当前占地 208 平方米的"兴化大米"形象展示店顺利建成，兴化、泰州 7 个"兴化大米"品牌店投入使用，上海、南京等 4 个城市店正在选址；宣传活动实现全覆盖，"兴化大米"登上央视《乡村大世界》，借助 2018 年 7 月 28 日 CCTV－7《垛田故事——全球重要农业文化遗产及特色农产品分享会》成功推介了"兴化大米"。

（5）加强产后技术服务，完善"好粮油"服务和质量监管体系。各示范县深入分析本地区粮油品质的影响因素，有针对性地加强产后技术服务，逐步建立适应区域优质粮油流通需要的产后科技服务和质量监管体系。宝应县为保证消费者食用健康、安全的粮油，宝粮集团子公司建立质量安全追溯系统，从种植、生产、运输、消费四个环节，加强企业粮食及深加工产品质量安全追溯能力，强化质量安全追溯管理，实现生产记录可存储、产品流向可追踪、储运信息可查询；将产品从生产到加工直至销售等全过程结合起来，逐步形成产销一体化的粮食产品质量安全追溯信息网络，实现规范化、制度化。通过给二维码赋予防伪追溯功能，让消费者有了更大的机率去扫描二维码，进行关注互动，不仅呈现全面丰富的产品信息、溯源信息，还可以直接跳转至宝粮集团在淘宝、天猫等各大电商平台或品牌自有平台的线上旗舰店，是商家线下线上销售相结合的有效营销方式。阜宁县完善设施实现优质稻米绿色储藏。在各收储库（所）增添比重筛、震动筛等除杂设施，帮助农民整理水稻，提高入库稻谷质量。对新建的阜宁地方储备库和凤谷粮库进行技术改造，采用低温循环系统实现常年低温储粮，添置氮气保粮设备，在不采用常规药物熏蒸的环境下达到有效杀虫效果。泗洪县积极与南京财经大学对接，共建稻米信息化与大数据中心，借助高效专业资质，打造泗洪大米质量可追溯体系，研发田间种植管理监管子系统、仓储环境监管子系统、加工环境监管子系统、运输环境监管子系统、安全溯源设备子系统、平台软件系统研发。沭阳县采取国有和两家民营企业三方混合所有制，改组吴集库院内骨干稻米粮食加工企业"江苏黑土地粮油食品有限公司"，使之成为国有和两家民营企业三方混合所有制企业，技改完成后，企业将在工艺、能耗、环保、循环利用、质量等方面实现全面提升，为加工"高墌碱米"提供保障。

（6）加强统筹，积极营造"好粮油"行动舆论氛围。各示范县高度重视统筹各方力量、形成建设合力，推动"中国好粮油"项目建设稳步开展。泗洪县为推进工程顺利建设，该县加强组织领导，制定泗洪县"中国好粮油"行动实施方案，任务分解到各部门。分管县领导定期召开泗洪县"优质粮食工程"推进会，县粮食局成立领导小组，将项目再分工、再细化，专人负责项目进展。泗洪县积极营造舆论氛围，提高"中国好粮油"项目的美誉度，通过报纸、网络等多种媒体，广泛宣传实施"优质粮食工程"的重要意义和建设进展，提高社会各界及广大消费者对"中国好粮油"项目的关注度和认知度，使之成为政府满意、百姓放心的民生工程。鉴于"中国好粮油"项目特殊、涉及单位多，兴化市一方面在市联席会议下建立市粮食、财政、政务办、戴窑镇等参与的定期磋商协调机制，先后召开4次专题会议，会商相关问题和解决办法；另一方面与江苏省其他创建"好粮油"的县市进行交流，取长补短，积极探索该市的创建工作；另一方面明确各方责任，对相关部门单位的工作围绕职能进行分工，有效确保配套资金及时到位、工作措施有效落实、项目实施稳步推进。阜宁县充分利用"中国好粮油"行动示范县建设机遇，紧紧围绕实施粮食安全战略和乡村振兴战略，结合县域实际，突出特色产业目标，通过加强科技支撑、建立销售渠道和做好专题宣传，全力打造"阜宁有机大米"品牌。宝应县基于"中国好粮油"项目，积极进行项目信息库规划和建设，经与多家院所联系并进行调研，已经编制完成本县好粮油产业发展规划、指标信息库招标文件，下一步将按程序规范推进相关工作。二是策划"好粮油"视频宣传材料，与县电视台策划部合作，制作一部以宝应县优质粮油为题材的宣传片。

3. 主要存在问题

实施优质"好粮油"行动以来，各示范县收获粮食的优质品率、优质优价收购量和粮油加工产品的优质品率逐年提升。但在项目实施过程中有些县区也出现了一些问题。

（1）示范工程推进力度有待进一步加强。有的县区好粮油"示范县工程"工作推进力度不够，影响了项目推动进度。"中国好粮油"项目建设是一项系统工程，也是一个新的工作领域，在项目实施过程中有些县区遇到了一些新情况、新问题，例如，民营企业招投标问题、县级粮食与财政部门沟通协调不够顺畅，项目评审工作进展缓慢，影响了项目进度。

（2）政策性资金补贴尚需进一步增加。由于资金有限，项目推广力度不足、优质粮食品种推广面积不大、影响推进成效。例如如东县是一个农业大县，种植面积达 80 多万亩，在全省排第 9 位，而县内优质小麦种植签订收购协议 2.5 万亩，收购优质小麦（镇麦 9、镇麦 10 号）9 657 吨，收购价格比普通品种最低保护价高 0.03 元/斤，种粮农民每亩增收 25 元。优质粮食种植面积和优质粮食价格的提升力度有限。下一步要在争取上级资金的同时，尽力加大资金投入，用于该工程的推广，调动种粮农民种优质粮的积极性，才能保证完成每年增加 10%优质品率的递增目标。

（3）优质粮食品种界定有待进一步明晰。伴随着各地加快"好粮油"建设，优质粮食生产的源头即品种界定问题凸显。各地如何因地制宜选择适种粮食品种缺乏科学论证和相关标准，如江苏省内目前就有南粳、宁粳、苏香粳、老来青、宝粮等 10 多个粮食品种，此外如南粳 46 优质水稻，其一代原种和二代、三代种子又具有明显的质量差异。优质粮食品种混杂存在三个不利影响：一是不利于基层优质优价政策的具体实施；二是不利于优质粮食规模化、产业化运作；三是粮食品种良莠不齐，不利于优质粮食市场表现和品牌做强。

（4）相关鉴定认定标准工作有待进一步加强。虽然国家层面制定出台了详细的粮食食品安全国家标准、"中国好粮油"稻谷、大米等粮食行业标准，但是中国幅员辽阔，各地自然条件等差别巨大。在国家好粮油统一标准框架下，如何结合江苏各区域实际，进一步科学设置指标体系还有待深入研究。同时，就示范县而言，在对优质粮食进行权威鉴定认定方面，检测设施和人员配备方面还不够，特别是缺乏营养健康和食味品质检测手段，往往只能检测质量安全基本内容，对粮食营养食味等指标鉴定认定方面既缺乏专业手段，难以让群众信服。

（5）标准化管理和产业链构建有待强化。受制于自然气候等客观因素和田间管理等人为因素，优质粮食品质难以把控历来是实施"优质粮食工程"的一大难题，因光照、雨水等自然原因，在其他条件不变的情况下，不同年份的优质粮食品种年度品质差异较大；因田间管理等人为因素，同一年份、同一地区、同一品种，其品质差异也较大。目前，在优质粮食的播种、田间管理、收割、烘干、加工、包装、储存、运输等环节，还很难做到精细化、标准化管理，造成同一品种、同批上市的品牌粮食品质不一，消费体验迥异。同时，各县域缺乏对本县粮食产业带动力强的粮食龙头企业，优质粮食布局分散、品牌影响力小，此外，大部分示范县优质粮食还没有形成"专种、专收、专加、专储、专销"的完整产业链。

（6）科技支撑能力和产品附加值有待提升。大部分县域的粮食企业是传统老企业，还是多年前的老设备，自主科技创新能力不强。因为加工技术水平低，缺乏必要的资金投入，多数加工企业只是进行初加工，未深度挖掘粮食价值，使得原粮的附加值较低。目前，发达国家在粮食加工中创造的附加值很高，转化增值比为1∶7，由于科技支撑能力弱，江苏省的粮食资源优势并没有转化为经济优势。但是技术就是生产力、技术就是效益，发达国家的粮食加工企业采用高新技术能对粮食进行深加工，制成各种各样的成品。采用先进加工工艺，一方面能有效提高粮食产品的附加值，另一方面还能形成环保效益，减少废水、废物排放，减少环境污染。

（二）"中国好粮油"行动示范企业

2017年度江苏省粮食局批复了江苏省粮食集团有限责任公司（以上简称"苏粮集团"）、江苏省农垦米业集团有限公司（以下简称"江苏农垦米业"）、中粮米业（盐城）、中储粮油脂镇江基地四家企业作为"中国好粮油"行动示范企业。2018年苏粮集团、江苏农垦米业、中粮米业（盐城）3家企业继续作为"中国好粮油"行动示范企业加强"好粮油"行动建设。

1. 建设成就

目前已经有四家"中国好粮油"示范企业围绕建设目标合理设置优质优价收购、科技支撑、销售渠道建设、宣传推介等子项取得了重要的建设成就。

（1）优质优价收购，促进农民增收明显。各示范企业公司围绕粮油产业链，大力开展小麦、水稻、油菜籽优质优价收购，通过市场化引导，调整优化种植结构，增强基地带动和农民增收效应。苏粮集团所属江苏三零面粉有限公司海安、黄桥面粉加工基地和江苏省苏粮联合农业发展有限公司积极开展优质优价收购，在兴化、宝应、射阳、大丰、海安、泰兴等县域落实优质优价收购政策，通过示范带动作用，有效促进扬麦13、扬麦15、扬麦16，镇麦12、镇麦168、郑麦9023，秦优7号油菜籽，南粳9108、南粳46等优质品种的推广；直接带动相关粮食主产区优质粮食种植户增收1 000多万元。

中粮米业（盐城）与苏粮集团、区域种粮大户签订基地合同，签订绿色稻米基地58 994万亩，合同中明确质量要求、加价金额，从源头出发，锁定优质粮源。对基地产的稻谷送第三方检测，确保收购的粮食符合"中国好粮油"产品标准。2017年新粮收购季，公司优质优价收购的稻谷数量为37 924吨，对比国家最低保护价国标等级质量加价资金约 150 万元；2018 年新粮收购季，公司计划加价收购优质稻谷 40 000 吨，投入加价资金为 300 万元。自公司开展好粮油示范项目工作以来，2018 年度预计收购优质稻谷数量 10 万吨，可加工优质大米产品 6 万吨，通过加价方式，农民直接增收 500 万元以上，通过加价杠杆的影响，带动周边区域农民增收预计超过 1 000 万元。

江苏农垦米业完成泗洪示范县 2017 年优质水稻 2 000 亩的收购，共计收购 1 018.44 吨，完成泗洪示范县 2018 年度优质稻谷种植对接 2 000 亩。共计收购好粮油稻谷 7.85 万吨，共计投入补贴资金 1 658.23 万元。垦区优质粮食增加值 1 658.23 万元，带动垦区职工和周边农户，平均每户增加收入 1.6 万元。

（2）加强产学研合作，增强科技支撑能力。各示范企业结合"中国好粮油"行动计划加强对接科研院所，形成一系列产学研成果，粮食产业发展的科技支撑能力不断提高。苏粮集团联合江苏省农业科学院、江苏省沿海集团成立"苏米研究院"，在射阳金海岛、泗洪稻米小镇，"苏米"育种基地首批新品种繁育成功。由国家粮食局牵头引导，江苏省粮食局、南京财经大学、苏粮集团联合发起成立了国家优质粮食工程（南京）技术创新中心，探索优质粮食工程项目产学研合作。与江苏省农业科学院合作开展的"粮食（小麦）产品质量安全主要危害因子识别、风险评估与防控"项目顺利推进。与江苏大学等合作开发大麦全谷物馒头粉、大麦挂面等产品，具有较好的干预糖脂代谢紊乱的营养效果。昆山收储公司与南京财经大学合作研究的安全储粮"四合一"新技术省级试验，有效提升了粮食保管的效率。实施质量可追溯系统，海安面粉公司、苏中制粉公司智能化信息系统的应用，为"好粮油"提供了更好的保障。

中粮米业（盐城）积极对接江苏省农业科学院等科研单位，成功开发 3 款绿色大米产品，2 款优质江苏大米新品，已销售 8 000 吨，完成年度目标。2018 年投入 400 万元对烘干设备进行技改，并在生产线增加色选、抛光设备，增加产品六面整形设备，提升产品质量，改善产品外观，降本增效。

江苏农垦米业对已经通过"中国好粮油"产品审核的品种进行了品种提纯与复壮，并积极寻找适合江苏农垦种植的新优质品种，经过对多省市单位的走访调查，收集了 19 个品种样品，并组织了两次食味品尝会，优选出了 2 个品种：华育优 1 号和华育优 2 号。与江苏省农垦农业科学研究院合作的新品种培育工作指进顺利，在海南建立了南繁基地。筛选出了江苏符合"中国好粮油"稻谷的品种，对符合"中国好粮油"稻谷标准要求的品种进行提纯复壮，经过测试，大米的食味值有显著的提升，更好地保障了"中国好粮油"行动的顺利开展。

（3）多渠道联动，扩大品牌影响力。各示范企业通过制定宣传规划，制作宣传材料等方式，开展多种渠道宣传，提升江苏"中国好粮油"行动的社会知晓度。苏粮集团通过行业内专业展会，在上海、北京、福建、长沙、南京等多地开展宣传，强化"好粮油"包装设计，制作"好粮油"宣传册，丰富"好粮油"产品展示中心宣传内容，在市民喜爱的《扬子晚报》等报刊杂志宣传，引导百姓从"吃得饱"向"吃得好""吃得健康"转变。开展线上线下营销渠道建设，"好粮油"清凉门店升级改造完成，线下积极开拓进入 BHG（北京华联）等超市，开通公众号、小程序，上线苏粮微商城，与江苏银行在线平台开展合作，在节日期间开展营销策划、公众号软文推广等，多渠道营销让更多"好粮油"产品进入百姓日常消费。

江苏农垦米业与阿里巴巴零售通合作，开设了"中国好粮油"挂牌专卖店30 余家。建设了"好粮油"展示中心，集中展示销售"好粮油"产品。完成了"好粮油"产品包装的改版升级和好粮油宣传材料的制作，通过招标形式，开展了"好粮油"的宣传推广，完成了"好粮油"挂牌门店建设，提升了"好粮油"的影响力，建设公司"好粮油"展示中心，集中宣传和展示"中国好粮油"产品，已经开展社区和小区"中国好粮油"推广活动23 场次，大大提升了"中国好粮油"大米的知名度和美誉度。经公司统计，"中国好粮油"产品在各大超市及民用市场的销售量增加了 29.8%。

中粮米业（盐城）凭借企业品牌（中粮）＋产品品牌（福临门）＋产地（江苏大米）优势，积极推动品牌建设，努力成为立足"保障食品安全，传承幸福理念"的高端产品供应基地，不断扩大品牌效应，并以此推动企业健康稳定向前发展。公司大米产品已在周边省份各大卖场（大润发、家乐福、沃尔玛、永辉、欧尚、易初莲花、华联）铺市销售，并入驻京东、天猫、苏宁易购等网购平台，向全国消费者销售江苏大米。公司举办"舌尖匠心、严选好粮"/"中国好粮油"主题工厂游/盐城米业开镰节活动，专门设立"好粮油"站台、发放"好粮油"资料、品尝、赠送"好粮油"产品，让经销商和消费者了解"中国好粮油"示范工程的精髓。

中储粮油脂镇江基地金鼎食用油不断拓展销售渠道，卖进县乡镇门店，在江苏各城市和县区建立了 200 多家品牌形象示范店，作为"中国好粮油"形象传播的窗口。同时为了提高消费者对金鼎品牌的认知度，树立"中国好粮油"

的品牌形象，金鼎食用油在各大超市、社区开展消费者宣传和促销活动，产品深受广大消费者的喜爱。

（4）打造全产业链，推动"好粮油"行动。苏粮集团通过发挥集团省级平台、"苏三零"品牌影响以及海安面粉项目先进工艺等优势，建立从田头到餐桌的优质小麦粉产业链。与扬州市农业科学研究院开展紧密合作，坚持以优质小麦品种研发作为产业支撑。利用东部沿海围海造田形成的优质土地、里下河地区、江淮绿心地带（泗洪洪泽湖湿地周边）等绿色生态的自然条件，建立集团"中国好粮油"行动计划东中西三片绿色、生态、优质粮油生产基地，从源头上保障集团粮油产品的好品质。对接集团在仓储、加工、销售方面的优势，打造全过程质量可追溯的专业优质小麦粉产业链，为消费者提供高质量的面粉产品。

2. 发展经验

（1）调优产品结构，实现"好粮油"优价收购。各示范企业不断调优产品结构，推广符合"中国好粮油"系列标准的优质稻谷品种，通过适当补贴的方式，扩大其种植面积。苏粮集团通过"中国好粮油"工程与扬州市农业科学研究院合作，在江苏兴化、宝应、射阳、大丰、海安、泰兴等县域分阶段建立10万亩以上优质红小米示范基地，主推扬麦13、扬麦15、扬麦16，镇麦12、镇麦168等核心基地建设，以提供生态、绿色农产品为目标，通过品种不断升级以及基地统一管理，确保红小麦符合"好粮油"标准。以项目示范效应带动基地周边乡镇、县市，引导种植品种优化，推广种植优质红小麦，实行粮食优质优价，到2020年在全省沿江沿海地域种植符合"中国好粮油"标准的优质红小麦30%以上。

江苏农垦米业通过试用、引种和培育新品种，不断扩大符合"中国好粮油"稻谷标准的种植面积。通过纵向一体化经营优势，发挥龙头企业的引领示范作用，在垦区内建立"优质优价"的粮食结算方式，引导种植基地及带动周边县市调整优化种植结构，提高优质粮食产品的供给数量和供给质量，满足城乡居民消费升级需求，加快推进垦区及周边区域粮食供给从解决"吃得饱"到"吃得好"转变，优化品种种植结构。

中粮米业（盐城）积极配合当地粮食局等主管部门，利用宣传、示范等方法和价格杠杆作用，助推土地流转，使区域土地向集约化、规模化经营方向发展。积极与种粮大户、经纪人合作，扩大基地、订单种植面积，锁定优质粮源。对基地、订单种植稻谷进行溢价收购，提高优质稻谷种植的积极性。

（2）建立产品研发中心，为"好粮油"行动提供技术支撑。为配合"中国好粮油"建设，各示范企业都在加强产品研发中心建设，为"好粮油"行动提供技术支撑。苏粮集团建设"中国好粮油"产品研发中心。研发中心的建成，可进行小麦粉、小麦国标 GB 1355、GB 1351 全项检测，可满足食品安全标准 GB 2761、GB 2762、GB 2763 的检测要求，可满足"中国好粮油"小麦、小麦粉行标 LST 3109、LST 3248 的检测要求，可满足"中国好粮油"要求的小麦、小麦粉的理化指标、食味指标、农药残留、污染物限量、真菌毒素的检测要求。配合江苏省粮油质监中心——海安站的仪器使用，可进行民用粉、专用粉的研发应用实验，依托研发中心，与江苏大学、江南大学、南京财经大学等高校进行产学研合作，联合研发优质产品。

江苏农垦米业研发中心的建立，大大提升了公司新品种研发能力，加强了产品品质管控水平，可以完成公司内部所有产品的食味值、安全指标等的检测任务，与稻米研究所协同配合，开展新品种的筛选工作。对促进公司"中国好粮油"建设提供了安全保障。

中粮米业（盐城）为配合"中国好粮油"产品生产，加大对研发中心建设投入，引进和培养科技人才队伍，加大购买测试仪器和检测设备，努力提升自主创新能力，提升公司核心竞争力和品牌影响力。

（3）升级质量追溯体系，打造"好粮油"生产管理一体化信息平台。各示范企业通过打造全过程质量控制和可追溯系统，实现"好粮油"产业链的质量管控。苏粮集团以打造全过程质量控制和可追溯系统为支撑，以建立良好的生产和操作规范为手段，实现"好粮油"产业链质量管控。针对集团小包装面粉、大米产品，实现从生产、采购、储存、运输、加工、销售的全过程跟踪，建立多层次、多角色的粮油产品质量安全可追溯系统，以网络、短信、移动溯源终端等多种方式向消费者、监管部门提供服务。

江苏农垦米业邀请江南大学团队梳理了公司产业链相关的管理体系和相关法律法规 112 项，编制完成了从种子到农资供应、到种植、到仓储加工全产业链的质量控制体系。体系融合了 8 个国际管理体系，6 项国家相关法律法规，32 项农业和粮食行业标准，64 项国家标准，设置了 90 个关键控制点，280 多个控制表单，近千个参考指标。农业农村部"农产品质量安全控制系统"项目开发团队，在控制体系建设的基础上，进行了数据化和信息化开发，系统共涉及投入品、种植、生产加工、运输、仓储等 7 大方面的内容，117 项业务功能，200 张重点表单，90 个关键控制点，500 多个投入品，40 多个生产岗位。

配备了自动喷码设备 20 台套，实现了大米生产过程的全程可追溯管理，通过自动喷码系统的建设，提升了加工环节数据的采集速度和数据的准确性，提高了生产管理效率。

（4）优化线下销售渠道，强化"好粮油"线上推广渠道。各示范企业根据优质粮油产品的生产和消费特点，合理设计线上线下的营销模式和销售体系，努力为优质粮油生产方提供具有公信力的产品信息推介服务，为优质粮油需求方提供具有质量保障的产品。苏粮集团完成"好粮油"清凉门营销体验店的升级改造工作，根据重要时节安排，按月开展"好粮油"品牌及产品推广、用户体验等活动；选择在南京市有影响的 BHG、金鹰两家大型商超进行合作，于中秋节前将苏粮"好粮油"产品陆续进驻 BHG 超市 7 家门店，BHG 超市实现月销售 2 万余元。项目的渠道建设实现了苏粮集团"好粮油"项目的"禾为先""苏三零""苏星四季"等品牌的市场化推广，通过大型商超的连锁优势及品牌强强联合推广，在中高端消费人群中树立企业及"好粮油"的品牌效应并通过与线上渠道及线下好粮油旗舰店的推广销售相结合，实现苏粮多渠道联动，全方位推广品牌，为实现线下渠道销售增量奠定基础。苏粮集团拓展第三方电子商务平台，推进"互联网＋粮食"，巩固深化与江苏银行串串盈等第三方电商的合作，运营苏粮微商城，提升客户服务体验。一是开辟江苏银行线上"惠农频道"苏粮产品专区，形成线上订购、线下配送的完整流程；二是与有赞商城合作，完成"苏粮优品"公众号、"苏粮优品"微商城上线，完成线上平台的初步搭建工作，策划苏粮商城的促销及系列推广活动。

江苏农垦米业在南京、上海、杭州、广州、苏州和海南建立了六大销售办事处，并与众多大型食品企业建立了良好的合作关系。江苏农垦米业在易初莲花、欧尚、联华、华润苏果等大型超市受到广大消费者的青睐；江苏农垦米业与亨氏、百威、洋河、贝因美、青岛啤酒等知名企业结成长期的战略合作关系。在线上渠道，江苏农垦米业开设了苏垦天猫旗舰店，并在京东商城、苏宁易购、1 号店、微商城以及工行、建行等多家银行网上商城和积分兑换平台都开设了苏垦旗舰店。同时，江苏农垦米业筹建了苏垦尚膳 O2O 体验店，扩大了品牌影响力。当前江苏农垦米业电商销售收入已经突破 1 000 万元，处于领先地位。

中粮米业（盐城）凭借企业品牌（中粮）＋产品品牌（福临门）＋产地（江苏大米）优势，积极推动品牌建设，努力成为立足"保障食品安全，传承幸福理念"的高端产品供应基地，不断扩大品牌效应，并以此推动企业健康稳定向前发展。公司大米产品已在周边省份各大卖场（大润发、家乐福、沃尔玛、永辉、欧尚、易初莲花、华联）铺市销售，并入驻京东、天猫、苏宁易购等网购平台，向全国消费者销售江苏大米。其中，2018 年天猫"双十一"活动当天，公司生产的福临门苏软香大米销售 158 376 袋，全网销量排名第一；公司生产的大米新品福临门软糯香米销售 34 273 袋，用户好评率 100%。至 2018 年 11 月上旬，公司大米销售总量已超 12 万吨，其中省外销售 24 000 吨，电商销售 14 000 吨。

（5）做好主体宣传，引导"好粮油"消费理念。各示范企业通过制定宣传规划、制作宣传材料等方式，开展多种渠道宣传，提升江苏"中国好粮油"行动的社会知晓度。苏粮集团在海安加工示范基地建立展销中心，宣传粮油营养知识、粮油科学消费理念、"好粮油"产品标准，将海安面粉公司建成示范教育基地，业务对接基地，让消费者增强对"好粮油"的消费信心，发挥示范企业的带动作用和影响力。通过行业内专业展会，在上海、北京、福建、长沙、南京等多地开展宣传，强化"好粮油"包装设计，制作"好粮油"宣传册，丰富"好粮油"产品展示中心宣传内容，在市民喜爱的《扬子晚报》等报刊杂志宣传，引导百姓从"吃得饱"向"吃得好""吃得健康"转变，在节日期间开展营销策划、公众号软文推广等，多渠道营销让更多"好粮油"产品进入百姓日常消费，好粮油企业和品牌美誉度进一步提升。

江苏农垦米业在南京、上海、杭州、苏州、广州、海口等地开展"中国好粮油"新产品专场推介活动，并制作科普宣传材料。参加各类形式的展会，宣传推广"中国好粮油"产品。联合阿里巴巴零售通客户合作苏垦挂牌门店，宣传推广"好粮油"相关项目。借助线上第三方合作平台和苏垦尚膳自营平台宣传，推广"中国好粮油"产品。

中粮米业（盐城）成功举办"舌尖匠心、严选好粮"/"中国好粮油"主题工厂游/盐城米业开镰节活动，积极发挥"中国好粮油"示范作用，推广优质理念。通过开展以开耕文化节、开镰文化节为题材的系列活动，通过探寻华夏稻米起源、互动体验传统农耕，"从消费者中来，到消费者中去"，与消费者共同见证中华传统稻米农耕文化的博大精深，让广大消费者更全面地了解中国稻米产业的悠久历史、见证了中粮福临门大米"从田间到餐桌"的全产业链管控下的安全与质量保证，熟悉了解"中国好粮油"示范工程的精髓。

中储粮油脂镇江基地以"中国好粮油"行动为契机，建设"中国好粮油"示范专区、举办"中国好粮油"产品推介会。建立江苏地区"中国好粮油"示范专区，实现让老百姓步行 5～10 分钟即可买到金鼎产品。每年不定期在江苏省内的重点市场举办 3～5 场"中国好粮油"产品推介会，向消费者、合作伙伴、社会团体等宣传"中国好粮油"的产品特点和政策导向，传达"中国好粮油"发展目标和品牌价值等信息，促进相互间的交流活动。开展"中国好粮油"工厂开放日，进行"中国好粮油"系列主题推广。承办了中储粮首届公众开放日活动，邀请省内消费者代表、媒体代表、客户代表等走进镇江基地参观交流。制作"食用油小常识"宣传单页，运用生活化语言和图文将食用油挑选、使用等常识传递给参观者。与相关政府部门、行业协会、媒体等沟通合作，以省内宣传平台为载体，进行以"中国好粮油"为主题的系列宣传活动。围绕"中国好粮油"行动组织撰写面向城乡居民家庭日常生活的营养健康科普宣传材料，创新制作有特色的科普宣传品。联合省妇联、省教委等共同开展"中国好粮油"营养健康知识进社区、进家庭、进校园、进企业、进军营等活动，大力普及宣传"好粮油"产品和用油知识等。

（6）加快技术升级，确保"好粮油"产品质量。各示范企业通过优化生产加工工艺，改进加工设备，提升产品的加工品质，确保"好粮油"产品质量。苏粮集团打造智能化信息系统，为原粮提供智能仓储。主要建设内容包含智能信息化粮库、面粉厂 ERP 管理系统、智能安防系统、机房建设等内容，通过实施智能化信息系统，苏三零海安公司对现有粮库进行智能化改造，做到科学储粮、智能化储粮；ERP 系统的投入使用，可做到智能化、无纸化办公，降低管理成本、提高管理效率；监控系统和智能化安防的建设，可进一步保障食品安全，促进优粮优储，优粮优加。苏粮集团开展面粉生产线技术改造，优化和改进加工生产工艺。通过对小麦粉生产工艺及生产线进行系统性技术改造，在保证相关产品符合"好粮油"品质要求的同时，降低了对人力资源的依赖度，提高了自动化程度和生产效率，生产更加自动化、智能化，通过落实生产全过程质量管理，保障了粮油产品的质量安全。在昆山粮食收储公司新库区对粮情电子检测、机械通风、环流熏蒸和谷物冷却低温储粮为主要内容的粮食储备"四合一"新技术进行升级试验，"四合一"升级新技术是一套"风道上墙、机械作业，全程覆膜、负压通风，网络共用、功能互补，数据共享、智能监控"的集成系统，由横向通风技术、分体式谷物冷却技术、多介质害虫防治技术和多参数（温度、湿度和气体浓度）粮情测控技术 4 大部分、6 个单项技术组成。项目集成了粮面薄膜和负压通风两个关键技术；在相同的环境温度下，基于横向通风工况下的谷冷通风降温速度快，较传统谷冷通风单位能耗下降约

30％；横向谷物冷却通风后粮堆各层温度比较均匀，沿冷风推进方向每米粮堆的均温差不大于 0.5℃；整仓均温及谷冷通风较传统模式推进速度快，冷却结束后温度反弹小，使用时灵活方便，整仓和分区域均可。

江苏农垦米业临海分公司的大米包装线自动化升级改造项目，实现了包装环节的自动化升级改造，有效包装了"好粮油"大米在包装环节的质量。通过将喷码系统与自动化包装系统配合使用，做到了产品的每包都有一个识别码，使"中国好粮油"产品的质量追溯精度得到了大大提升，之前是每一批一个追溯码，现在是一批一个追溯码，通过自动喷码系统，每一包的生产日期精确到了秒，使得每一包产品都有一个特别的识别码。自动化包装线的应用，还提升了"好粮油"产品的包装统一形象，避免了在人工灌装过程中汗水和首饰等掉入包装的风险，提升了产品的安全水平。江苏农垦米业黄海公司的高大平房仓隔热建设效果明显。全年稻谷的温度与往年同期相比，平均下降了1℃。配备的稻谷清理筛，有效控制了稻谷中的杂质含量，降低了稻谷安全储存的难度，谷冷机的应用，及时将发热点进行有效处理，使稻谷始终处于一个相对准低温的环境中，安全过夏。经产品研发中心检测，经过准低温仓库储存的稻谷在过夏后出库，大米的食味值比非低温仓库储存的稻谷平均高了 4.6 分。江苏农垦米业淮海公司"中国好粮油"行动适度加工生产线改造项目，完成了对大米生产线的适度加工改造。围绕"三砂、一铁"多轻碾米技术工艺，增强通风凉米，增加红外色选等实用工艺，通过精确计算，精准配对好设备，突破产量瓶颈，完善吸除尘风网，优化工艺流程，保障了大米的质量安全。

中储粮油脂镇江基地为从源头上杜绝芳烃类物质、氯丙醇等有害物质对油脂的污染，降低反式脂肪酸的增加量，减少加工过程中甾醇和生育酚的损失，提高有益脂肪伴随物的含量，镇江基地不断加大工装设备和生产工艺的改造力度，加快推进检测能力升级，从根本上保障产品品质和安全。

（7）大力发展粮油精深加工，促进"好粮油"产业升级。苏粮集团与江苏大学等合作开发大麦（小麦）健康产品，满足细分人群个性化需求，着重针对能有效干预糖脂代谢紊乱的大麦全谷物馒头粉、大麦挂面等产品进行开发。大麦全谷物馒头粉中大麦全粉添加量不低于 30％，馒头呈现较好的外观；大麦挂面中的大麦添加量达到 50％以上，具有较好的干预糖脂代谢紊乱的营养效果。当前大麦全谷物挂面及大麦馒头粉等主食产品的加工工艺及其产品开发已初试成功，正积极申报相关专利。

3. 存在问题

2017 年度"中国好粮油"行动项目作为国家层面推进"优质粮食工程"的项目元年，由于企业原先积累的问题在短期内很难解决，需要在"好粮油"示范项目推进过程中进一步解决各种积弊。

（1）粮食精深加工能力还需进一步提升。当前江苏粮食企业加工出来的产品主要还是半成品，精深加工产品供给明显不足，粮食产业链条相对较短。示范企业在开发适合不同群体需要、不同营养功能、不同区域特色的优质米、面制品，诸如优质米粉（米线）、米粥、米饭、馒头、挂面、鲜湿及冷冻面食等大众主食品和区域特色主食品种及品牌时存在明显不足，与此同时，开发玉米、杂粮及薯类主食制品的工业化生产，丰富市场满足不同人群需要的产品较少。由此，对于示范企业，要配合"中国好粮油"示范行动发展主食加工业，要加强主食产业化建设，要保护和挖掘传统主食产品，增加花色品种；要鼓励和支持开发个性化功能性主食产品。

（2）质量可追溯系统还需进一步升级。当前示范企业基本已开始打造粮食可追溯系统，但可追溯系统基本还是企业内部可追溯，缺少生产端和消费端环节。"好粮油"示范企业要配合"中国好粮油"行动计划，继续加强质量可追溯系统的构建；以打造全产业链质量可控和可追溯系统为支撑，以建立良好的生产和操作规范为手段，实现"中国好粮油"产业链质量管控，覆盖生产、采购、储存、运输、加工、销售的全过程跟踪。根据"中国好粮油"产品质量控制要求，与科技企业合作，升级粮食产品质量安全可追溯系统应用，在外部数据自动采集等方面加强应用对接，减少人为因素的干扰，保证可追溯数据的客观性。要延伸质量追溯系统，实现"好粮油"产品销售环节的管理，将销售数量和退货管理等纳入质量追溯系统，实现对产品销售环节的全程质量管理。

（3）科技支撑能力还需进一步提高。示范企业围绕粮食产业链重要节点，集聚优势科研力量，在质量安全、健康消费重要技术方面已经取得了部分突破，但是整体而言粮食企业的科技支撑能力还存在不足，需进一步加强科技支撑能力建设，推进粮食产业和产品向价值链高端跃升。不同温度和包装形式对大米品质影响的研究还需进一步加强。如对不同品种的粮食品质在低温和常温条件下的品质变化规律，不同的包装形式和不同的储藏温度条件下，粮食的品质变化规律等。绿色熏蒸技术的研发，要开展绿色仓储熏蒸试验，提高"中国好粮油"的品质保障，减少磷化物熏蒸等。低菌小麦粉加工工艺开发与应用还需进一步加强。小麦在收储过程中普遍会受到微生物污染，传统的小麦粉加工过程难以将其消除，同时在润麦、磨粉等加工过程中容易受到微生物二次污染，当然小麦粉微生物含量一般偏高，严重影响了生鲜面制品的生产和消费。

（4）线上渠道营销能力还需进一步强化。示范企业都会构建"好粮油"的线上渠道，包括京东、阿里巴巴等主要渠道，但是相比较其他主要粮食品牌，示范企业的线上渠道的销售能力有限。下一步"好粮油"示范企业要配合"中国好粮油"行动计划，拓展第三方电子商务平台，推进"互联网＋粮食"，对接"江苏好粮油电子商务平台"，巩固深化与天猫、京东等第三方电商的合作，结合线下渠道，打造线上线下全渠道营销服务平台，推动整合供应链体系、移动应用、渠道管理、营销活动、产品销售、费用兑付、会员体系、团队管理、责任中心、服务中心、建立电子商务系统营销解决方案，打通信息流，实现行为数据、业务数据、销售数据、会员数据的互联互通。同时，积极发展会员体系，开展在线互动，增强用户黏性，实现"好粮油"的在线成交。

（5）直销渠道建设还需进一步加强。当前的示范企业都积极加强体验店建设和开拓商超渠道建设，利用超市终端开展"中国好粮油"产品的推广，拓展销售渠道，但是对直接渠道建设存在不足。下一步要开展进机关、进社区、进企业、进校园等直接销售渠道建设活动，推动品牌体验和产品推荐相结合，加大直接终端渠道建设。推广江苏以及"中国好粮油"产品，以客户体验、产品体验、活动体验、服务体验为特色，引导消费者合理选择、科学消费。配合"好粮油"仓储物流配送体系，以高效便捷的物流体系，保障"好粮油"的品质。

（三）"苏米"品牌建设情况

为了实施品牌带动战略，根据省委、省政府要求，江苏省粮食和物资储备局创建省域"苏米"公用品牌，实现全省粮油品牌资源整合，建立相关标准、规范、工作机制等，在全国范围内加大宣传推介力度，切实增强江苏粮油产品的整体竞争力和市场占有率。

1. 建设成就

江苏省粮食和物资储备局启动"苏米"品牌创建工作，聚全省粮食行业之力，共同打造江苏大米省域"苏米"品牌，"苏米"的市场美誉度和影响力已初现。

（1）制定标准，启动"苏米"品牌化。江苏打造"苏米"公用品牌，最重要的就是让老百姓吃上"放心、好吃、营养"的大米。为了达到这一目标，江苏省粮食行业协会组织编制了适合江苏实际的"苏米"团体标准，包括"苏米"稻谷种植技术规程、"苏米"加工技术规范、"苏米"原料稻谷、"苏米"成品大米等。"苏米"团体标准从全产业链的角度，通过把握稻米生产加工质量控制共性特点，规范稻米种植、收储、加工、流通各环节的质量要求，以达到规范行业生产，提高"苏米"质量的目的。"苏米"标准在食味值等指标设计时，还充分考虑了江苏大米香甜软糯、凉后不回硬的特点；在设计出糙率等指标时，突出了节粮减损和适度加工。为加强"苏米"生产、经营和管理，提高商品质量，维护和提高"苏米"品牌商誉，保护使用者和消费者合法权益，制定了"苏米"品牌使用管理办法。"苏米"标准的制定，为下一步围绕目标消费者，开展品牌构建、品牌授权、营销传播、市场推广工作，推动"苏米"品牌走向全国奠定了基础。

（2）品牌带动，聚"苏米"资源合力。江苏省粮食和物资储备局、江苏省粮食行业协会优选省内部分大米加工龙头企业，组建"苏米"产业联盟，统一使用"苏米"LOGO，以联盟带动企业经营，培育壮大大米加工产业主体，增强大米企业发展活力。2018年，苏米产业联盟企业有20个左右"苏米"核心企业（表6-2），以企业带动促进品牌的公信力和美誉度显著提升。地方大米如射阳大米、淮安大米已经具备很好的市场认知，"苏米"品牌将各地优秀大米进行统筹，在宏观品牌管理上，拧成一股绳，增强整体竞争力。在"苏米"品牌统一带动下，为产业链源头的种植者带来更多利益，增加水稻生长阶段投入，做强稻米产业源头。联盟企业作为品牌建设的重要载体，在水稻基地建设、优良品种推广、优质产品开发、优质品率提升、营销体系搭建等方面发挥了重要作用，推动优质大米生产上规模、扩产量、成批量。

（3）整合传播，提升"苏米"品牌影响力。围绕"水韵江苏、好吃苏米"配合渠道建设，对接宣传媒体、广告和展会平台，全面开展"苏米"品牌营销推广。目前，已结合福州展会、首届中国粮食交易大会（哈尔滨）等组织"苏米"展示、推介。"苏米"的宣传突出江苏鱼米之乡的生态优势、内在品质、稻作文化三个内涵，结合重要时间、重要地点、重要事件三个要素，借助高端媒体、展会直销、网络宣传三大平台，全方位、多层次、组合式宣传江苏大米"好吃、好看、好生态"的整体形象，"苏米"品牌的影响力不断扩大。

表 6 - 2　首批 20 家苏米核心企业名单

苏米核心企业名单	苏米商标适用品牌	苏米商标准用证编码
江苏省农垦米业集团有限公司	苏垦	SM001
江苏盐城江海粮油工业有限公司	苏畅	SM002
中粮米业（盐城）有限公司	福临门、金丰年	SM003
上海海丰米业有限公司	鹤舞稻香、知青海丰农场	SM004
南京粮食集团有限公司	晶润	SM005
南京远望富硒农产品有限责任公司	远望	SM006
宜兴市粮油集团大米有限公司	隆元	SM007
徐州广勤米业有限公司	广勤	SM008
新沂市湖滨米业有限公司	骆马湖	SM009
常州市金坛江南春米业有限公司	苏牌	SM010
南通季和米业有限责任公司	季和	SM011
江苏恒益粮油有限公司	东喜	SM012
盱眙永宁粮油食品有限公司	苏雨禾	SM013
江苏射阳大米集团有限公司	谷投味道	SM014
江苏顺泰农场有限公司	盐田稻	SM015
宝应县永佳米业有限公司	宝粮	SM016
江苏嘉贤米业有限公司	嘉贤	SM017
泰州市姜堰区粮食购销总公司	姜堰大米	SM018
江苏楚穗现代农业发展有限公司	楚润万家	SM019
江苏苏北粮油股份有限公司	蟹园、家缘	SM020

2. 发展经验

江苏省粮食和物资储备局以"中国好粮油"行动计划为契机，推进"苏米"品牌建设，精心谋划，扎实推进，通过树品牌、建联盟、订标准、搭平台、拓渠道，认真抓好"苏米"品牌创建工作。

（1）及时实施相关政策。2018 年《江苏省委省政府关于贯彻落实乡村振兴战略的实施意见》和《江苏省政府办公厅关于大力发展粮食产业经济加快建设粮食产业强省的实施意见》均明确提出了要打造"苏米"省域公用品牌。这项工作被列入省政府 2018 年度十大主要任务百项重点工作，同时也被列入

2018 年度江苏省"优质粮食工程"重点工作内容。2018 年江苏省粮食和物资储备局牵头组织推进"苏米"省域公用品牌相关工作，并由江苏省粮食行业协会（以下简称"行业协会"）具体承办，在当年就申请了注册商标，制定了管理办法，设计了产品包装，发布了"苏米"系列标准，认定了核心企业，并在上海进行了推介和宣传，为"苏米"品牌后续建设奠定了基础。

（2）突出龙头企业作用。作为江苏粮食行业的龙头企业，苏粮集团在"苏米"品牌打造中起到重大作用。江苏省粮食集团是"苏米"商标的注册人，享有商标所有权，负责"苏米"商标的使用、管理工作。苏粮集团积极邀请专业策划公司完成了"苏米"品牌标识设计，制定了"苏米"营销策划方案；"苏米"系列标准已正式发布，并启动"苏米"核心企业评审选报工作；在北京、南京、福州、西安、哈尔滨等地开展了展销推介。

（3）突出科技创新引领。以江苏省农业科学院为牵头单位，组织省内科研机构，研发高品质"苏米"专用新品种，包括总体方案设计、确定育种目标、选定技术路线、每年育种材料的田间布局、方案制定、材料决选等。全面提高苏米品质，研究改进稻谷干燥、分级加工、着水调质、大米精碾、大米抛光与色选及包装等的工艺水平；研究储藏条件对稻米品质的影响，完善贮藏设施，消除贮藏、加工、运输和销售中的次级污染；加强稻米深加工技术的研究与应用。

（4）品牌推广力度有待提高。近期江苏各地纷纷创建自己的大米品牌，市域品牌有"淮安大米""苏州大米"等，县域品牌有"射阳大米""宝应大米""沙家浜大米"等，有些获得了中国驰名商标，有些获得了国家地理标志商标。这些品牌各有特色，有的还形成了自己的标准体系和管理模式，这些品牌各自独立运作，各地也投入了大量的经费。从广义角度而言，它们都是江苏大米的代表。但因为各自体量不大，对外省消费者的影响力不如"东北大米"这种大区域品牌。江苏打造领军的省域"苏米"品牌，以较高水平的标准和严格的规范进行管理，大力宣传和推介，将有利于吸引全省产品质量较好的中小品牌加盟，发挥省域品牌的规模优势，做大做强"苏米"品牌。但现在"苏米"品牌知名度还不高，难以起到以省域品牌带动县域品牌和企业品牌的作用。国内知名的吉林大米等品牌非常重视品牌宣传，充分利用各种媒体以及展洽会、展销会等平台，加大宣传力度并及时筹备组建"吉林大米网"，为吉林大米开拓国内、国际市场提供宣传展销平台。同时，吉林大米鼓励大米加工企业在全国主要城市建立品牌专卖店。相比较，"苏米"品牌在国内的宣传力度相对较小，导致其品牌影响力有限。

（5）突出品牌管控。通过制定包括"苏米"加入门槛、宣传推广、包装使用等相关要求的《"苏米"品牌管理办法》；包括"苏米"产业联盟各成员方的职责、权利和义务，确保联盟有效运行的《"苏米"产业联盟章程》，推进江苏优质稻米产业的发展。筛选企业梯度授权，确保企业有足够资质，以省、市、县三级授权。规范的授权体系能保证产品品质，利于"苏米"品牌快速发展。当前已经遴选 20 个左右"苏米"核心企业，未来三年预计遴选 50 个左右，以企业带动促进品牌的公信力和美誉度显著提升。

（6）突出优良品种培育。筹建"苏米"研究院，组织省内外的水稻育种、生产、加工、品牌建设等方面的专家，加强对"苏米"全产业链的研发。组织江苏省农业科学院、南京农业大学等育种专家团队，研究开发并示范推广符合江苏特点的优质稻谷品种，逐步建成一批"好稻种＋好生态"的"苏米"生产基地。江苏充分利用高等院校和科研院所技术力量，会同江苏省科技厅，成立江苏品牌稻米产业技术创新战略联盟，积极整合科技创新资源，合作开展课题研究和产品开发，努力培育新的粮食产业经济增长点，推动"苏米"产业由数量增长向质量提升转型。

（7）突出标准规范。以增加绿色优质大米供给为重点，突出营养、健康，促进优质粮食产品提质升级，满足人民日益增长的美好生活的需要。积极有效地采用国际标准和国外先进标准，研究制定"苏米"标准体系，提高粮食标准化水平，包括："苏米"稻谷种植技术规程、"苏米"加工技术规范、"苏米"原料稻谷、"苏米"成品大米等系列标准。

（8）突出宣传推介。围绕"水韵江苏、好吃苏米"配合渠道建设，对接宣传媒体、广告和展会平台，全面开展"苏米"品牌营销推广。目前，已结合福州展会、首届中国粮食交易大会（哈尔滨）等组织"苏米"展示、推介。线下采用特许招商加盟的方式，组建"苏米"专卖店（体验）渠道。围绕"苏米"产品线，制定合理的单店盈利模式，并通过盈利模式实施流程标准化，制定加盟代销店运营的简单可行方案，提高加盟商认知。组建淘宝特色中国"苏米"馆，并且发起"苏米创业明星计划"，全面拉动线上销售规模，实现农业增效、农民增收的根本目的。

3. 存在问题

近年来，随着经济发展和消费者需求的提升，稻米营养、质量安全等正引起社会各界关注，很多地区早就启动了地域大米公共品牌的打造，相比之下，江苏大米品牌建设显得相对滞后，与领先的地域大米品牌还有差距，必须推动江苏大米公共品牌建设，提升"苏米"品牌知名度和附加值，增强市场竞争力。

（1）品牌影响力仍需扩张。当前国内很多大米区域品牌已经形成相当影响力，五常大米、东北大米等已经在市场上拥有了声誉，如五常大米启动"重塑品牌"战略是在2000年。省级区域品牌的"吉林大米"早在2013年就开始启动品牌战略。从以上的比较中，不难发现，"苏米"与五常大米、吉林大米相比，品牌战略的实施起步至少晚了5～15年之久，品牌影响力仍需扩张。

（2）品牌竞争压力较大。在电子商务和物流业快速发展的今天，大米销售网络遍布全国各地，原有的江苏大米离消费市场距离近的优势逐渐下降，在市场上同一品种的大米品牌众多，可供选购的余地较大。东北大米、五常大米、吉林大米等作为传统的农业大省出品的大米品牌，其起步早，大米品牌相对于江苏省来说占据着绝对的优势，具有特色鲜明、认可度高、覆盖面广的特点。从全国来看，各地也不乏一批着眼于当地市场需求的优秀本土品牌，已经占有相当份额的市场，给起步较晚的江苏大米带来了很大压力。此外，国外进口的日本大米、泰国香米深受中国消费者欢迎，以上的综合因素，致使"苏米"品牌打造面临较大竞争压力。

（3）品牌聚合力没有完全发挥。"苏米"在当前的发展阶段，还仅处于品牌聚合的阶段，而相关企业的产品资源、研发资源、渠道资源还处于各种独立的状态，这对于"苏米"品牌长远发展不利。以当前国内发展较好的吉林大米而言，其联盟企业的资源聚合度要明显高，更利于品牌的成长。如在销售渠道方面，吉林大米积极发展新业态，推行"互联网＋吉林大米"，探索实现产品与消费的有效对接，推进线上线下融合。开设吉林大米直营店、商超专柜，搭建"吉林大米网"电商平台、天猫吉林大米官方旗舰店、"淘乡甜"供应链，进驻阿里盒马鲜生、三江、联华、零售通便利店等线下渠道，引入菜鸟物流，实行统一标准、统一备货、统一包装、统一发送、统一结算。

三、进一步发展的对策措施

在国家规定建设内容范围内，结合实际，江苏省下一步要围绕"实、新、优"，继续加强"中国好粮油"行动建设。

（一）进一步加强领导，落实责任

在"好粮油"行动工作领导小组的统筹下，保证按期按质完成各示范县和示范企业工作任务。江苏省财政厅、粮食局会同市、县财政、粮食主管部门做好项目实施的跟踪推进工作，发现问题及时解决，保证资金到位、项目落实到位和监管督促到位。江苏省粮食和物资储备局牵头组织有关部门对申报项目对照相关条件和具体标准进行审核确定。项目实施结束后，督促各项目实施单位，做好工作总结，完善项目档案，实施项目评估。同时，江苏省粮食和物资储备局对全省项目实施情况进行综合评估，形成专门报告。指导企业用足用好江苏省深化地方国有粮食企业改革政策，加大企业改革重组力度，加快盘活土地存量资产，督促地方政府落实对粮食企业退城进郊异地重建、土地转让资金返还等支持政策，协调各级财政安排专项资金配套，确保资金筹措到位，共同推进"好粮油"行动顺利开展。

（二）继续加大投入，推进"苏米"品牌建设

在江苏省粮食和物资储备局、苏粮集团、"苏米"产业联盟企业共同努力下，推进"苏米"省域公用品牌建设，建立省域公用品牌的标准、规范、工作机制等。通过政府引导、企业参与、市场运作、政策支持等模式，强化"苏米"核心企业建设，打造一批"苏米"特色产品。同时积极开展"苏米"品牌和产品的营销推介，切实增强江苏粮油产品的整体竞争力和市场占有率，形成"中国好粮油"品牌、省域粮油品牌、企业品牌、产品品牌协同发展的大品牌族群。为更加全面系统、科学高效地推进"苏米"品牌建设，快速提升"苏米"核心品牌形象，促进江苏稻米产业健康发展，结合实际具体措施如下：

1. 加强政策扶持

"苏米"品牌创建涉及粮食全产业链运作，江苏省应继续将"苏米"品牌建设列入省里重点工作，成立由省财政厅、省农业农村厅、省粮食和物资储备局、省农业科学院等部门组成的工作小组，明确任务，落实责任，持续推进"苏米"品牌建设，并建立联席工作会议制度，协调解决品牌建设过程中的困难和问题。协调有关部门围绕水稻育种育苗、基地建设、农机具补贴、流通设施、品牌宣传、资金供给等6个方面，制定相关扶持政策，促进"苏米"品牌建设稳步发展。

2. 加大资金投入

品牌的塑造、提升和维护是一个长期的过程，需要大量资金持续投入。建议省政府明确今后几年，在财政年度预算中，设立大米品牌建设专项，视品牌推进情况，拨付专项资金支持苏米品牌建设。

3. 推进"江苏省苏米研究院"建设

开展代表"苏米"的高品质优良食味水稻专用品种选育、"苏米"质量标准、储存、加工、品牌营销等研究。为更加全面系统、科学高效地推进江苏大米品牌建设，快速提升"苏米"区域公用品牌形象，促进江苏大米产业健康发展，提供科技支撑。

4. 加强日常管理

加强对"苏米"公用品牌的日常管理，对照标准，对入围的核心企业优胜劣汰，确保"苏米"的品质和安全。统筹做好基地建设、品牌整合、生产营销、质量追溯等工作，帮助企业解决品牌建设过程中的矛盾和问题。

5. 加大宣传力度

突出江苏鱼米之乡生态优势、内在品质、稻作文化三个内涵，结合重要时间、重要地点、重要事件三个要素，借助高端媒体、展会直销、网络宣传三大平台，全方位、多层次、组合式的宣传江苏大米"好吃、好看、好生态"的整体形象，不断扩大"苏米"品牌的影响力。

（三）突出龙头企业带头作用，健全标准管理产业链条

要发挥优质粮食的品牌效应、规模效应和带动效应，达到资源配置效益最大化，必须充分发挥粮食龙头企业的带动作用。一是"中国好粮油"行动示范县应重点扶持一两家市场能力强、品牌认知高、资质信用好、带动作用大的粮食龙头企业，要将带动群众增收作为选择龙头企业的重要标准，将政策和资源向企业倾斜，鼓励龙头企业建立完善优质粮食产业链，通过龙头企业对本地区优质粮食进行资源整合，重点做好优质粮食产业链标准化管理、品质把控和市场营销，重点解决地区优质粮食布局散、规模小、成本高、品牌杂、管理乱、推广难等难题。二是积极完善"粮食企业＋村（农场）＋订单收购"社企合作模式，以龙头粮企为依托，深化与村（农场）订单合同收购模式，重点解决农民优质粮食"不敢种、销不出""优质不优价"等问题，探索龙头企业与村镇建立产业合作开发、股份合作等利益联结机制，着力形成优质粮食"专种、专收、专加、专储、专营"完整产业链。三是各地应结合实际科学设置龙头企业

考核评价指标，把优质粮食助农增收和粮油优质品率作为重要考核评价指标，综合利用财政奖励、贷款贴息、税收减免等多种扶持措施，同时积极对上申报"好粮油"项目，助推粮食龙头企业做大、做强。

（四）进一步大力发展粮油精深加工，促进主食产业升级

优化产品结构，提高粮食产品供给质量，减少原粮和初加工产品的输出，增加附加值，提高粮食就地加工转化能力和资源利用率。支持面粉加工企业技术改造升级，提高应急供应能力，开发全麦粉、营养强化粉等多品系专用粉，不断满足城乡居民个性化、多元化、定制化需求。进一步发展主食加工业，促进传统米面和杂粮主食的工业化、方便化、大众化，挖掘和弘扬特色主食文化，发展各种馒头、面条（挂面、鲜湿面条）、饺子等面制主食产品，开发多种规格和风味的特色杂粮主食。扶持引导食品精深加工企业发展方便食品、休闲食品、烘焙食品、保鲜食品、速冻食品、营养套餐等深加工特色产品以及膳食纤维等高附加值产品，丰富花色品种，提高优、新、特产品的比重，满足多元化膳食需求，延长粮食加工链条，提高农产品种植效益。

（五）加强科技支撑，推动科技成果转化

大力开发优质粮油产品、开展粮食产后科技服务、严格执行"好粮油"质量标准等方式，增强对粮食产业发展的科技支撑。积极推广分类收储和科学储粮技术，支持低温库建设，满足优质粮油产品保鲜储存要求。支持有条件的企业打造全过程质量控制和可追溯系统，实现"好粮油"产业链的质量管控。支持创新要素向企业集聚，加快培育一批具有市场竞争力的创新型粮食领军企业，引导企业加大研发投入和开展创新活动。鼓励科研机构、高校与企业通过共同设立研发基金、实验室、成果推广工作站等方式，聚焦企业科技创新需求。加大对营养健康、质量安全、节粮减损、加工转化、现代物流、"智慧粮食"等领域相关基础研究和急需关键技术研发的支持力度，推进信息、生物、新材料等高新技术在粮食产业中的应用。促进粮食科技成果、科技人才、科研机构等与企业有效对接，推动科技成果产业化。

（六）保持优质优价收购，调优产品结构

继续调优产品结构，推广符合"中国好粮油"系列标准的优质粮食品种，通过优质优价收购机制，建立优质粮食示范基地。结合地域优势和传统名牌、

老字号等名优粮油产品的发展实际，研究制定本地区绿色优质粮油产品生产指南。引导优化种植结构，促进产品结构升级，在标准示范基地及定向收购方面加大投入。通过市场化引导，引导支持龙头企业与新型农业经营主体，与粮食生产主体创建利益共享、风险共担机制，引导优质粮食品种种植，带动农民增收致富。

（七）健全销售渠道，做好专题宣传

根据优质粮油产品的生产和消费特点，申报进入国家级"好粮油"网上销售平台、建立省级"好粮油"网上销售平台、建立"好粮油"线下销售渠道，努力为优质粮油生产方提供具有公信力的产品信息推介服务，为优质粮油需求方提供具有质量保障的产品。另一方面通过政府引导、权威鉴定、行业协会、社会组织、公益活动、企业展销、各类媒体等多种途径，对本地区优质粮食进行宣传推广，要重点回应广大群众最关心的食品安全、绿色生态、营养健康、食味口感、烹饪方式等方面的问题，在全社会形成"种好粮、促增收""吃好粮、促健康"的广泛共识。要依托粮食龙头企业，积极发展"互联网＋优质粮食"，重点做好优质粮食线上宣传推广和展览销售。

专题一　国家优质粮食工程（南京）技术创新中心

国家优质粮食工程（南京）技术创新中心由原江苏省粮食局、江苏省粮食集团有限责任公司与南京财经大学共建。创新中心研发团队60人，由国内外相关领域的技术研发、企业管理、市场营销及技术推广专家教授组成，旨在解决粮食产业发展关键技术，培育粮食企业核心竞争力，提升粮食流通产业现代化水平，促进优质粮食有效供给。

创新中心将粮食品质测评和测报作为粮食安全重要指标，对我国粮食产品进行全面测评，按有关标准要求及时、负责上报和发布测评情况。开发更先进的粮食储藏、品质检测以及加工技术，发挥"政产学研"共建协同优势，联合南京财经大学技术转移中心，以问题为导向，推广优质粮食工程研究的优秀成果产业转化和技术推广。全面落实创新驱动发展和人才优先发展战略，实行粮食科技特派员制度，大力实施科技兴粮和人才兴粮工程。

依托创新中心，各方将为优质粮食工程从业人员提供系统和关键技术培训，实现优质粮食工程人才数量快速增加、素质大幅提升、结构较为合理、

使用效能显著提高、竞争优势明显增强。此外，依托创新中心粮食工程、粮食流通、粮食经济等领域高端人才集聚的优势，通过多学科、跨单位技术互补，组织高水平的优质粮食工程国内外学术交流，进一步提升创新中心服务我国粮食产后的能力。

创新中心将规范粮食流通秩序，优化粮食供给结构，减少粮食产后损失，着力解决粮食质量安全预警监测与检验把关能力不足、基层粮食质检机构严重缺失的问题，提升粮食质量安全监管水平，保障国家粮食质量安全。创新中心积极参与国家优质粮食标准研究，制定江苏地方优质粮食标准，逐步建立完善粮食检验监测体系，健全强化粮食质检体系运行机制，积极开展第三方检验服务，明确检验任务，做好质量安全风险监测，切实提高粮食质检工作水平。

第三部分
附录（相关政策文件）

国务院办公厅关于加快推进农业供给侧结构性改革大力发展粮食产业经济的意见

（国办发〔2017〕78号）

各省、自治区、直辖市人民政府，国务院各部委、各直属机构：

近年来，我国粮食连年丰收，为保障国家粮食安全、促进经济社会发展奠定了坚实基础。当前，粮食供给由总量不足转为结构性矛盾，库存高企、销售不畅、优质粮食供给不足、深加工转化滞后等问题突出。为加快推进农业供给侧结构性改革，大力发展粮食产业经济，促进农业提质增效、农民就业增收和经济社会发展，经国务院同意，现提出以下意见。

一、总体要求

（一）指导思想。 全面贯彻党的十八大和十八届三中、四中、五中、六中全会精神，深入贯彻习近平总书记系列重要讲话精神和治国理政新理念新思想新战略，认真落实党中央、国务院决策部署，统筹推进"五位一体"总体布局和协调推进"四个全面"战略布局，牢固树立创新、协调、绿色、开放、共享的发展理念，全面落实国家粮食安全战略，以加快推进农业供给侧结构性改革为主线，以增加绿色优质粮食产品供给、有效解决市场化形势下农民卖粮问题、促进农民持续增收和保障粮食质量安全为重点，大力实施优质粮食工程，推动粮食产业创新发展、转型升级和提质增效，为构建更高层次、更高质量、更有效率、更可持续的粮食安全保障体系夯实产业基础。

（二）基本原则。 坚持市场主导，政府引导。以市场需求为导向，突出市场主体地位，激发市场活力和企业创新动力，发挥市场在资源配置中的决定性作用。针对粮食产业发展的薄弱环节和制约瓶颈，强化政府规划引导、政策扶持、监管服务等作用，着力营造产业发展良好环境。

坚持产业融合，协调发展。树立"大粮食"、"大产业"、"大市场"、"大流通"理念，充分发挥粮食加工转化的引擎作用，推动仓储、物流、加工等粮食流通各环节有机衔接，以相关利益联结机制为纽带，培育全产业链经营模式，促进一二三产业融合发展。

坚持创新驱动，提质增效。围绕市场需求，发挥科技创新的支撑引领作用，深入推进大众创业、万众创新，加快体制机制、经营方式和商业模式创新，积极培育新产业、新业态等新动能，提升粮食产业发展质量和效益。

坚持因地制宜，分类指导。结合不同区域、不同领域、不同主体的实际情况，选择适合自身特点的粮食产业发展模式。加强统筹协调和政策引导，推进产业发展方式转变，及时总结推广典型经验，注重整体效能和可持续性。

（三）主要目标。到 2020 年，初步建成适应我国国情和粮情的现代粮食产业体系，产业发展的质量和效益明显提升，更好地保障国家粮食安全和带动农民增收。绿色优质粮食产品有效供给稳定增加，全国粮食优质品率提高 10 个百分点左右；粮食产业增加值年均增长 7％左右，粮食加工转化率达到 88％，主食品工业化率提高到 25％以上；主营业务收入过百亿的粮食企业数量达到 50 个以上，大型粮食产业化龙头企业和粮食产业集群辐射带动能力持续增强；粮食科技创新能力和粮食质量安全保障能力进一步提升。

二、培育壮大粮食产业主体

（四）增强粮食企业发展活力。适应粮食收储制度改革需要，深化国有粮食企业改革，发展混合所有制经济，加快转换经营机制，增强市场化经营能力和产业经济发展活力。以资本为纽带，构建跨区域、跨行业"产购储加销"协作机制，提高国有资本运行效率，延长产业链条，主动适应和引领粮食产业转型升级，做强做优做大一批具有竞争力、影响力、控制力的骨干国有粮食企业，有效发挥稳市场、保供应、促发展、保安全的重要载体作用。鼓励国有粮食企业依托现有收储网点，主动与新型农业经营主体等开展合作。培育、发展和壮大从事粮食收购和经营活动的多元粮食市场主体，建立健全统一、开放、竞争、有序的粮食市场体系。（国家粮食局、国务院国资委等负责）

（五）培育壮大粮食产业化龙头企业。在农业产业化国家重点龙头企业认定工作中，认定和扶持一批具有核心竞争力和行业带动力的粮食产业化重点龙头企业，引导支持龙头企业与新型农业经营主体和农户构建稳固的利益联结机制，引导优质粮食品种种植，带动农民增收致富。支持符合条件的龙头企业参与承担政策性粮食收储业务；在确保区域粮食安全的前提下，探索创新龙头企业参与地方粮食储备机制。（国家发展改革委、国家粮食局、农业部、财政部、

商务部、工商总局、质检总局、中储粮总公司等负责）

（六）支持多元主体协同发展。发挥骨干企业的示范带动作用，鼓励多元主体开展多种形式的合作与融合，大力培育和发展粮食产业化联合体。支持符合条件的多元主体积极参与粮食仓储物流设施建设、产后服务体系建设等。鼓励龙头企业与产业链上下游各类市场主体成立粮食产业联盟，共同制订标准、创建品牌、开发市场、攻关技术、扩大融资等，实现优势互补。鼓励通过产权置换、股权转让、品牌整合、兼并重组等方式，实现粮食产业资源优化配置。（国家发展改革委、国家粮食局、工业和信息化部、财政部、农业部、工商总局等负责）

三、创新粮食产业发展方式

（七）促进全产业链发展。粮食企业要积极参与粮食生产功能区建设，发展"产购储加销"一体化模式，构建从田间到餐桌的全产业链。推动粮食企业向上游与新型农业经营主体开展产销对接和协作，通过定向投入、专项服务、良种培育、订单收购、代储加工等方式，建设加工原料基地，探索开展绿色优质特色粮油种植、收购、储存、专用化加工试点；向下游延伸建设物流营销和服务网络，实现粮源基地化、加工规模化、产品优质化、服务多样化，着力打造绿色、有机的优质粮食供应链。开展粮食全产业链信息监测和分析预警，加大供需信息发布力度，引导粮食产销平衡。（国家发展改革委、国家粮食局、农业部、质检总局、国家认监委等负责）

（八）推动产业集聚发展。深入贯彻区域发展总体战略和"一带一路"建设、京津冀协同发展、长江经济带发展三大战略，发挥区域和资源优势，推动粮油产业集聚发展。依托粮食主产区、特色粮油产区和关键粮食物流节点，推进产业向优势产区集中布局，完善进口粮食临港深加工产业链。发展粮油食品产业集聚区，打造一批优势粮食产业集群，以全产业链为纽带，整合现有粮食生产、加工、物流、仓储、销售以及科技等资源，支持建设国家现代粮食产业发展示范园区（基地），支持主销区企业到主产区投资建设粮源基地和仓储物流设施，鼓励主产区企业到主销区建立营销网络，加强产销区产业合作。（国家发展改革委、国家粮食局、工业和信息化部、财政部、商务部、中国铁路总公司等负责）

（九）发展粮食循环经济。鼓励支持粮食企业探索多途径实现粮油副产物循环、全值和梯次利用，提高粮食综合利用率和产品附加值。以绿色粮源、绿色仓储、绿色工厂、绿色园区为重点，构建绿色粮食产业体系。鼓励粮食企业建立绿色、低碳、环保的循环经济系统，降低单位产品能耗和物耗水平。推广"仓顶阳光工程"、稻壳发电等新能源项目，大力开展米糠、碎米、麦麸、麦胚、玉米芯、饼粕等副产物综合利用示范，促进产业节能减排、提质增效。（国家发展改革委、国家粮食局、工业和信息化部、农业部、国家能源局等负责）

（十）积极发展新业态。推进"互联网＋粮食"行动，积极发展粮食电子商务，推广"网上粮店"等新型粮食零售业态，促进线上线下融合。完善国家粮食电子交易平台体系，拓展物流运输、金融服务等功能，发挥其服务种粮农民、购粮企业的重要作用。加大粮食文化资源的保护和开发利用力度，支持爱粮节粮宣传教育基地和粮食文化展示基地建设，鼓励发展粮食产业观光、体验式消费等新业态。（国家粮食局、国家发展改革委、工业和信息化部、财政部、农业部、商务部、国家旅游局等负责）

（十一）发挥品牌引领作用。加强粮食品牌建设顶层设计，通过质量提升、自主创新、品牌创建、特色产品认定等，培育一批具有自主知识产权和较强市场竞争力的全国性粮食名牌产品。鼓励企业推行更高质量标准，建立粮食产业企业标准领跑者激励机制，提高品牌产品质量水平，大力发展"三品一标"粮食产品，培育发展自主品牌。加强绿色优质粮食品牌宣传、发布、人员培训、市场营销、评价标准体系建设、展示展销信息平台建设，开展丰富多彩的品牌创建和产销对接推介活动、品牌产品交易会等，挖掘区域性粮食文化元素，联合打造区域品牌，促进品牌整合，提升品牌美誉度和社会影响力。鼓励企业获得有机、良好农业规范等通行认证，推动出口粮食质量安全示范区建设。加大粮食产品的专利权、商标权等知识产权保护力度，严厉打击制售假冒伪劣产品行为。加强行业信用体系建设，规范市场秩序。（国家粮食局、国家发展改革委、工业和信息化部、农业部、工商总局、质检总局、国家标准委、国家知识产权局等负责）

四、加快粮食产业转型升级

（十二）增加绿色优质粮油产品供给。大力推进优质粮食工程建设，以市场需求为导向，建立优质优价的粮食生产、分类收储和交易机制。增品种、提品质、创品牌，推进绿色优质粮食产业体系建设。实施"中国好粮油"行动计划，开展标准引领、质量测评、品牌培育、健康消费宣传、营销渠道和平台建设及试点示范。推进出口食品农产品生产企业内外销产品"同线同标同质"工程，实现内销转型，带动产业转型升级。调优产品结构，开发绿色优质、营养健康的粮油新产品，增加多元化、定制化、个性化产品供给，促进优质粮食产品的营养升级扩版。推广大米、小麦粉和食用植物油适度加工，大力发展全谷物等新型营养健康食品。推动地方特色粮油食品产业化，加快发展杂粮、杂豆、木本油料等特色产品。适应养殖业发展新趋势，发展安全环保饲料产品。（财政部、国家粮食局、国家发展改革委、工业和信息化部、农业部、工商总局、质检总局、国家林业局等负责）

（十三）**大力促进主食产业化。**支持推进米面、玉米、杂粮及薯类主食制品的工业化生产、社会化供应等产业化经营方式，大力发展方便食品、速冻食品。开展主食产业化示范工程建设，认定一批放心主食示范单位，推广"生产基地＋中央厨房＋餐饮门店"、"生产基地＋加工企业＋商超销售"、"作坊置换＋联合发展"等新模式。保护并挖掘传统主食产品，增加花色品种。加强主食产品与其他食品的融合创新，鼓励和支持开发个性化功能性主食产品。（国家粮食局、工业和信息化部、财政部、农业部、商务部、工商总局等负责）

（十四）**加快发展粮食精深加工与转化。**支持主产区积极发展粮食精深加工，带动主产区经济发展和农民增收。着力开发粮食精深加工产品，增加专用米、专用粉、专用油、功能性淀粉糖、功能性蛋白等食品以及保健、化工、医药等方面的有效供给，加快补齐短板，减少进口依赖。发展纤维素等非粮燃料乙醇；在保障粮食供应和质量安全的前提下，着力处置霉变、重金属超标、超期储存粮食等，适度发展粮食燃料乙醇，推广使用车用乙醇汽油，探索开展淀粉类生物基塑料和生物降解材料试点示范，加快消化政策性粮食库存。支持地方出台有利于粮食精深加工转化的政策，促进玉米深加工业持续健康发展。强化食品质量安全、环保、能耗、安全生产等约束，促进粮食企业加大技术改造力度，倒逼落后加工产能退出。（国家发展改革委、国家粮食局、工业和信息化部、财政部、食品药品监管总局、国家能源局等负责）

（十五）**统筹利用粮食仓储设施资源。**通过参股、控股、融资等多种形式，放大国有资本功能，扩展粮食仓储业服务范围。多渠道开发现有国有粮食企业仓储设施用途，为新型农业经营主体和农户提供粮食产后服务，为加工企业提供仓储保管服务，为期货市场提供交割服务，为"互联网＋粮食"经营模式提

供交割仓服务，为城乡居民提供粮食配送服务。（国家粮食局、国家发展改革委、证监会等负责）

五、强化粮食科技创新和人才支撑

（十六）加快推动粮食科技创新突破。支持创新要素向企业集聚，加快培育一批具有市场竞争力的创新型粮食领军企业，引导企业加大研发投入和开展创新活动。鼓励科研机构、高校与企业通过共同设立研发基金、实验室、成果推广工作站等方式，聚焦企业科技创新需求。加大对营养健康、质量安全、节粮减损、加工转化、现代物流、"智慧粮食"等领域相关基础研究和急需关键技术研发的支持力度，推进信息、生物、新材料等高新技术在粮食产业中的应用，加强国内外粮食质量检验技术标准比对及不合格粮食处理技术等研究，开展进出口粮食检验检疫技术性贸易措施及相关研究。（科技部、质检总局、自然科学基金会、国家粮食局等负责）

（十七）加快科技成果转化推广。深入实施"科技兴粮工程"，建立粮食产业科技成果转化信息服务平台，定期发布粮食科技成果，促进粮食科技成果、科技人才、科研机构等与企业有效对接，推动科技成果产业化。发挥粮食领域国家工程实验室、重点实验室成果推广示范作用，加大粮食科技成果集成示范基地、科技协同创新共同体和技术创新联盟的建设力度，推进科技资源开放共享。（科技部、国家粮食局等负责）

（十八）促进粮油机械制造自主创新。扎实推进"中国制造2025"，发展高效节粮节能成套粮油加工装备。提高关键粮油机械及仪器设备制造水平和自主创新能力，提升粮食品质及质量安全快速检测设备的技术水平。引入智能机器人和物联网技术，开展粮食智能工厂、智能仓储、智能烘干等应用示范。（工业和信息化部、国家粮食局、国家发展改革委、科技部、农业部等负责）

（十九）健全人才保障机制。实施"人才兴粮工程"，深化人才发展体制改革，激发人才创新创造活力。支持企业加强与科研机构、高校合作，创新人才引进机制，搭建专业技术人才创新创业平台，遴选和培养一批粮食产业技术体系专家，凝聚高水平领军人才和创新团队为粮食产业服务。发展粮食高等教育和职业教育，支持高等院校和职业学校开设粮食产业相关专业和课程，完善政产学研用相结合的协同育人模式，加快培养行业短缺的实用型人才。加强职业技能培训，举办职业技能竞赛活动，培育"粮工巧匠"，提升

粮食行业职工的技能水平。（国家粮食局、人力资源社会保障部、教育部等负责）

六、夯实粮食产业发展基础

（二十）建设粮食产后服务体系。适应粮食收储制度改革和农业适度规模经营的需要，整合仓储设施资源，建设一批专业化、市场化的粮食产后服务中心，为农户提供粮食"五代"（代清理、代干燥、代储存、代加工、代销售）服务，推进农户科学储粮行动，促进粮食提质减损和农民增收。（财政部、国家粮食局、国家发展改革委等负责）

（二十一）完善现代粮食物流体系。加强粮食物流基础设施和应急供应体系建设，优化物流节点布局，完善物流通道。支持铁路班列运输，降低全产业链物流成本。鼓励产销区企业通过合资、重组等方式组成联合体，提高粮食物流组织化水平。加快粮食物流与信息化融合发展，促进粮食物流信息共享，提高物流效率。推动粮食物流标准化建设，推广原粮物流"四散化"（散储、散运、散装、散卸）、集装化、标准化，推动成品粮物流托盘等标准化装载单元器具的循环共用，带动粮食物流上下游设施设备及包装标准化水平提升。支持进口粮食指定口岸及港口防疫能力建设。（国家发展改革委、国家粮食局、交通运输部、商务部、质检总局、国家标准委、中国铁路总公司等负责）

（二十二）健全粮食质量安全保障体系。支持建设粮食质量检验机构，形成以省级为骨干、以市级为支撑、以县级为基础的公益性粮食质量检验监测体系。加快优质、特色粮油产品标准和相关检测方法标准的制修订。开展全国收获粮食质量调查、品质测报和安全风险监测，加强进口粮食质量安全监管，建立进口粮食疫情监测和联防联控机制。建立覆盖从产地到餐桌全程的粮食质量安全追溯体系和平台，进一步健全质量安全监管衔接协作机制，加强粮食种植、收购、储存、销售及食品生产经营监管，严防不符合食品安全标准的粮食流入口粮市场或用于食品加工。加强口岸风险防控和实际监管，深入开展农产品反走私综合治理，实施专项打击行动。（国家粮食局、食品药品监管总局、农业部、海关总署、质检总局、国家标准委等负责）

七、完善保障措施

（二十三）加大财税扶持力度。充分利用好现有资金渠道，支持粮食仓储物流设施、国家现代粮食产业发展示范园区（基地）建设和粮食产业转型升级。统筹利用商品粮大省奖励资金、产粮产油大县奖励资金、粮食风险基金等支持粮食产业发展。充分发挥财政资金引导功能，积极引导金融资本、社会资本加大对粮食产业的投入。新型农业经营主体购置仓储、烘干设备，可按规定享受农机具购置补贴。落实粮食加工企业从事农产品初加工所得按规定免征企业所得税政策和国家简并增值税税率有关政策。（财政部、国家发展改革委、税务总局、国家粮食局等负责）

（二十四）**健全金融保险支持政策。**拓宽企业融资渠道，为粮食收购、加工、仓储、物流等各环节提供多元化金融服务。政策性、商业性金融机构要结合职能定位和业务范围，在风险可控的前提下，加大对粮食产业发展和农业产业化重点龙头企业的信贷支持。建立健全粮食收购贷款信用保证基金融资担保机制，降低银行信贷风险。支持粮食企业通过发行短期融资券等非金融企业债务融资工具筹集资金，支持符合条件的粮食企业上市融资或在新三板挂牌，以及发行公司债券、企业债券和并购重组等。引导粮食企业合理利用农产品期货市场管理价格风险。在做好风险防范的前提下，积极开展企业厂房抵押和存单、订单、应收账款质押等融资业务，创新"信贷＋保险"、产业链金融等多种服务模式。鼓励和支持保险机构为粮食企业开展对外贸易和"走出去"提供保险服务。（人民银行、银监会、证监会、保监会、财政部、商务部、国家粮食局、农业发展银行等负责）

（二十五）**落实用地用电等优惠政策。**在土地利用年度计划中，对粮食产业发展重点项目用地予以统筹安排和重点支持。支持和加快国有粮食企业依法依规将划拨用地转变为出让用地，增强企业融资功能。改制重组后的粮食企业，可依法处置土地资产，用于企业改革发展和解决历史遗留问题。落实粮食初加工用电执行农业生产用电价格政策。（国土资源部、国家发展改革委、国家粮食局等负责）

（二十六）**加强组织领导。**地方各级人民政府要高度重视粮食产业经济发展，因地制宜制定推进本地区粮食产业经济发展的实施意见、规划或方案，加强统筹协调，明确职责分工。加大粮食产业经济发展实绩在粮食安全省长责任制考核中的权重。要结合精准扶贫、精准脱贫要求，大力开展粮食产业扶贫。粮食部门负责协调推进粮食产业发展有关工作，推动产业园区建设，加强粮食产业经济运行监测。发展改革、财政部门要强化对重大政策、重大工程和重大项目的支持，发挥财政投入的引导作用，撬动更多社会资本投入粮食产业。各相关部门要根据职责分工抓紧完善配套措施和部门协作机制，并发挥好粮食等相关行业协会商会在标准、信息、人才、机制等方面的作用，合力推进粮食产业经济发展。（各省级人民政府、国家发展改革委、国家粮食局、财政部、农业部、国务院扶贫办等负责）

国务院办公厅

2017 年 9 月 1 日

江苏省政府办公厅关于大力发展粮食产业经济加快建设粮食产业强省的实施意见

（苏政办发〔2018〕2 号）

各市、县（市、区）人民政府，省各委办厅局，省各直属单位：

粮食是重要的战略商品，粮食产业是重要的基础产业。近年来，我省高度重视粮食产业发展，粮食产业结构不断优化，粮食仓储条件逐步改善，粮食流通效能日益提高，为促进经济社会发展奠定了坚实基础。当前，粮食供给由总量不足转为结构性矛盾，库存高企、销售不畅、优质粮食供给不足、深加工转化滞后等问题突出，粮食产业链条不长、创新动力不足、市场竞争力不强等短板明显。为加快发展粮食产业经济，把江苏建设成为粮食产业强省，根据《国务院办公厅关于加快推进农业供给侧结构性改革　大力发展粮食产业经济的意见》（国办发〔2017〕78 号）要求，紧密结合江苏实际，提出如下实施意见。

一、总体要求和发展目标

（一）总体要求。全面贯彻党的十九大精神和中央农村工作会议精神，以习近平新时代中国特色社会主义思想为指导，以实施乡村振兴战略为新时代做好"三农"工作的总抓手，认真落实国家粮食安全战略，积极践行创新、协调、绿色、开放、共享发展理念，以推进农业供给侧结构性改革为主线，以增加绿色优质粮食产品供给、促进农民持续增收为重点，坚持市场主导、政府引导，产业融合、协调发展，创新驱动、提质增效的基本原则，坚持质量兴农、绿色兴农的发展方向，大力实施优质粮食工程，加快推进农业由增产导向转向提质导向，打造新动能，促进粮食产业创新发展、转型升级、提质增效，推动形成"种粮农民种好粮、收储企业收好粮、加工企业产好粮、人民群众吃好粮"的粮食流通新体系，构建更高层次、更高质量、更有效率的粮食安全保障体系，推动江苏由粮食产业大省向粮食产业强省转变。

（二）发展目标。到 2020 年，初步建成适应江苏省情和粮情的现代粮食产业体系，产业发展的质量和效益明显提升，更好地保障粮食供给、带动农民增收、促进产业升级。绿色优质粮食产品有效供给稳定增加，全省粮油优质品率提高 30％以上，实现粮油加工业总产值 3 000 亿元以上，粮食加工转化率达到 88％，打造主营业务收入 50 亿元以上粮食企业 5 个，建成省级粮食产业园区 30 个，省级以上粮食产业化龙头企业和粮食产业集群辐射带动能力持续增强，把江苏建设成为产值千亿级的全国油脂加工中心和世界级粮食机械装备制造基地，粮食科技创新能力和粮食质量安全保障水平位居全国前列。

二、培育壮大粮食产业主体

（三）增强企业活力。深化国有粮食企业改革，加快转换经营机制，提高江苏粮食产业竞争力。构建跨区域、跨行业"产购储加销"协作机制，使粮食产业链成为"以工补农、以城带乡"的有效载体。深化省内外粮食产销衔接合作关系，引导粮食企业兼并重组，拓展上下游产业链，做强做优做大一批流通主体。鼓励国有粮食企业依托现有收储网点，主动与新型农业经营主体和粮食加工企业等开展合作，稳定优质粮源，实施"藏粮于企"。鼓励粮食企业"走出去"，扩大江苏粮食版图，培育具有国际市场竞争力的大型粮食企业集团。支持有条件的粮油企业上市。（省粮食局、省农委、省国资委等负责）

（四）支持协同发展。充分发挥江苏区位、资源优势，培育壮大粮食市场主体，建立健全统一、开放、竞争、有序的粮食市场体系。发挥骨干企业的示范带动作用，鼓励多元主体开展多种形式的合作与融合，大力培育粮食产业化联合体，实现各类主体分工合作、产业联结、一体发展。支持发展民营粮食企业、农村经济合作组织和粮食经纪人等新型经营主体，作为粮食市场体系的有益补充。支持符合条件的多元主体积极参与"优质粮食工程"等项目建设。鼓励龙头企业与产业链上下游各类市场主体联合成立粮食产业联盟，共同制订标准、创建品牌、开发市场、攻关技术、扩大融资等，实现优势互补。鼓励通过产权置换、股权转让、品牌整合、兼并重组等方式，实现粮食产业资源优化配置。（省发展改革委、省粮食局、省经济和信息化委、省农委、省工商局等负责）

（五）培育流通主体。引导优势资源向优势企业转移，形成一批拥有核心竞争力、产业关联度大、带动能力强的重点龙头企业，培育一批大型粮食集团，有效发挥其推动粮食产业经济发展的引领作用。鼓励和支持申报国家级农业龙头企业，认定和扶持一批具有核心竞争力和行业带动力的粮食产业化省级重点龙头企业。引导支持龙头企业与新型农业经营主体和农户构建稳固的利益联结机制，调优种植品种，稳定优质粮源，实行优质优价，带动农民增收致富，促进企业发展增效。支持符合条件的龙头企业参与承担政策性粮食收储业务，逐步建立储备粮市场竞价机制。在确保区域粮食安全的前提下，探索创新龙头企业参与地方粮食储备机制。（省发展改革委、省粮食局、省农委、中储粮南京分公司等负责）

三、创新粮食产业发展方式

（六）**推动产业集聚**。优化粮食企业发展模式，积极发展混合所有制经济，加速资源、资金、资产集聚，形成一批辐射范围广、带动能力强的粮食产业集群。围绕沿海、沿大运河、沿长江、沿陇海线规划建设粮食仓储物流体系，加强产业基地和产业园区建设，鼓励建设国家现代粮食产业发展示范园区（基地），促进优势企业、先进技术、高端人才和资金进入园区，发挥园区的聚集、辐射和带动效应。科学规划粮食产业布局，注重发挥区域优势和特色，继续推进淮安、盐城、高邮、兴化、东海等大米加工产业群，泰兴、丹阳、南通、徐州等面粉加工产业群，苏州、南通、泰州、连云港等食用植物油加工产业群，扬州、无锡、常州、苏州等粮机制造产业群，提升江苏粮食产业集中度。（省发展改革委、省粮食局、省经济和信息化委、省商务厅等负责）

（七）**坚持品牌引领**。支持各地通过质量提升、自主创新、品牌创建、特色产品认定等，积极申报"中国好粮油"产品、驰名商标、江苏省名牌、地理标志证明商标和集体商标公用品牌、地理标志产品等，提升江苏粮油产品的美誉度。突出地域优势和特色粮油培育发展，促进品牌整合，打造江苏省域粮食品牌。加大粮食产品的专利权、商标权等知识产权保护力度，严厉打击制售假冒伪劣产品行为。加大粮食文化资源的保护和开发利用力度，支持爱粮节粮宣传教育基地和粮食文化展示基地建设，鼓励发展粮食产业观光、体验式消费等新业态。（省粮食局、省工商局、省质监局、省发展改革委、省经济和信息化委、省农委、省知识产权局、省旅游局等负责）

（八）**促进全产业链发展**。推动粮食企业向上游与新型农业经营主体开展产销对接和协作，通过定向投入、专项服务、良种培育、订单收购、代储加工等方式，建设原料加工基地，探索开展绿色优质特色粮油种植、收购、储存、专用化加工试点；向下游延伸建设物流营销和服务网络，实现粮源基地化、加工规模化、产品优质化、服务多样化，着力打造绿色、有机的优质粮食供应链。开展粮食全产业链信息监测和分析预警，加大供需信息发布力度，引导粮食产销平衡。至 2020 年，在每个设区市重点培植 1 个含粮食种植、购销、仓储、物流、加工、销售全产业链运行的产业化经营示范企业，为调整产业结构、扩大产业规模探索可行路径。（省发展改革委、省粮食局、省农委等负责）

四、加快粮食产业转型升级

（九）发展精深加工。 主动适应农业供给侧结构性改革需要，推动粮食加工逐步由粮食初级产品向高端产品、特色产品转变。依托科研院所，联合省内米、面、油、饲料、粮机龙头企业，构建江苏粮食行业精深加工合作平台，开展粮油精深加工技术研究和产品开发，增加专用米、专用粉、专用油、功能性稻米等食品以及保健、化工、医药等方面的有效供给。支持出台粮食精深加工转化扶持政策，促进粮食企业加大技术改造力度，倒逼落后加工产能退出。（省发展改革委、省粮食局、省科技厅、省经济和信息化委、省财政厅等负责）

（十）发展循环经济。 鼓励粮食企业探索多途径实现粮油副产物循环、全值和梯次利用，提高粮食综合利用率和产品附加值。推进绿色储粮，鼓励粮食企业建立绿色、低碳、环保的循环经济系统，降低单位产品能耗和物耗水平。推广"仓顶阳光工程"、稻壳发电等新能源项目，大力开展米糠、碎米、麦麸、麦胚、玉米芯、饼粕等副产物综合利用示范，促进产业节能减排、提质增效。（省发展改革委、省粮食局、省经济和信息化委、省农委、省科技厅、江苏能源监管办等负责）

（十一）推进主食产业化。 加快推进以传统蒸煮米面制品为代表的主食产业化进程，努力构建现代化主食产业体系。支持推进米、面、杂粮及薯类等主食制品的工业化生产、社会化供应等产业化经营方式，大力发展方便食品、速冻食品。到 2020 年，实现主食产业化率明显提高，主食品质量明显提高，培育一批市场占有率高的全国知名品牌，形成一批冷冻冷藏、物流配送、连锁专卖为一体的较为完善的主食供应网络，使成品粮应急加工和供应体系更加健全，主食产业化发展水平明显提升。（省粮食局、省经济和信息化委、省农委、省商务厅、省工商局、省质监局等负责）

（十二）实施"优质粮食工程"。加快实施以粮食产后服务体系建设、粮食质检体系建设、"中国好粮油"行动为主要内容的"优质粮食工程"。针对市场化收购条件下农民收粮、储粮、卖粮、清理烘干等诸多难题，建立专业化的粮食产后服务中心，力争在"十三五"末实现全省产粮大县全覆盖，形成完整的服务链。加强粮食质量安全检测监管能力建设，健全粮食质检体系运行机制，提高从田间到餐桌全过程的粮食质量安全保障水平，把好食品质量安全源头关。以消费者"喜欢什么"，促进流通环节"收什么"，引导种植环节"种什么"，推动形成"优粮优价"市场流通机制。引导粮油加工龙头企业向生产领域延伸，建立优质粮油生产基地，发展订单农业，稳定优质粮源。支持企业发展优质稻麦、富硒粮油、绿色有机油脂等优势特色粮油生产，新增一批较有影响的省级以上绿色优质粮油名牌，让城乡居民由"吃得饱"向"吃得好""吃得健康"转变。（省粮食局、省发展改革委、省农委、省工商局、省质监局、省财政厅等负责）

五、夯实粮食产业发展基础

（十三）建设粮食现代物流。主动策应国家"一带一路"建设和长江经济带发展战略，加快推进全省粮食物流基础设施建设，提升沿江、沿海、沿运河、沿陇海线粮食物流产业园区建设水平，积极承接国内外粮食集散中转，为粮食进出、产业发展提供支持。到 2020 年，江苏粮食仓储和物流能力达到 600 亿斤，支持新建仓容 60 亿斤，收储能力和物流效能显著提升，建成一批功能完备、管理规范、特色鲜明、效益突出的粮食产业园区。加快粮食物流标准化建设，推广原粮物流"四散化"、集装化、标准化，推动成品粮物流托盘等标准化装载单元器具的循环共用，提升粮食物流上下游设施设备及包装标准化水平。（省发展改革委、省粮食局、省交通运输厅、省商务厅、省质监局等负责）

（十四）推进"智慧粮食"建设。积极倡导"互联网＋"思维，加强粮食信息化关键技术和专用装备研发，提升收购、储存、调运、加工、供应等各个环节信息化水平，建成具有江苏特色的"智慧粮食"新体系。坚持统一建设规划、统一技术标准、统一管理平台，加强省、设区市、涉粮企业信息化建设，对接国家级平台，链接市县及基层涉粮企业，实现横向互联、纵向互通。积极发展粮食电子商务，打造省级电子商务平台，推广"网上粮店"等新型粮食零售业态，促进线上线下融合。（省粮食局、省发展改革委、省经济和信息化委、

省质监局等负责）

（十五）**发展装备制造**。对接"中国制造 2025"，发展高效节粮节能粮油加工、质检装备。充分利用江苏粮机制造发展优势，提高关键粮油机械及仪器设备制造水平和自主创新能力，提升粮食品质及质量安全快速检测设备的技术水平。结合新仓型建设提升配套装备水平，配备高效自动化设备，完善粮库以及粮食加工企业散接散卸设施装备。推动信息化与粮食装备工业化的融合发展，全面实现粮库作业自动化、智能化。引入智能机器人和物联网技术，开展粮食智能工厂、智能仓储、智能烘干等应用示范，加大粮食自主专用信息化装备研发，提升江苏仓储智能化水平。（省粮食局、省发展改革委、省经济和信息化委、省科技厅、省商务厅等负责）

（十六）**强化科技创新**。支持粮食企业建立研发中心，打造企业技术创新平台。鼓励支持科研机构、高校与企业通过共同设立研发基金、共建实验室与成果转化工作站等方式，聚焦企业科技创新需求。加大对营养健康、质量安全、节粮减损、加工转化、现代物流、"智慧粮食"等领域相关基础研究和关键技术研发的支持力度，推进信息、生物、新材料等高新技术在粮食产业中的应用。支持粮食领域省级以上工程实验室、重点实验室建设，加大粮食科技成果集成示范基地、科技协同创新共同体和科技创新联盟的建设力度，推进科技资源开放共享。（省科技厅、省粮食局等负责）

（十七）**强化人才培育**。创新人才发展体制，激发人才创新创造活力。采取与粮食行业高等院校联合办学、委托培养、在职进修等方式，完善政产学研用相结合的协同育人模式，加快培养基层一线仓储保管、质量检验、设备研发、市场营销等专业技术人才和实用型人才。支持企业加强与科研机构、高校合作，创新人才引进机制。加强职业技能培训，举办职业技能竞赛活动，培育"粮工巧匠"，提升粮食行业职工技能水平。（省粮食局、省人力资源社会保障厅、省教育厅等负责）

六、落实加快粮食产业经济发展的政策措施

（十八）**加大财税扶持力度**。统筹利用商品粮大省、产粮产油大县奖励资金以及粮食风险基金等支持粮食产业发展。各级政府要建立稳定的财政投入机制，统筹安排好各级支持粮食产业发展的资金，其中产粮大县的奖励资金，支持粮食产业经济发展不低于 50%。积极引导金融资本、社会资本加大对粮食产业的投入。对符合规定的新获得省级以上农业产业化龙头企业、中国好粮油

产品、中国驰名商标、江苏省名牌产品的企业给予适当奖励。新型农业经营主体购置仓储、烘干设备，可按规定享受农机具购置补贴。落实粮食加工企业从事农产品初加工所得按规定免征企业所得税政策和国家简并增值税税率有关政策。地方国有和国有控股粮食购销企业从事地方粮油储备、最低收购价等政策性业务，按国家现行税收政策免征增值税、土地使用税、房产税、印花税等。粮食企业为开发新技术、新产品、新工艺所发生的研发经费以及各级政府补助的财政性资金，符合有关税收政策规定条件的，在计算应纳税所得额时扣除。（各设区市人民政府、省财政厅、省发展改革委、省国税局、省地税局、省粮食局、省农委等负责）

（十九）落实用地用电等优惠政策。在土地利用年度计划中，对粮食产业发展重点项目用地予以统筹安排和重点支持。支持和加快国有粮食企业依法依规将划拨用地转变为出让用地，增强企业融资功能。改制重组后的粮食企业，可依法处置土地资产，用于企业改革发展和解决历史遗留问题。落实粮食初加工用电执行农业生产用电价格政策。（省国土资源厅、省粮食局、省电力公司等负责）

（二十）优化金融政策。拓宽企业融资渠道，为粮食收购、加工、仓储、物流等环节提供多元化金融服务。政策性、商业性金融机构要结合职能定位和业务范围，在风险可控的前提下，加大对粮食产业发展和省级以上农业产业化龙头企业的信贷支持。支持建立以地方政府为主导，财政性资金注入等多渠道筹措的粮食收购共同担保基金，财政性资金比例不低于30％。建立健全粮油产业融资担保机制。支持符合条件的粮食企业上市融资或在新三板挂牌，以及发行公司债券、企业债券和并购重组等。引导粮食企业合理利用农产品期货市场管理价格风险。鼓励和支持保险机构为粮食企业开展对外贸易和"走出去"提供保险服务。（省农发行、省粮食局、江苏银监局、省财政厅等负责）

（二十一）加强组织领导。各级政府要高度重视粮食产业经济发展，因地制宜制定推进本地区粮食产业经济发展的实施意见、规划或方案，加强统筹协调，明确职责分工。加大粮食产业经济发展实绩在粮食安全省长责任制考核中的权重。要结合精准扶贫、精准脱贫要求，大力开展粮食产业扶贫。粮食部门要协调推进粮食产业发展有关工作。发展改革、财政部门要强化对重大政策、重大工程和重大项目的支持，发挥财政投入的引导作用，撬动更多社会资本投入粮食产业。农业部门要加强优质粮食品种的种植推广，支持粮食产业化龙头企业申报评定。各相关部门要根据职责分工，抓紧完善配套措施和部门协作机制，并发挥好粮食等相关行业协会商会在标准、信息、人才、机制等方面的作用，合力推进粮食产业经济发展。（各设区市人民政府，省粮食局、省财政厅、省发展改革委、省农委、省经济和信息化委、省扶贫办等负责）

江苏省人民政府办公厅

2018 年 1 月 4 日

国家粮食局
财政部关于印发"优质粮食工程"实施方案的通知

各省、自治区、直辖市粮食局、财政厅（局）：

根据《财政部 国家粮食局关于在流通领域实施"优质粮食工程"的通知》（财建〔2017〕290号）精神，为指导地方做好"优质粮食工程"相关工作，更好发挥中央财政资金的带动作用和使用效益，进一步推动"优质粮食工程"顺利实施，确保取得实效，我们制定了"优质粮食工程"3个子项实施方案，现印发给你们，请结合本地实际提出具体实施方案并抓好落实。有关事项通知如下：

一、明确目标

"优质粮食工程"是推进粮食行业供给侧结构性改革的重要突破口，是加快粮食产业经济发展的重要抓手。"优质粮食工程"的实施要以"为耕者谋利，为食者造福"、推进精准扶贫、保障国家粮食安全为目标。一方面，要有利于提高绿色优质粮油产品供给，将提升收获粮食的优质品率、优质优价收购量和粮油加工产品的优质品率等作为重要考核指标；另一方面，要有利于提高种粮农民利益，将带动农民增收作为重要考核指标。

二、突出重点

请各省份按照本地区实际情况和参加竞争性评审时的申报方案，在加快制定或修改完善本省份具体实施方案的同时，分年度统筹安排好"优质粮食工程"3个子项的实施规模和实施范围，避免安排畸轻畸重。粮食主产省份要协调推进产后服务体系建设、质检体系建设、"中国好粮油"行动各个方案的实施。粮食主销省份和产销平衡省份要以质检体系建设和"中国好粮油"行动为重点，同时适当安排产后服务体系建设。各地在具体实施过程中，要讲政治、顾大局，认真落实党中央、国务院关于扶贫攻坚决策部署，在安排具体项目时，要向本省份的国家级扶贫开发工作重点县和集中连片特殊困难县倾斜。粮食产后服务体系建设要保证为种粮农民提供市场化、专业化的粮食产后服务，确保在"十三五"期末实现产粮大县全覆盖的目标。质检体系建设要坚持"机构成网络、监测全覆盖、监管无盲区"的原则，向辖区内粮食主产区域、新建粮食检验机构适当倾斜。"中国好粮油"行动要以"增品种、提品质、创品牌"为目标，充分发挥中央、省级以及地区性大型国有骨干粮食企业的引领、带动和示范作用，重点支持有基础、有实力、有品牌、有市场占有率，且能带动农民扩大优质粮食种植、增加绿色优质粮食市场供给的企业，尽快实现规模化、标准化、品牌化，加快推进产业升级，提升绿色优质粮油产品供给水平。

三、放大效应

各省份要积极支持各类市场主体共同推进"优质粮食工程"实施，在制定方案、安排项目、分配资金、出台政策时，对包括中央粮食企业在内的各类粮食经营主体要一视同仁，充分调动各类粮食经营主体的积极性。对中央粮食企业申报的项目，要统筹考虑，合理安排。要本着"少花钱、办大事"的原则，充分发挥中央财政投入的引领作用，放大中央财政资金的带动效应；地方各级财政要加大扶持，同时要引导企业加大投入，确保自筹资金及时足额到位，使有限的资金发挥出最大的效益。各省份要积极建立健全"优质粮食工程"实施的长效工作机制和投入机制，鼓励各省份财政、粮食等部门探索创新投融资机制，拓宽筹资渠道，积极推广政府和社会资本合作（PPP）模式，推动"优质粮食工程"持续实施，深入推进，取得实效。

四、加强统筹

各级粮食和财政部门要高度重视、密切配合，在省级政府的统一领导下，省级粮食、财政部门成立领导小组，主要负责同志亲自抓、主动推，高标准、严要求，建立工作机制，争取地方各相关部门的大力支持，调动各方面积极性，确保相关工作顺利推进。要将"优质粮食工程"实施与加强粮食宏观调控、推动粮食行业深化改革转型发展、促进粮食产业经济发展等中心工作紧密结合起来，统筹推进、协调联动，抓重点、出亮点，及时总结经验，树立先进典型，充分发挥好典型的带动和示范作用。

五、强化监管

各级粮食、财政部门和相关单位要强化廉政风险防控，加强对项目资金使用的监督、指导和监管，做到专款专用，切实保障资金安全。要切实承担起"优质粮食工程"实施的主体责任，实时跟踪了解和报送项目进展情况，协调解决项目出现的困难和问题，争主动、真落实，提高项目的落地速度、实施进度和建设质量，确保好事办出好效果。

为保障中央财政资金的使用效果、激发各级政府和相关管理部门积极性，财政部、国家粮食局将适时开展督导检查。对开展较好的省份，继续予以补助和支持；对开展不好的省份，将暂停、核减、收回中央财政资金；发生违规违纪行为的，按规定严肃追究相关单位和责任人员责任。

请各省份根据此通知精神和 3 个子项实施方案，尽快制定或修改完善本省份的具体实施方案。纳入今年重点支持的省份，请将相关方案于 9 月 15 日前分别报国家粮食局（仓储与科技司、标准质量中心、科学研究院、规划财务司）和财政部（经建司）备案。未纳入今年重点支持的省份，请根据本省份实际情况，积极稳妥开展"优质粮食工程"，并做好参加明年竞争性评审的准备，争取明年纳入重点支持省份。对今年暂未列入重点支持省份但省级财政已安排资金，且与粮食部门共同推进相关工作的，将在以后年度优先予以支持。

附件 1　粮食产后服务体系建设实施方案
附件 2　国家粮食质量安全检验监测体系建设实施方案
附件 3　"中国好粮油"行动计划实施方案

附件 1

粮食产后服务体系建设实施方案

粮食收储制度改革后，政府主导的政策性收储将逐步淡出，收购主要靠各类市场主体，价格由市场决定，农民直接面对市场，对产后服务提出了新的更多的需求。为认真落实国务院办公厅印发的《关于完善支持政策促进农民持续增收的若干意见》（国办发〔2016〕87 号）中"建设一批集收储、烘干、加工、配送、销售等于一体的粮食服务中心"有关要求，财政部和国家粮食局决定从 2017 年开始实施"优质粮食工程"，开展粮食产后服务体系建设，为种粮农民市场化收储创造条件。

一、主要目标

针对市场化收购条件下农民收粮、储粮、卖粮、清理烘干等诸多难题，通过整合粮食流通领域的现有资源，建立专业化的经营性粮食产后服务中心，有偿为种粮农民提供"代清理、代干燥、代储存、代加工、代销售"等"五代"服务。从 2017 年起开始建设，力争在"十三五"末实现全国产粮大县全覆盖。建成布局合埋、能力充分、设施先进、功能完善、满足粮食产后处理需要的新型社会化粮食产后服务体系，应形成专业化服务能力，并达到以下目标：

增强农民市场议价能力。建成产后服务中心通过向农民提供保管等服务，为农民适时适市适价卖粮创造条件，增强议价能力。产后服务中心还应能及时向农民传递市场信息，疏通交易渠道，帮助农民卖好价。

促进粮食提质进档。产后服务中心要通过提供专业化的清理、干燥、分类等服务，大幅度提高粮食保质能力。按市场需求分等定级、分仓储存、分类加工，有效保障粮食质量，为实现优质优价、增加绿色优质粮食产品供给创造条件，通过市场带动农民增收。

推动节粮减损。通过粮食产后服务中心和农户科学储粮设施建设，使农民手中收获的粮食得到及时处理、妥善保管，大幅减少农户储粮损失率。

提高专业化服务水平。通过整合产后服务资源，形成完整的服务链，提升农业的专业化水平，促进农村第三产业发展，提高服务效率和劳动生产率，增加农民收入。

二、主要内容

建设产后服务中心主要以整合盘活现有仓储设施等资源为重点，在保证必要的服务功能前提下，结合实际需要，选择确定建设内容，改造、提升功能，发挥技术、人才等优势。一般不得新建仓容，基建部分以维修改造为主。鼓励推广使用先进的粮食处理新技术、新设备。

建设范围包括：一是产后干燥清理设备。改造提升老式粮食烘干机及水分、温度在线检测、自动控制等功能；建设符合环保要求的粮食烘干设备、移动式烘干机、就仓干燥系统、热泵通风干燥器，配置旋转式干燥机，配置粮食（湿粮）清理、色选、玉米脱粒机等。二是必要的物流仓储设施。配置接收、发放、输送、装卸、通风设备及必要的运输车辆等，建设与烘干机配套必要的罩棚、晒场、地坪等配套设施，维修改造必要的仓储设施。三是粮食质量常规检测仪器设备，以及与国家粮食电子交易平台连接的网上交易终端等设备。同时，要继续实施农户科学储粮，为农户配置实用、经济、安全、可靠的科学储粮新粮仓、新装具。项目具体建设应参考《粮食产后服务中心建设技术指南（试行）》的要求。

相关省（区、市）根据不同地区、不同品种、不同主体的实际情况，产后服务中心的布局可根据粮食生产的集中度、粮食产量和服务功能的辐射半径，合理确定其建设规模、数量，并因需配置设施设备。原则上，东北地区每个粮食产后服务中心年服务能力应在5万吨以上，黄淮海、华北主产区的应不低于3万吨，南方稻谷主产区及其他地区的应不低于1万吨，各地可根据具体实际参照调整。

粮食产后服务中心建设应依法依规用地。兴建各类设施原则上不使用新增建设用地，尽可能使用存量建设用地，鼓励充分利用现有粮库空余用地；确需新增建设用地的，应依法依规办理建设用地审批手续。对于农民合作社等从事规模化粮食生产过程中所必需的晾晒场、粮食烘干设施、粮食临时存放场所等用地，按《国土资源部 农业部关于进一步支持设施农业健康发展的通知》（国土资发〔2014〕127号）规定，可按设施农用地管理。

坚持为种粮农民提供服务，建立健全"产权清晰、权责明确、管理科学、诚信高效"的运行机制，构建统一规范、统一标识、统一服务内容的区域性粮食产后服务网络，为农户提供全方位、全链条的服务，打造区域公共服务品牌。

三、建设主体

原则上一个县应有 2 家以上的建设主体，有利于市场竞争、防止垄断。各地要优先支持符合条件的农民合作社独立建设粮食产后服务中心，农民合作社作为建设主体的应符合以下标准：成员在 100 户以上。东北地区土地流转面积5 000 亩以上，粮食产量 2 500 吨以上，其他地区土地流转规模 1 000 亩以上，粮食产量 500 吨以上。具备符合当地产后服务中心年服务能力的仓容要求（可采取租赁、合作等方式获得）。制度健全、管理规范、带动能力强，聘请专业的管理人员，具有一定的管理能力。独立建设粮食产后服务中心的农民合作社应具有建设用地，并具备筹资能力。

同时兼顾粮油加工企业等其他主体。粮油加工企业一般年加工能力达到 5 万吨及以上，具备符合当地产后服务中心年服务能力的仓容要求，在当地具有一定数量的粮油订单面积，并且订单履约率达到 30%，有实力的粮油加工龙头企业。

鼓励和支持产后服务中心与农民合作社、村级集体组织等采取合作、托管、订单、相互参股或签订协议等多种方式，建立长期稳定的合作关系。

四、服务功能

粮食产后服务中心一般应具有独立法人资格，具备相应的产后服务功能和经营管理能力，打造农民需要的粮食产后服务功能，为农户开展"五代"服务。有条件的，还可以将服务范围扩展到提供市场信息、种子、化肥等和融资、担保服务，发展"粮食银行"，推广订单农业等业务。

（一）清理干燥。依托粮库配套清理干燥设备，建多粮种多用途的烘干设备、"就仓干燥"设施、旋转式自然干燥机，也可以配备移动专用干燥设备，为农民提供粮食清理干燥服务，提高粮食质量，促进农民增收，减少产后损失。

（二）科学储粮。对基层粮库特别是收纳库进行改造，为农户提供储粮服务，具备条件的可按农户需求开展分等定级、分仓储存服务。为完善产后服务体系，结合实际需求继续实施农户科学储粮，加快解决东北地区"地趴粮"等问题，进一步提高农户科学储粮能力。

（三）运输销售。配备必要的运输工具，为种粮农民提供运粮服务。利用连接市场的优势，为农民提供市场信息，开辟市场渠道，开展售粮服务，帮助农民卖个好价钱。支持产后服务中心成为国家粮食电子交易平台的会员单位，为农户直接开展网络售粮，减少流通环节，降低交易成本。

（四）加工兑换。以加工企业为主体设立的产后服务中心，可直接为农民开展代加工和兑换服务，延长产业链，提高附加值，促进增收。其他类型的主体，可依托仓储、烘干等设施扩展加工生产能力，为农民提供代加工服务。

此外，向农民宣传国家粮食收储和优质优价等政策，推广适用技术，指导农民科学储粮以及对粮食分档升值，引导农民调整生产结构，实现规模化、集约化生产等。

五、保障措施

（一）科学规划项目建设。按照 2020 年实现产后服务全覆盖的目标要求，坚持需求导向、为农服务，面向基层、近民利民，整体规划、分步实施的原则，结合实际需要科学规划。项目建设要突出重点，向粮食产量多和商品率高、产后服务能力缺口大、粮食收储市场化程度高等的产粮大县倾斜。要对总体建设规模、年度分解任务、功能设计、点位分布等进行合理规划，根据粮食生产的集中度、粮食产量和服务辐射半径合理确定项目点和数量。粮食产后服务中心实行滚动方式分批建设，根据确定的建设规模，服务中心建设数量 1 000 个以上的省（区、市）在 3～4 年内完成，建设数量 300～1 000 个的省（区、市）在 2～3 年内完成，其他省（区、市）在 1～2 年内完成。各省（区、市）内按照整县推进的原则，集中连片组织实施，发挥示范引领作用。列入年度建设计划的县和项目应确保 12 个月内完成建设任务。

（二）投资来源与财政支持。产后服务中心建设投资以企业投资为主。地方财政根据本地实际，按照实施方案整合相关资源，统筹安排部分资金支持项目建设，以确保粮食产后服务中心建好、管好、用好。

（三）发挥中央大型粮食企业的作用。最大限度利用全社会资源，避免重复建设和资源浪费。中央大型粮食集团的下属企业按在地原则，直接向省级粮食行政管理部门申报，符合条件的应纳入省级实施方案，建设内容、建设投资及中央财政补助由省级财政、粮食行政管理部门根据本地实际情况合理确定，中央财政补助计入本省（区、市）补助总额。

（四）结合精准扶贫开展粮食产后服务体系建设。项目建设要结合国家扶贫开发工作，向产粮大县中的贫困县倾斜，要精准实施农户科学储粮，促进贫困农户减损增收脱贫。

（五）加强粮食产后技术服务。 为落实《国务院办公厅关于深入推行科技特派员制度的若干意见》（国办发〔2016〕32 号）中"建立农村粮食产后科技服务新模式"要求，面向粮食产后服务中心等选派一批粮食行业科技特派员，专项开展粮食产后干燥、储藏、加工减损、农户储粮等技术服务和推广，提高新型农业经营主体和农户粮食收储技术水平。省级粮食行政管理部门要依托科研机构、院校、质检机构、设备制造企业等，选派符合要求的技术人员。每个项目建设县选派 1～2 名，为产后服务中心与农户提供技术服务。

（六）评估、评价实施效果。 项目建设方案要对项目实施效果进行预评估，项目全部建成后要对项目实施成效及时开展总结和后评价。评估、评价内容包括：本地区粮食产后清理、干燥、收储、销售等能力和专业化服务水平；粮食产后节粮减损、农民增收等方面取得的成效；促进粮食提质进档、实行优质优价等情况。

（七）任务分工。 省级粮食、财政部门根据中央财政下达的"优质粮食工程"补助资金情况，结合本省实际，按照产后服务中心逐步全覆盖的总体目标、建设范围和条件等要求，统筹本地区各产粮大县的建设任务、项目和内容，突出重点，合理确定年度建设项目规模数量，进一步修改完善本省实施方案后报国家粮食局、财政部备案，作为验收考评依据。省级粮食部门负责对项目建设、验收和使用等进行指导和监督，制定《粮食产后服务体系建设项目管理办法》或《实施细则》，建立省级技术咨询专家团队，加强对项目建设的技术指导，要深入研究项目运行管理机制，制定《粮食产后服务体系运营管理办法》。省级财政部门负责统筹安排资金，并及时拨付资金、加强资金监督使用。各地要规范项目建设程序，完善责任落实机制，细化落实责任，实行专项督导，严格监管项目质量、进度和建设内容，要将粮食产后服务体系建设成效纳入粮食安全省长责任制考核内容，建立绩效追踪问责、全程监管制度，做到干成事、不出事，发现问题，及时纠正。

项目建设原则上以县为单位组织实施。县级人民政府作为组织实施的责任主体，组织财政、粮食行政管理部门开展需求摸底调查、编制项目建设方案，具体承担建设管理、项目验收、设施信息档案管理、总结上报等工作。

（八）实行阳光操作。 项目建设工作全程公开，简化程序，加强服务。支持政策、主体选择、资金补助、项目验收等向社会公开透明，相关情况及时向社会公布，接受群众监督，确保补助政策规范高效、廉洁实施。项目主体须按照项目申报方案和建设实施方案执行，及时组织项目实施，不得随意调整建设内容和资金安排，不允许改变项目用途。项目建成后及时验收，县政府成立由粮食、财政等部门组成的验收工作组，按照省级粮食行政管理部门制定的《粮食产后服务体系建设项目管理办法》对项目验收的具体要求，开展验收工作。在项目建设前、建设中和建成后应拍照存档。

六、进度安排

实施方案由省级粮食、财政部门共同上报国家粮食局、财政部，在各省份报送建设实施方案申报材料、财政部和国家粮食局组织专家进行评审、确定重点支持省份名单后，今年获得中央财政支持的省份按下达的中央财政补助计划，重新修改、完善优化《实施方案》，在规定时间内报国家粮食局、财政部备案。

各级粮食、财政部门要把建设粮食产后服务体系，作为加快推进粮食供给侧结构性改革的重要内容，精心谋划、抓好落实，采取切实有效措施解决建设中的问题，认真探索、积累经验、有序推进，为提升国家粮食安全的保障水平和能力、促进农民增收发挥积极作用。

附件 2

国家粮食质量安全检验监测体系建设实施方案

为适应粮食收储制度改革，规范粮食流通秩序，优化粮食供给结构，发展绿色优质粮食产品，减少粮食产后损失，增加农民收入，着力解决粮食质量安全预警监测与检验把关能力不足、基层粮食质检机构严重缺失的问题，提升粮食质量安全监管水平，保障国家粮食质量安全，制定本方案。

一、建立完善的粮食检验监测体系

在"十三五"期间，建立与完善由 6 个国家级、32 个省级、305 个市级和 960 个县级粮食质检机构构成的粮食质量安全检验监测体系（以下简称粮食质检体系），实现"机构成网络、监测全覆盖、监管无盲区"和国家、省、市、县四级工作联动。监测覆盖面提升 60％以上。建立粮食质量安全统计制度，建成全国粮食质量安全管理电子信息平台，实现信息共享、工作效率显著提升。全面核准核定粮食质检工作任务，理顺粮食质检经费来源渠道，确保粮食质检体系健康良性运行、履行职责、发挥作用。以点带面，基本实现第三方检验。粮食产品综合合格率提升 5％以上。

2017 年，重点在粮食年产量 10 万吨以上或人口在 80 万以上的县（市区）建设粮食质检机构 160 个左右，同时建设 40 个市级粮食质检机构。2018 年，重点在粮食年产量 5 万～10 万吨或人口 50 万～80 万的县（市区）建设粮食质检机构 500 个，建立粮食质量安全统计制度和 1 个全国粮食质量安全管理电子信息平台。2019 年，建设 6 个国家级、32 个省级、265 个市级和 300 个县级粮食质检机构。其余县（市、区）由市级粮食质检机构（或相邻县级机构）覆盖。地方可根据当地实际情况研究调整，形成以"省级粮食质量监测中心为核心、区域重点粮食质量监测中心为支撑"的粮食质量监测体系。

二、健全强化粮食质检体系运行机制

粮食质检体系要形成上下联动、横向互通的功能配置和运行机制。

（一）确立功能定位。国家级粮食质量监测中心。除具备省级粮食质量监测中心的功能外，还要承担粮食质量安全政策、法规、规划、标准及技术规范的研究与制修订，承担相关技术指导、技术培训、技术咨询和技术服务等工作。

省级粮食质量监测中心。主要承担粮食质量安全监测预警体系建设和快速反应机制研究，开展粮食质量安全调查、品质测报和监测，提供相关的检验把关服务，为发展"三农"和农户科学储粮提供技术服务，协调、指导域内市、县级粮食质检机构的业务工作，收集粮食质量安全及生产灾害等动态信息，提出有关工作建议和意见。依据国家和行业粮油标准以及国家有关规定，具备检验各种粮食质量指标、品质指标和安全指标的能力。

市级粮食质量监测站。主要承担粮食质量安全调查、品质测报和监测，开展相关的检验把关服务，协助与支持省级粮食质量监测中心开展相关业务工作，以省级粮食质量监测中心为示范，不断拓展工作业务范围。依据国家和行业粮油标准以及国家有关规定，具备检验主要粮食质量指标、品质指标、主要安全指标和域内必检指标的能力。

县级粮食质量监测站。主要承担粮食质量安全调查、品质测报和监测，开展相关的检验把关服务，协助与支持省级粮食质量监测中心开展相关业务工作，承担下乡、进企业扦样和原始样品转送。具备检验主要粮食质量指标、主要品质指标和主要安全指标快检筛查的能力，同时具备原始样品转送能力。

（二）明确检验任务。检验任务主要包括：收获环节的粮食质量安全调查和品质测报，被检样品直接向农户购买；收购入库环节的质量把关检验，对粮食企业自检结果实行抽查核对检验，对安全指标实行批量检验，对储备粮以及其他政策性粮食实行平仓检验；储存环节的例行抽查检验；销售出库环节，对粮食企业自检的结果实行抽查核对检验，对超期储存粮实行鉴定检验，对安全指标实行把关检验；进入粮食交易平台的，须经准入检验；成品粮销售环节，对军供粮、救灾粮、"放心粮油"等实行抽查检验；对全链条的"中国好粮油"和其他流通渠道销售的成品粮油，实行跟踪抽检或随机抽检。

（三）开展第三方检验。依托粮食行业专业优势，按照积极服务于社会和公正检验原则，开展第三方检验监测服务。第三方粮食质检机构的资质由省级粮食行政管理部门认定，并报国家粮食局备案。第三方检验的内容主要包括：平仓检验、鉴定检验、准入检验和仲裁检验等，以及法律、政策和粮食、财政等相关行政部门认定的第三方检验内容。逐步开展第三方品质鉴定。

（四）做好质量安全风险监测。按照保障粮食质量安全、促进绿色、优质粮食发展的要求，各级粮食质检机构要承担并做好收获和储存环节的粮食质量安全风险监测工作。监测内容主要包括：质量等级、内在品质、水分含量、生芽、生霉等情况，粮食生产和储存过程中施用的药剂残留、真菌毒素、重金属及其他有害物质污染等情况。各级粮食质检机构每月向本级粮食行政管理部门报送1次监测结果，发现问题及时报告，粮食行政管理部门要制订预案，对发现的问题要及时排查，采取相应的防控措施，及时消除安全隐患。

同时，各级粮食质检机构每月将监测结果汇总逐级报至省级粮食质量监测中心，省级粮食质量监测中心在省级粮食行政管理部门的领导下，每季度对本省（区、市）粮食质量安全形势做一次全面分析评估，并解决存在的问题。各级粮食质检机构向上级报送监测结果的同时，报告同级财政部门，检查出的问题、风险隐患等及时向同级人民政府食品安全办报告。

（五）提高粮食质检工作水平。 在各级粮食行政管理部门的领导和统筹协调下，强化粮食质检机构的系统性，确保粮食质量安全检验监测工作任务饱满，粮食质检机构良性健康运转。粮食检验实行粮食检验机构与检验人责任制，检验人应依法依规对粮食进行检验，保证出具的检验数据和结论客观公正，对检验数据和结论负责，检验机构对出具的检验报告负责。检验机构应当按有关规定要求，及时向社会、本级政府相关部门、上级政府相关部门发布、转送、上报粮食质量安全信息，确保信息可靠、管用。在粮食流通行业全面推行"索证索票制度"。

三、保障措施

（一）高度重视。 开展粮食质检体系建设是民生工程、民心工程，关乎粮食绿色优质发展、增加农民收入，关乎人民群众身体健康和生命安全，关乎保障粮食供给、规范流通秩序、提升中国粮食竞争力，关乎全面小康社会建设。各级财政、粮食部门要统一认识、高度重视，切实把开展粮食提质增效建设作为十分重要、十分迫切的任务抓实、抓好。

（二）用好各项资金。 财政补助资金统筹用于配置检验仪器设备、配套基础设施建设等。有关高校、中央企业的粮食质检机构由所在省统筹安排。

（三）强化组织领导。 各省级粮食、财政部门统一负责、协调域内粮食质检体系建设工作。各级粮食行政管理部门要成立粮食质检体系建设工作组，明确负责人，对粮食质量安全检验监测工作承担具体监管责任。要加强对项目建设的履职监督，将粮食质检体系建设工作纳入粮食安全省长责任制考核范围，层层压实责任，确保工作落实、取得实效。

（四）**加强粮食质检队伍建设。**选拔素质好、作风硬、专业对口的人员进入粮食质检队伍，大力加强专业技能培训，在国家规定的工资制度基础上，实行体现粮食质检工作专业性、技术性特点的工资福利政策，创造条件把专业技术人员留在基层粮食质检第一线。

（五）**严肃工作纪律。**各地要认真贯彻落实中央关于改进工作作风、密切联系群众的规定要求，厉行勤俭节约。坚持公平公正、客观真实的工作原则，对弄虚作假、谎报瞒报等行为按照有关规定予以惩处。

附件 3

"中国好粮油"行动计划实施方案

实施"中国好粮油"行动计划，是深入推进粮食行业供给侧结构性改革一项重要举措。主要目的是发挥流通对生产和消费的引导作用，按照全面建成小康社会的要求，大力增加绿色优质粮油产品供给，促进城乡居民由"吃得饱"向"吃得好"转变，让中国人"吃出健康"；在确保粮食数量安全的前提下，促进广大种粮农民和粮食企业生产优质粮油，在优质优价中增加收入，力争到2020年全国产粮大县的粮油优质品率提高30％以上，农民种植优质粮油的收益显著提升，粮食产业经济实现提质增效。

一、加强科技支撑

各级粮食部门要进一步突出科技创新驱动作用，会同相关部门、科研机构共同开展以提升粮油品质为重点的科技攻关，研究制定优于现行国家及行业标准的"中国好粮油"系列标准，加强粮食产后保质科技服务，全面推进"中国好粮油"产品的研究开发，为增加绿色优质粮油产品的供给和消费提供科技保障。

（一）大力开发优质粮油产品。 国家粮食局、财政部会同农业部、卫生计生委等部门组织粮食、农业、营养等方面的科技力量，系统研究我国主要粮食及油料油脂加工品质、营养特性及不同人群消化吸收与代谢特性、健康机理及与营养相关慢性疾病关系研究，建立粮油生产流通全流程的技术评价体系，制定《绿色优质粮油产品生产指南》，明确全面提升粮油产品质量和档次的基本方向和重点领域，为全国提供科学指导。地方粮食部门以国家指南为基础，结合地域优势和传统名牌、老字号等名优粮油产品的发展实际，研究制定本地区指南。

各级粮食部门要积极引导企业加大绿色优质粮油产品的研发力度，支持高等院校、科研机构与企业开展科技合作，大力推进产学研联合。国家粮食局科学研究院等研究机构集中力量突破公共性的关键技术难题，认真落实国家促进科技成果转化的各项政策措施，加快产品中试步伐，让科研成果尽快变为市场认可的优质粮油产品，不断丰富"好粮油"的花色品种。

（二）开展粮食产后科技服务。国家粮食局组织科研力量对不同区域条件和主要粮油品种，开展收购、储存、加工、物流、销售的全流程产后品质控制研究，制定并发布符合优质粮油流通的工作参数体系，对收购、储存、加工、物流等作出技术规定。各地粮食部门按照工作参数的要求，深入分析本地区粮油品质的影响因素，有针对性地加强产后技术服务，逐步建立适应区域优质粮油流通需要的产后科技服务模式。

（三）建立"好粮油"质量标准和技术评价体系。国家粮食局科学研究院牵头采集全国粮油原料及制品，进行品质、营养及功能分析检测和综合评价，研究建立全国主要粮油品质和营养成分数据库，在此基础上分品种制定优质粮油产品质量标准和技术评价体系，研究制订优质粮油品质与安全测报测评技术规程。各级粮食部门严格执行质量标准和技术评价体系，对本地区粮油产品进行全面测评，指导产品研发和产业升级。积极采取第三方服务的方式，帮助企业分等定级。

二、建设销售渠道

建立经济高效的销售渠道，是"中国好粮油"行动计划的关键一环。各级粮食部门要根据优质粮油产品的生产和消费特点，合理设计线上线下的营销模式和销售体系，努力为优质粮油生产方提供具有公信力的产品信息推介服务，为优质粮油需求方提供具有质量保障的产品。

（一）建设国家级"好粮油"网上销售平台。建立国家级"中国好粮油网"线上平台，充分利用"互联网＋"扩大优质粮油销售规模。国家粮食局制定"好粮油"产品进入国家级平台标准，各省级粮食部门按照标准和要求，组织开展遴选、审核和上报本地区"好粮油"产品和品牌，并对上报的"好粮油"产品的质量和信用负责。"好粮油"产品的销售实行末尾淘汰制，对于抽检达不到标准要求、消费者认可度低的产品应及时调整退出。国家级平台将与国内知名电商平台、地方骨干粮油企业电商平台、大型企业自建电商平台开展紧密合作，在这些平台上开设"好粮油"专栏链接，既扩大社会影响力也提高产品销量。同时，将结合粮食产后服务中心建设，对部分现有粮食仓储设施进行改造升级，打造一批符合优质粮油产品储存、运输和交割要求的粮库，为有意愿参加优质粮食仓单交易的生产经营主体提供专业化仓储服务。

（二）建立"好粮油"线下销售渠道。国家粮食局统一制定"好粮油"标准、标识及使用管理规定，经省级粮食行政管理部门认定符合标准的，允许使用国家统一标识。各级粮食部门支持优质粮油产品的生产经营企业建立销售渠道，具体包括：在大型综合超市、便利店、专卖店设立"好粮油"专柜，在居民社区设立优质粮食门店，在住宅小区和商务楼宇设置自助销售设备等。

各省级粮食部门要结合本地成品粮油应急保供体系建设需要，采用改造、租赁等方式，在大中城市建立一批具有公益属性、满足优质粮油产品保鲜储存要求、便于优质粮油产品配送的低温成品粮"公共库"，为产品销售提供有偿的公共服务。"公共库"的规模布局、改造标准、运行管理应充分考虑优质粮油存储的实际需要，做到规范合理。

三、做好专题宣传

各级粮食部门要围绕"中国好粮油"行动计划的惠众性，大力开展专题宣传，形成全方位、立体化、持续性宣传格局。国家粮食局和地方粮食部门加强统筹协调，形成工作合力，共同营造良好氛围。

（一）**制定工作方案。**国家粮食局统一制定"好粮油"行动计划的总体宣传工作方案。各省级粮食部门结合实际，制定本地区工作方案。国家总体工作方案既要与地方工作方案搞好衔接，还要与中国科协、营养学会等相关单位的科普宣传工作相互配合、相互借力，形成上下联动、左右互动的良好局面，达到事半功倍的效果。

（二）**制作宣传材料。**在深入研究的基础上，编写通俗易懂的"好粮油"科普宣传资料。国家粮食局科学研究院要组织力量系统研究我国主要粮食及油料油脂营养成分与人民群众健康的关系。要针对不同人群的粮油健康膳食状况分类构建消费指导模型，编纂《粮油健康消费指南》，为进一步提升全社会健康粮油消费认知水平提供理论资料。

宣传材料有教材、读物、大型公益广告、系列专题电视宣传片、动漫视频等多种形式，主要内容可以是：粮油营养常识。介绍谷物膳食平衡搭配原则，以及不良饮食习惯的危害和合理膳食的知识，宣扬"以谷类为主，食物多样"的科学消费理念。地方特色粮油产品。围绕适宜的自然条件、悠久的饮食文化、有机的作业方式、独特的品质特征等，非排他性地宣传地域特色粮油产品。"好粮油"产品标准。积极宣传优质粮油产品的主要评价指标和分类分级方法，提高消费者鉴别优质粮油产品的能力。大型龙头企业。选择有代表性的"好粮油"生产经营企业开展重点宣传，介绍企业开发的新产品、采用的新技术以及营销服务新模式，不断增强国产优质粮油的消费信心。爱粮节粮知识。针对当前社会上存在的不良消费习惯，大力倡导爱粮节粮的优良传统，积极宣传科学合理适量消费的新理念和新模式。

（三）采取多种宣传渠道。 各级粮食部门应邀请知名院士和行业专家学者举办专题科普讲座。同时，开展电视、广播、网络、杂志、报纸等全方位媒体宣传。面向种粮农民、粮食经营者组织开展优质粮油生产销售专题培训，通过优质粮油产品进学校、进机关、进社区、进市场等方式，广泛开展体验式宣传。还要积极运用微信微博等新兴自媒体，开设"好粮油"公众号和实名认证用户，发布真实、高质量的科普信息，大力宣传优质粮油产品。

四、实施示范工程

为加强对"中国好粮油"行动计划的示范引导，财政部、国家粮食局共同组织实施"中国好粮油"示范工程，着力支持一批具有优质粮油生产潜力的产粮、产油大县和具有示范带动效应的粮油加工企业，开展示范县和示范企业建设。注重发挥有关中央粮食企业以及本地区大型国有粮食企业的示范带动作用，充分调动各类企业的积极性。同时，加大科技应用示范力度，创新体制机制，及时总结推广典型经验。

（一）择优选择示范主体。 主产省一般可支持 10 个以内示范县，其他省份可支持 5 个左右示范县，示范县应具备以下条件：一是处于优质粮油优势生产区，具备良好产地环境和发展潜力，并列入财政部产粮（油）大县名录。二是具备较好的规模化种植发展基础和粮食产后服务能力。三是具有较好的优质粮油加工、销售和区域公共品牌建设基础。四是地方政府高度重视，实施方案目标明确，措施可行，具有创新引领作用。要鼓励引导中央粮食企业和省级国有粮食企业积极参与，并按程序审核实施方案和拨付资金。

（二）示范主体建设。 示范县人民政府制定的建设方案，报省级粮食、财政部门备案后组织实施，原则上要结合本地实际通过竞争性遴选的方式确定 1～2 家示范企业。有关中央粮食企业和省级国有粮食企业制定本单位具体实施方案，报省级粮食、财政部门批准后组织实施。

示范企业应具备以下条件：一是企业有注册商标和品牌，优质粮油的市场开拓能力强，有销售渠道。二是企业资产负债率一般应低于 60%，有银行贷款的企业，近 2 年内不得有不良信用记录。三是企业的总资产报酬率应高于现行一年期银行贷款基准利率，无相关违法违规行为。四是产品质量、科技含量、新产品开发能力在同行业中处于领先水平，或是具有特色生产和营销方式的。五是产品符合国家产业政策、环保政策，并获得相关质量管理标准体系认证，近 2 年内没有发生产品质量安全事件及安全生产事故。六是企业实施方案总体目标和考核指标清晰，措施具体可行，带动作用明显，能够落实企业自筹资金。示范县政府与示范企业签订建设合同，由示范企业按照优质优价原则对优质粮油品种进行市场化收购和销售，确保实现本地区农民优质粮油种植收益提高 20％以上、粮油优质品率提升 30％以上等建设目标。对于达成建设目标的企业，示范县政府通过财政资金奖励、先建后补、贴息及政府购买服务等方式予以支持。要打破示范县与示范企业"结对子"的地域限制，既鼓励跨区域引进大型示范企业参与本地区的示范县建设，也支持有实力的大型示范企业参与多个示范县建设。

主销区可针对本地粮源较少的实际情况，由省级财政和粮食行政管理部门直接选择具备一定规模、有较大发展潜力的骨干粮油企业，给予重点扶持。鼓励企业到优质粮油产区建立生产加工基地和物流营销网络。要根据示范企业生产销售的优质粮油产值及其增长、农民增收情况等，给予相应的财政资金补助。

示范县政府应统筹使用相关资金开展以下公共服务工作：一是优质粮油调查统计、品质测评。二是优质粮油宣传、销售渠道及公共品牌创建。三是优质粮油检验、质量控制体系建设、产后科技服务公共平台。省级粮食部门应当做好公共服务统筹工作。

（三）搞好统计调查。国家粮食局建立健全优质粮油品质测评和产业发展的统计调查工作机制，统一对外发布相关统计信息。各级粮食部门应根据调查内容和对象的不同特点，采取逐级调查、汇总上报、企业网络直报，以及全面调查、重点调查和抽样调查相结合的方法，组织好优质粮油相关调查统计工作。省级粮食部门负责对各类调查主体上报数据的审核把关，确保统计调查数据真实、准确、完整。

五、保障措施

（一）统筹规划，协调推进。省级粮食、财政部门根据省级人民政府关于推进农业供给侧结构性改革的总体部署，结合本地实际，加强优质粮油发展总体设计，科学编制实施方案，明确本省（区、市）推进"中国好粮油"行动计划总体目标和分年度目标、重点任务、时间进度安排及主要措施。要成立工作领导小组，安排专人抓工作落实。注重整合资源，将"中国好粮油"行动计划与产后服务中心建设、质检体系建设、应急保供和放心粮油体系建设等项目协调推进。

（二）**突出实效，强化考核。**省级粮食、财政部门要将提升粮油优质品率、提高农民种植优质粮油收益、促进粮油产品提级进档的实效，作为实施"中国好粮油"行动计划的重要考核指标，制定本省（区、市）绩效评价工作方案并及时开展评价。按照"优质粮食工程"项目实施的总体要求，切实做好财政资金使用风险防控。

（三）**政策扶持，加大投入。**省级粮食、财政部门要积极协调有关部门，研究出台促进本省（区、市）优质粮油收购、储备、加工、销售、品牌建设等粮食产业发展配套政策，形成长效扶持机制。积极争取地方人民政府有关部门支持，充分调动企业积极性，拓宽资金来源渠道，建立健全"中国好粮油"行动计划的资金保障机制。

江苏省粮食局　江苏省财政厅关于在粮食流通领域实施江苏省"优质粮食工程"的通知

各市、县（市、区）粮食局、财政局：

为贯彻落实《国务院办公厅关于加快推进农业供给侧结构性改革大力发展粮食产业经济的意见》（国办发〔2017〕78号），更好地发挥粮食流通对生产和消费的引导作用，增加绿色优质粮油产品供给，促进农民增收、企业增效，根据《财政部、国家粮食局关于在粮食流通领域实施"优质粮食工程"的通知》（财建〔2017〕290号）和有关建设方案要求，结合我省实际，决定从2017年秋粮收购开始，在全省粮食流通领域实施"优质粮食工程"，用三年左右时间，统筹推进、分步开展江苏省"中国好粮油"行动、粮食质量安全检验监测体系和粮食产后服务体系建设。现将有关事项通知如下：

一、开展江苏省"中国好粮油"行动

江苏省"中国好粮油"行动坚持以市场为导向，以企业为主体，以调优种植结构、拓展优粮优价、推动品牌创建、促进农民增收为目标，充分发挥大型国有骨干粮食企业的引领、带动和示范作用，力争到2020年，在确保粮食数量安全的前提下，力争实现产粮大县的粮油优质品率提高30％以上、农民优质粮油种植收益提高20％以上，新增一批"中国好粮油"标准产品和省级以上粮油品牌，提高粮油产品品质，促进城乡居民由"吃得饱"向"吃得好"、"吃得健康"转变。

（一）实施示范工程。通过竞争性遴选方式，支持一批具有优质粮油生产潜力的产粮、产油大县和具有示范带动效应的粮油加工企业，采用国内粮源开展"中国好粮油"行动示范县和示范企业建设。示范县的建设内容也要通过竞争性遴选方式，全部落实到具有一定影响力、带动力的具体示范企业，原则上每个县1～2家，由企业向地方政府申报和承诺，地方政府向省粮食局、财政厅申报和承诺。支持各级示范企业通过签订定单、基地建设协议等方式，按照优质优价原则对优质粮油品种开展市场化收购和销售，调整优化粮食种植结构。其中，省属示范企业的优质优价收购粮源需在我省产粮大县。收购的优质粮食优先用于就地加工转化，鼓励发展粮油精深加工。鼓励企业开展科技创新，推进产学研联合，大力开发优质粮油产品。支持企业拓宽销售渠道、加强产品宣传推介等，促进企业做大做强。

（二）鼓励品牌创建。为增强江苏粮油产品市场竞争力，在全省范围内支持采用国内粮源开展品牌创建，鼓励企业积极争创"中国好粮油"标准产品和省级以上粮油品牌，探索创建省域公共粮油品牌。

二、健全全省粮食质量安全检验监测体系

按照"机构成网络、监测全覆盖、监管无盲区"的总体要求，建立健全由省、市、县三级粮食质检机构组成的粮食质检体系架构，着力解决粮食质量安全预警监测与检验把关能力不足、基层粮食质检机构严重缺失的问题，实现省、市、县三级工作联动，提升粮食质量安全监管水平。

（一）分级分类实施。参照国家相关设备配置标准，对涉粮县没有粮食质检机构或只有牌子没有质检功能的，支持建设；对其他已有质检机构的，支持完善功能。县级粮食质检机构建设分两年实施，实现县级全覆盖。健全省、市、县三级粮食质检体系建设，明确功能定位，提升监测能力，着力实现地方粮食质量安全本地监测、本地处理，全面落实粮食安全责任制。其中质检机构设立在企业的，由地方粮食行政管理部门授权其行使粮油质检职能。支持国家指定的区域粮食检测中心建设。

（二）强化运行机制。建成后的粮食质检机构应配置相应的人员并建立运行保障机制，确保满足基本运转需要。对纳入全省粮食质量安全检验监测体系的机构，挂"江苏省粮食质量监测——X 站"牌子，统一编号、统一标识，由省粮食局定期向社会发布公告。

三、建设全省粮食产后服务体系

结合《江苏省"十三五"粮食发展规划纲要》，整合盘活粮食流通领域的现有资源，建设新型社会化粮食产后服务体系，保证为种粮农民提供市场化、专业化的粮食产后服务。按照整县推进的原则，分年度实施，力争实现产粮大县全覆盖。

（一）主要实施内容。粮食产后服务中心建设结合粮食生产、流通布局，

以方便农民售粮为目标，优先选择具有现有粮食仓储设施优势（可满足一年以上安全储粮条件）、现有空置场地优势及人员技术优势的基层粮食收储企业，适当兼顾农民合作社、粮油加工企业等其他市场主体。严格执行国家粮食局《粮食产后服务中心建设技术指南（试行）》，以整合盘活现有仓储设施等资源为重点，在保证必要的服务功能前提下，结合实际需要，选择确定建设内容，按需配备功能，主要包括：粮食（湿粮）接收设施、快检设备及检测室、清理和烘干系统、配套仓房、交易销售系统、配套运输车辆、配套道路及外网、加工厂房及设备改造、配套仓房改造等。

（二）**项目建设要求。** 参照粮食仓储物流设施建设项目管理粮食产后服务中心，相关主体需自愿申请建设产后服务中心，整县推进，并符合以下条件：建设主体一般应具有独立法人资格，具备相应的产后服务功能和经营管理能力；原则上，每个粮食产后服务中心年服务能力不低于1万吨、日烘干能力不低于200吨；项目应明确所属产权，对财政补助的项目，产权属企业所有或农民合作社集体所有；有新增烘干设施建设的，应办理项目建设前期手续，确保项目建设合规；项目建设需依法依规用地，原则上不使用新增建设用地；确需新增建设用地的，应依法依规办理建设用地审批手续。

（三）**统一规范管理。** 对验收合格的粮食产后服务中心，挂"江苏省粮食产后服务——X中心"牌子，统一编号、统一标识。对各地已有的服务机构，达到粮食产后服务中心建设标准的，可自愿申请挂牌，增强其社会影响力。凡纳入全省粮食产后服务体系的机构，由省粮食局定期向社会发布公告。项目建设县由设区市粮食局依托相关机构选派1~2名技术人员提供粮食产后科技服务，派出人员补贴由项目建设县负责，人员名单报省粮食局备案。挂牌机构要自觉接受地方和上级粮食行政管理部门管理，对存在损害农民利益等不正当经营行为的，一经发现，省粮食局将予以摘牌并向社会公开。

四、加大财政扶持力度

中央和省财政通过投资补助、政策奖励等方式，支持我省"优质粮食工程"实施。

（一）**支持江苏省"中国好粮油"行动。** 对纳入江苏省"中国好粮油"行动的示范县和示范企业给予奖补，奖补比例不超过投资总额的50%，其中对示范县的奖补资金应分解到具体示范企业。一是对示范企业开展的优质优价收购按实际收购量和市场价差给予奖补，每斤不超过0.2元，且每县不超过500

万元；二是对科技支撑、销售渠道、宣传推介，以及受县级政府委托开展的优质粮油调查统计、品质测评等工作给予奖补，其中硬件投资奖补总额每县不超过 200 万元。对省属示范企业的奖补资金规模视情况可适当提高。国家明确的驻苏央企建设项目，根据企业投资总额给予适当补助。此外，在全省范围内对品牌创建给予奖励，其中，对新增的"中国好粮油"产品和国家级粮油品牌，每个奖励 50 万元；对新增的省级粮油品牌，每个奖励 20 万元。同一企业奖补品牌总数不超过 3 个。

（二）**支持粮食质检体系建设。**对省、市、县三级粮食质量安全检验监测机构建设按建设类型和建设标准给予补助。其中，对县级粮食质检机构，每个补助 200 万～240 万元；县级粮食质检机构建设实施完毕后，对市以上粮食质检机构提档升级视情况给予补助。

（三）**支持粮食产后服务体系建设。**对粮食产后服务中心建设给予补助，单个项目投资总额不超过 500 万，补助比例为投资总额的 50％左右。

有条件的地方，也要积极筹措资金，支持此项工作。

五、强化项目管理，务求取得实效

各地务必高度重视江苏省"优质粮食工程"，地方政府应对批复的建设方案担负总责，规范、高效、廉洁推进实施，兑现目标承诺，确保取得实效。

（一）**加强组织领导。**省粮食局、省财政厅联合成立江苏省"优质粮食工程"建设工作领导小组，统筹"优质粮食工程"总体实施领导工作。领导小组办公室设在省粮食局，负责日常工作。同时，聘请行业管理、工程审计、项目管理等方面专家成立专家咨询委员会，为江苏省"优质粮食工程"提供智力支持。有建设任务的地区要在地方政府领导下成立相应领导机构，统筹推进工作。

（二）**规范项目管理。**按照自愿申报、复查审核、专家评审、会商研究、公示等程序，公开公平公正批复项目。各地、各建设单位要严格执行国家和我省粮食项目建设和资金管理相关制度，规范建设项目管理，全面落实项目法人制、招投标制（政府采购）、质量监理制、决算审计制和竣工验收制等，明确参与各方职责。加强项目全程监管，严格管理制度，严管程序进度，严把工程质量，严抓安全生产，严肃竣工验收，严守廉政纪律。项目建设年度为项目批复后一年以内；品牌创建奖励补助，顺延一年。

（三）**严格项目验收。**"优质粮食工程"实施情况纳入粮食安全责任制考核范围。按照《关于对真抓实干成效明显地方进行配套激励的通知》（苏政办发〔2017〕61号）要求，"优质粮食工程"实施情况同时纳入省级粮食仓储物流设施建设资金安排和其他扶持政策方面给予倾斜的重要参考。省粮食局将视情会同省财政厅委托第三方机构开展项目审计和绩效评估，重点考核粮油优质品率提升比例、农民优质粮油种植收益提升比例、省以上财政资金使用情况等指标，确认实际建设内容。对建设进度迟缓、未按申报内容建设等，视情全额或按比例收回补助资金，并予通报。

（四）营造舆论氛围。 各地要通过各类媒体和多种途径，广泛宣传实施"优质粮食工程"的重要意义和建设进展，及时展示"优质粮食工程"建设成果，提高各级政府、社会各界及广大消费者对"优质粮食工程"的关注度、认知度和参与度，努力把江苏省"优质粮食工程"建设成为政府满意、百姓放心的民生工程。

附件1 江苏省粮食产后服务体系建设实施方案
附件2 江苏省粮食质量安全检验监测体系建设方案
附件3 江苏省"中国好粮油"行动计划实施方案

江苏省粮食局 江苏省财政厅
2017年12月12日

附件1

江苏省粮食产后服务体系建设实施方案

根据国家《粮食产后服务体系建设实施方案》相关要求，结合我省实际，制定本方案。

一、建设目标

针对市场化收购条件下农民收粮、储粮、卖粮、清理烘干等一系列难题，通过整合粮食流通领域的现有资源，建立专业化的经营性粮食产后服务中心，有偿为种粮农民提供"代清理、代干燥、代储存、代加工、代销售"等"五代"服务基本功能，并逐步实现"功能延伸"将服务范围扩展到提供市场信息、种子、化肥等和融资、担保服务，发展"粮食银行"，推广订单农业等业务，最终实现增强农民市场议价能力，促进粮食提质进档，推动节粮减损和提高专业化服务水平的目标。

粮食产后服务中心应具备相应的产后服务功能和经营管理能力，打造农民需要的粮食产后服务功能，为农户开展"五代"服务。主要有：

（一）清理干燥。依托粮库配套清理干燥设备，建多粮种多用途的烘干设备、"就仓干燥"设施、旋转式自然干燥机，也可以配备移动专用干燥设备，为农民提供粮食清理干燥服务，提高粮食质量，促进农民增收，减少产后损失。

（二）科学储粮。对基层粮库特别是收纳库进行改造，为农户提供储粮服务，具备条件的可按农户需求开展分等定级、分仓储存服务。为完善产后服务体系，结合实际需求实施农户科学储粮，进一步提高农户科学储粮能力。

（三）运输销售。配备必要的运输工具，为种粮农民提供运粮服务。利用连接市场的优势，为农民提供市场信息，开辟市场渠道，开展售粮服务，帮助农民卖个好价钱。支持产后服务中心成为国家粮食电子交易平台的会员单位，为农户直接开展网络售粮，减少流通环节，降低交易成本。

（四）加工兑换。以加工企业为主体设立的产后服务中心，可直接为农民开展代加工和兑换服务，延长产业链，提高附加值，促进增收。其他类型的主体，可依托仓储、烘干等设施扩展加工生产能力，为农民提供代加工服务。

此外，向农民宣传国家粮食收储和优质优价等政策，推广适用技术，指导农民科学储粮以及对粮食分档升值，引导农民调整生产结构，实现规模化、集约化生产等。

二、建设内容

建设产后服务中心主要以整合盘活现有仓储设施等资源为重点，在保证必要的服务功能前提下，结合实际需要，选择确定建设内容，改造、提升功能，发挥技术、人才等优势。一般不得新建仓容，基建部分以维修改造为主。鼓励推广使用先进的粮食处理新技术、新设备。主要包括：

（一）产后干燥清理设备。 改造提升老式粮食烘干机及水分、温度在线检测、自动控制等功能；建设符合环保要求的粮食烘干设备、移动式烘干机、就仓干燥系统、热泵通风干燥器，配置旋转式干燥机，配置粮食（湿粮）清理、色选、玉米脱粒机等。

（二）必要的物流仓储设施。 配置接收、发放、输送、装卸、通风设备、及必要的运输车辆等，建设与烘干机配套必要的罩棚、晒场、地坪等配套设施，维修改造必要的仓储设施。

（三）粮食质量常规检测仪器设备，以及与国家粮食电子交易平台连接的网上交易终端等设备。 根据国家粮食产后服务中心功能要求和各地实际，在保障实现基本功能基础上，合理确定粮食产后服务中心建设规模、数量，并因需配置设施设备，原则上每个粮食产后服务中心年服务量在1万吨以上，优先保障规模较大、服务能力强的项目建设。

坚持为种粮农民提供服务，建立健全"产权清晰、权责明确、管理科学、诚信高效"的运行机制，构建统一规范、统一标识、统一服务内容的区域性粮食产后服务网络，为农户提供全方位、全链条的服务，打造区域公共服务品牌。

三、建设主体

以国有粮库为主，适当兼顾农民合作社、粮油加工企业等。为有利于市场竞争、防止垄断，原则上一个县应不少于2类建设主体。

各地要优先支持符合条件的农民合作社独立建设粮食产后服务中心，农民合作社作为建设主体的应符合以下标准：成员在100户以上。土地流转规模

1 000 亩以上，粮食产量 500 吨以上。具备符合当地产后服务中心年服务能力的仓容要求（可采取租赁、合作等方式获得）。制度健全、管理规范、带动能力强，聘请专业的管理人员，具有一定的管理能力。独立建设粮食产后服务中心的农民合作社应具有建设用地，并具备筹资能力。

兼顾粮油加工企业等其他主体。粮油加工企业一般年年加工能力达到 5 万吨及以上，具备符合当地产后服务中心年服务能力的仓容要求，在当地具有一定数量的粮油订单面积，并且订单履约率达到 30%，有实力的粮油加工龙头企业。

各地在编制申报方案时按照上述建设主体类型对申报项目进行排序。此外鼓励和支持产后服务中心与农民合作社、村级集体组织等采取合作、托管、订单、相互参股或签订协议等多种方式，建立长期稳定的合作关系。

四、建设要求

粮食产后服务中心除建设主体要求外，在建设条件和实施上还应满足以下要求：

（一）**建设用地**。粮食产后服务中心建设应依法依规用地。兴建各类设施原则上不使用新增建设用地，尽可能使用存量建设用地，鼓励充分利用现有粮库空余用地；确需新增建设用地的，应依法依规办理建设用地审批手续。对于农民合作社等从事规模化粮食生产过程中所必需的晾晒场、粮食临时存放场所等用地，按《国土资源部 农业部关于进一步支持设施农业健康发展的通知》（国土资发〔2014〕127 号）规定，可按设施农用地管理。

（二）**建设手续**。有新增烘干机的产后服务中心建设，应办理项目建设前期手续，确保项目建设合规。

（三）**建设时间**。按照整县推进的原则，集中连片组织实施，列入年度建设计划的县和项目应确保 12 个月内完成建设任务。

（四）**项目实施**。以县为单位，在摸底需求的基础上，明确建设内容，委托第三方咨询造价单位编制资金申请报告，建设内容必须是新增投资，建设内容不可重复且五年内没有享受过中央预算内和省财政资金支持。项目实施严格执行项目法人制、政府采购、质量监理制、决算审计制和竣工验收制等，实施程序必须符合项目建设绩效评价和审计等相关要求。

（五）**项目管理**。项目建设以县为单位组织实施，县级人民政府作为组织实施的责任主体，组织财政、粮食行政管理部门开展需求摸底调查、编制项目建设方案，具体承担建设管理、项目验收、设施信息档案管理、总结上报等工作。设区市粮食局要对各县申报项目进行审核把关，并按照各县建设方案开展日常监督管理工作。

五、建设资金

产后服务中心建设投资以企业为主，省以上财政资金适当给予补助，协调市、县财政根据本地实际，按照实施方案整合相关资源，统筹安排部分资金支持项目建设，以确保粮食产后服务中心建好、管好、用好。

央企驻苏单位直接向省粮食局申报，财政资金补助由省粮食局、省财政厅根据实际情况合理确定。

六、保障机制

（一）加强组织领导。建立粮食产后服务体系建设协调机制，粮食产后服务体系建设成效纳入粮食安全省长责任制考核内容，各地要建立绩效追踪问责、全程监管等制度。项目建设由项目所在地政府做出建设书面承诺，明确建设任务、目标、责任、资金安排等。省粮食局、财政厅会同市、县粮食、财政部门做好项目实施的跟踪推进工作，发现问题及时解决，保证资金到位、项目落实到位和工程监管到位。

（二）落实配套资金。各地要科学规划，结合实际建设产后服务中心，拓展服务功能，满足需求；企业要用好用足省深化地方国有粮食企业改革政策，进一步加大企业改革重组力度，加快盘活土地存量资产；协调地方财政安排专项资金进行配套，确保建设资金筹措到位。

（三）规范全程监管。省粮食局、省财政厅制订相关管理办法，各地要结合实际进一步完善配套管理制度，制订项目实施细则。对申报的项目，由省粮食局牵头组织专家评审，并与省财政厅对照相关条件、标准审核确定具体补助资金，共同行文批复。项目实施过程中，支持政策、主体选择、资金补贴、项目验收等向社会公开透明，相关情况及时向社会公布，接受群众监督，确保补助政策规范高效、廉洁实施。项目主体须按照项目申报方案和建设实施方案执行，及时组织项目实施，不得随意调整建设内容、降低标准，不允许改变项目用途。

（四）严格项目验收。项目建成后及时验收，县政府成立由粮食、财政等部门组成的验收工作组，按照有关具体要求开展验收工作。在项目建设前、建设中和建成后应拍照存档。各地的项目建设方案要对项目实施效果进行预评估，项目全部建成后要对项目实施成效及时开展总结和后评价。评估、评价内容包括：本地区粮食产后清理、干燥、收储、销售等能力和专业化服务水平；粮食产后节粮减损、农民增收等方面取得的成效；促进粮食提质进档、实行优质优价等情况。

（五）**优化技术服务。**建立农村粮食产后科技服务模式，由设区市粮食局依托科研机构、院校、质检机构、设备制造企业等，每个项目建设县选派1～2名技术人员为产后服务中心与农户提供技术服务，专项开展粮食产后干燥、储藏、加工减损、农户储粮等技术服务和推广，提高新型农业经营主体和农户粮食收储技术水平。派出人员补贴由项目建设县负责，人员名单报省粮食局备案。

附件 2

江苏省粮食质量安全检验监测体系建设方案

根据《关于在流通领域实施"优质粮食工程"的通知》（财建〔2017〕290号）及《国家粮食局 财政部关于印发"优质粮食工程"实施方案的通知》（国粮财〔2017〕180号）精神，为推动我省粮食质量安全检验监测体系（以下简称粮食质检体系）建设，提升粮食质量安全保障能力，结合我省实际情况，制定本方案。

一、主要目标

按照"机构成网络、监测全覆盖、监管无盲区"的总体要求，向辖区内粮食主产区域，新建粮食质检机构适当倾斜，建立与完善由省、市、县三级粮食质检机构组成的粮食质检体系架构，着力解决粮食质量安全预警监测与检验把关能力不足、基层粮食质检机构严重缺失的问题，实现省、市、县三级工作联动，提升粮食质量安全监管水平。

二、主要任务

（一）完善机构体系。建设以省级粮食质检机构为龙头、市级粮食质检机构为骨干、县级粮食质检机构为基础，覆盖全省的粮食质检体系。

继续完善省级粮食质量监测中心功能设施配套，健全粮食质量安全监测预警体系和快速反应机制，提高粮食质量安全风险监测和应急处置能力；提升市级粮食质检机构检测能力，以"优质粮油"检测为重点，拓展工作业务范围，配备专业性更强和增加工作效能的仪器设备，并着力实现地方粮食质量安全本地监测、本地处理，全面落实粮食安全责任制；加强县级粮食质量监测站基础检测能力建设，配置各类常规专业粮食检测仪器设备和快检仪器设备，实现各县（区）粮食质量安全全面可控，形成产前质量安全预测、收购质量安全检验、库存质量安全控制网络，实现粮食质检体系的全覆盖。

（二）提升监测能力。一是配优设施设备。加快粮食质量安全检验监测仪器设备更新升级，实现"检得出、检得快、检得准"。重点抓好薄弱地区检测能力提升补强工作，突出能力建设，注重人员培训，基本形成与监管服务需求相适应的检验监测能力。二是创新服务功能。着眼于服务"江苏好粮油"行动和产后服务体系建设，依托粮食行业专业优势，开展第三方检验监测服务，创新服务功能，优化检测流程，推动功能延伸，使粮食质检服务"代检测"功能更好地与"代烘干、代储存、代加工、代销售"有机衔接，全方位服务涉粮单位，形成粮食安全保障合力。三是注重标准研究。积极承担国家粮食安全研究项目，注重与高校院所、省市站所的交流合作，加强粮食地方品牌标准研究，加强粮食质量安全形势分析评估，增强粮食质量安全服务指导能力。

（三）明确功能定位。 省级粮食质量监测中心。主要承担粮食质量安全监测预警体系建设和快速反应机制研究，开展粮食质量安全调查、品质测报和监测，提供相关的检验把关服务，为发展"三农"和科学储粮提供技术服务，协调、指导域内粮食质检机构的业务工作，收集粮食质量安全及生产灾害等动态信息，提出有关工作建议和意见。依据国家和行业粮油标准以及国家有关规定，具备检验各种粮食质量指标、品质指标和安全指标的能力。

市级粮食质量监测站。主要承担粮食质量安全调查、品质测报和监测，开展相关的检验把关服务，协助与支持省级粮食质量监测中心开展相关业务工作，以省级粮食质量监测中心为示范，不断拓展工作业务范围，提升在"优质粮油"品牌创建中的贡献率。依据国家和行业粮油标准以及国家有关规定，具备检验主要粮食质量指标、品质指标、主要安全指标和域内必检指标的能力。

县级粮食质量监测站。主要承担粮食质量安全调查、品质测报和监测，开展相关的检验把关服务，协助与支持省、市级粮食质量监测中心开展相关业务工作，承担下乡、进企业扦样和原始样品转送。具备检验主要粮食质量指标、主要品质指标和主要安全指标快检筛查的能力，同时具备原始样品转送能力。

三、工作安排

（一）建设范围。 重点建设73个县级粮食质检机构，实现县级全覆盖。

（二）资金来源。 建设项目资金由中央财政资金和地方财政配套资金全额补助。其中，恢复建设的县级粮食质检机构，每个补助240万元；提档升级的县级粮食质检机构，每个补助100万元；已挂牌的县级粮食质检机构，每个补助50万元。其中，拟配检验仪器设备的可在《仪器设备配置和配套基础设施建设参考目录》（另发）中选择。各项目建设单位按照功能定位、检测能力要求，结合自身实际情况，自行实施仪器设备采购。

（三）投资用途。补助资金 80％以上用于购置检验仪器设备，其他可用于基础设施建设等。各粮食质检机构对本建设项目所配检验仪器设备具有使用权和维修义务，其隶属粮食行政管理部门具有所有权。

（四）工作要求。县级粮食质检机构应有与开展工作相适应的场地、人员，原则上实验场地不少于 300m²，专业检测人员不少于 3 名。企业性质的粮食质检机构应在所属区域中心粮库中建设。支持建设的县级粮食质检机构，要严格按照国家颁布的县级粮食质量监测站标准实施，争取在两到三年内通过省检测检验机构资质认定。

四、保障措施

（一）加强组织领导。设区市粮食局统一负责、协调域内粮食质检体系建设工作。各级粮食行政管理部门要成立粮食质检体系建设工作组，明确负责人，对粮食质检体系建设工作承担具体监管责任。要加强对项目建设的履职监督，将粮食质检体系建设工作纳入粮食安全责任制考核范围，确保工作落实、取得实效。

（二）规范资金管理。各级粮食行政管理部门要强化廉政风险防控，严格按照财政资金管理的有关规定使用项目资金，加强对项目资金使用的监督、指导和监管，做到专款专用，切实保障资金安全，打造廉洁示范工程。

（三）健全工作体系。在各级粮食行政管理部门的领导和统筹协调下，配备与任务相适应的编制和场地，强化从省到地方至基层粮食质检机构的系统性，确保粮食质量安全检验监测工作任务饱满，粮食质检机构良性健康运转。开展粮食质检工作所需的必要合理费用及仪器设备维修费列入同级财政预算，加大粮食质检经费保障力度。

（四）严肃工作纪律。各地要认真贯彻落实省委关于改进工作作风、密切联系群众的规定要求，厉行勤俭节约。坚持公平公正、客观真实的工作原则，对弄虚作假、谎报瞒报等行为按照有关规定予以惩处。

附件 3

江苏省"中国好粮油"行动计划实施方案

根据《"中国好粮油"行动计划实施方案》，结合江苏实际，现就推进江苏省"中国好粮油"行动计划制定如下实施方案。

一、主要目标

以推进粮食供给侧结构性改革为主线，按照高水平全面建成小康社会的要求，通过加强科技支撑、建设销售渠道、做好专题宣传、实施示范工程，更好地发挥粮食流通对生产和消费的引领作用，大力增加绿色优质粮油产品供给，力争到 2020 年，在确保粮食数量安全的前提下，让农民在优质优价中增加收入，全省产粮大县的粮油优质品率提高 30％以上，新增一批具有影响的省级以上绿色优质粮油名牌，促进城乡居民由"吃得饱"向"吃得好"和"吃得健康"转变。

二、主要任务

（一）创建省域品牌。 实施品牌带动战略，按照省政府要求创建省域粮油品牌，实现全省粮油品牌资源整合，建立相关标准、规范、工作机制等，在全国范围内加大宣传推介力度，切实增强江苏粮油产品的整体竞争力和市场占有率。

（二）加强科技支撑

1. 大力开发优质粮油产品。省粮食局根据国家《绿色优质粮油产品生产指南》，结合江苏粮油产品特点、品牌优势和地域情况，研究制定《江苏绿色优质粮油产品生产指南》。

大力推进江苏粮食行业产学研结合，省粮食局在大米、小麦粉、油脂、饲料、粮机等行业推进科技创新战略联盟的建设，开展以提升粮油品质为重点的科研攻关。鼓励设区市粮食部门根据地方实际，推动创建本地区的科技创新联盟。

各级粮食部门应积极引导企业加大绿色优质粮油产品的研发力度，发展精深加工，推广适度加工，增加安全、优质、绿色、健康的中高端粮油供给。

2. 开展粮食产后科技服务。各级粮食部门根据国家优质粮油流通的工作参数体系和技术规定，深入分析本地区粮油品质的影响因素，有针对性地加强产后技术服务，逐步建立适应区域优质粮油流通需要的产后科技服务模式。

3. 严格执行"好粮油"质量标准。各级粮食部门严格执行国家制定的"好粮油"质量标准和技术评价体系，对本地区粮油产品进行全面测评，指导产品研发和产业升级，引导粮油品种结构优化，督促企业加强产品质量与安全把关。积极采取第三方服务的方式，帮助企业分等定级。

（三）建设销售渠道

1. 申报进入国家级"好粮油"网上销售平台。省粮食局根据国家级"中国好粮油网"线上平台标准和要求，积极开展江苏"好粮油"产品和品牌的遴选、审核和申报工作，争取多产品进入国家级"好粮油"网上销售平台，充分利用"互联网＋"扩大优质粮油销售规模。市、县级粮食部门要做好对本地区粮油产品和品牌的遴选和推荐，并对推荐的"好粮油"产品的质量和信用负责。

2. 建立省级"好粮油"网上销售平台。省粮食局开发运行"江苏好粮油电子商务平台"，遴选发布江苏"好粮油"产品，扩大社会影响力，提高产品销量。开展"江苏好粮油上榜产品"抽检测评，对于抽检不达标产品，及时调整退出。

3. 建立"好粮油"线下销售渠道。根据国家粮食局统一制定的"好粮油"标准、标识和使用管理规定，经市、县粮食部门遴选、申报，省粮食局组织审核，认定符合标准的，允许使用国家统一标识。各级粮食部门支持优质粮油产品的生产经营企业建立销售渠道，具体包括：在大型综合超市、便利店、专卖店设立"好粮油"专柜，在居民社区设立优质粮食门店，在住宅小区和商务楼宇设置自助销售设备等。

（四）做好专题宣传

1. 做好宣传规划。省粮食局根据国家"好粮油"行动计划的总体宣传工作方案，制定全省宣传工作方案。各市、县粮食部门要结合地区实际，制定本地区宣传工作方案。市、县粮食部门在制定宣传工作方案时，既要注意与全省方案的衔接，还要注意与相关单位的统筹协调，形成合力，共同营造良好氛围。

2. 制作宣传材料。省粮食局根据国家编撰的"好粮油"科普宣传材料，设计并制作"江苏好粮油"行动宣传材料,包括海报、手册、教材、读物、宣传片等。宣传内容包括粮油营养常识、粮油健康消费指南、江苏特色粮油产品和品牌、江苏大型粮油生产企业、"好粮油"产品标准、爱粮节粮相关知识、粮油在收购、储存、加工、物流、销售的产后全流程各环节的科技知识等。市、县级粮食部门要根据地区特点,制作本地宣传资料。

3. 采取多种宣传渠道。各级粮食部门应邀请行业专家学者举办专题科普讲座。同时,开展电视、广播、网络、杂志、报纸等全方位媒体宣传。结合粮食科技活动周、粮食产品推介会等平台,积极宣传江苏粮油产品和品牌。面向种粮农民、粮食经营者组织开展优质粮油生产销售专题培训,通过优质粮油产品进学校、进机关、进社区、进市场等方式,广泛开展体验式宣传。积极运用微信、微博等自媒体,开设"好粮油"公众号和实名认证用户,发布真实、高质量的科普信息,大力宣传优质粮油产品。

(五)实施示范工程

1. 确定示范主体。根据国家部署要求,在预申报的范围内支持 5 个左右的示范县和 2 个省级示范企业。

示范县应具备以下条件:一是处于优质粮油优势生产区,具备良好产地环境和发展潜力,并列入财政部产粮(油)大县名录。二是具备较好的规模化种植发展基础和粮食产后服务能力。三是具有较好的优质粮油加工、销售和区域公共品牌建设基础。四是地方政府高度重视,实施方案必须体现区域特色,且目标明确,措施可行,具有创新引领作用。

示范企业应具备以下条件:一是企业有注册商标和品牌,优质粮油的市场开拓能力强,有销售渠道。二是企业资产负债率一般应低于 60%,有银行贷款的企业,近 2 年内不得有不良信用记录。三是企业的总资产报酬率应高于现行一年期银行贷款基准利率,企业应不欠工资、不欠社会保险金、不欠折旧,无涉税违法行为。四是产品质量、科技含量、新产品开发能力在同行业中处于领先水平,或是具有特色生产和营销方式的。五是产品符合国家产业政策、环保政策,并获得相关质量管理标准体系认证,近 2 年内没有发生产品质量安全事件及安全生产事故。六是企业实施方案总体目标和考核指标清晰,措施具体可行,带动作用明显,能够落实企业自筹资金。

2. 示范县和示范企业建设。示范县人民政府负责制定建设方案,报省粮食局、省财政厅备案后组织实施,原则上要结合本地区实际,通过竞争性遴选的方式确定 1～2 家示范企业。有关央企驻苏单位和省级国有粮食企业制定本单位具体实施方案，直接向省粮食局申报。

示范县政府与示范企业签订建设合同，由示范企业按照优质优价原则对优质粮油品种进行市场化收购和销售，确保实现本地区农民优质粮油种植收益提高 20％以上、粮油优质品率提升 30％以上等建设目标。对于达成建设目标的企业，示范县政府通过财政资金奖励、先建后补、贴息及政府购买服务等方式予以支持。要打破示范县与示范企业"结对子"的地域限制，既鼓励跨区域引进大型示范企业参与本地区的示范县建设，也支持有实力的大型示范企业参与多个示范县建设。

示范县政府应统筹使用相关资金开展以下公共服务：一是优质粮油调查统计、品质测评。二是优质粮油宣传、销售渠道及公共品牌创建。三是优质粮油检验、质量控制体系建设、产后科技服务公共平台建设。省粮食局负责做好公共服务统筹工作。

3. 搞好统计调查。根据国家粮食局关于优质粮油品质测评和产业发展统计调查工作要求，省粮食局结合调查内容和对象的不同特点，采取逐级调查、汇总上报、企业网络直报，以及全面调查、重点调查和抽样调查相结合的方法，组织好优质粮油相关调查统计工作。省粮食局负责对各类调查主体上报数据的汇总、审核和分析，市、县级粮食管理部门对辖区内统计数据严格把关，确保统计调查数据真实、准确、完整。

三、组织保障

1. 加强组织领导。各级粮食部门、财政部门要高度重视，结合本地实际，加强优质粮油发展总体设计，科学编制实施方案，明确地方"中国好粮油"行动计划总体目标和分年度目标、重点任务、时间进度安排及主要措施。注重整合资源，将"好粮油"行动计划与产后服务中心建设、质检体系建设、应急保供和放心粮油体系建设等项目协调推进。

2. 落实资金配套。"中国好粮油"行动计划以县级人民政府和相关大型国有企业为主体实施，省以上财政资金适当给予补助。央企驻苏单位财政资金补助由省粮食局、省财政厅根据实际情况合理确定。

3. 强化指标考核。各级粮食部门、财政部门要将提升粮油优质品率、提高农民种植优质粮油收益、促进粮油产品提级进档的实效，作为实施江苏"中国好粮油"行动计划的重要考核指标，制定地区绩效评价工作方案并及时开展评价。示范县人民政府负责制定本地区建设方案，开展阶段性绩效评价并报所在市粮食局和省粮食局备案。按照"优质粮食工程"项目实施的总体要求,切实做好财政资金使用风险防控。

4. 加大政策扶持。各级粮食部门、财政部门要积极协调有关部门,研究出台促进本地区优质粮油收购、储备、加工、销售、品牌建设等粮食产业发展配套政策,形成长效扶持机制。积极争取地方人民政府有关部门支持,充分调动企业积极性,拓宽资金来源渠道,建立健全江苏"中国好粮油"行动计划的资金保障机制。

关于深入实施江苏省"优质粮食工程"的意见

各市、县（市、区）粮食和物资储备局、财政局，省有关单位：

根据财政部、粮食和储备局《关于深入实施"优质粮食工程"的意见》（财建〔2019〕287号）、国家粮食和物资储备局《关于印发"优质粮食工程"各子项实施指南的通知》（国粮规〔2019〕183号）及有关规定，结合江苏实际，现就深入实施江苏省"优质粮食工程"提出如下意见。

一、进一步认识"优质粮食工程"的重大意义

习近平总书记强调，要抓住粮食这个核心竞争力，延伸粮食产业链、提升价值链、打造供应链，扛稳粮食安全这个重任。实施"优质粮食工程"，是贯彻党的十九大精神的具体行动、推进农业供给侧结构性改革的重要着力点和促进粮食部门自身发展的需要；实施"优质粮食工程"，推进"五优联动"，是落实"三链协同"、乡村振兴战略和国家粮食安全战略的重要载体。各地要深刻理解实施"优质粮食工程"的重要意义，切实组织实施好"优质粮食工程"，促进粮食产业高质量发展，推动我省粮食和物资储备事业走在全国前列。

二、推进实施"中国好粮油"行动示范

（一）**优选示范企业。**示范县的建设内容通过竞争性遴选方式，全部落实到具有一定影响力、带动力的具体示范企业，原则上每个县不超过5个。

（二）**鼓励产业融合。**鼓励示范企业以"公司＋合作社＋基地＋农户"模式结成利益共同体，开展订单收购，建设种植加工基地，增加优质粮油产品，促进粮食一二三产业融合发展，带动农民持续增收。

（三）**支持优质优价。**对示范企业开展优质优价收购的，按实际收购量和市场价差给予奖补。年度建设内容中，优质优价收购以本地粮源为主，其中：稻谷收购截止日期为下一个自然年度的1月31日。

（四）支持示范引领。支持示范企业加大投资力度，发挥示范带动作用。对超额完成建设任务的示范县（企业），且增加投资部分符合规定建设内容范围的，适当予以奖补。对没有完成建设任务的示范县（企业），按实际完成投资占投资总额同比例收回财政补助资金。

（五）支持好粮油样板店建设。制定和完善"江苏好粮油样板店"标准，全省推进 500 个样板店建设。

三、推进粮食质量安全检验监测体系建设

（一）支持机构建设。支持粮食质量安全检验监测机构被撤并或调整职能的设区市，择优选择符合国家要求的主体进行建设，切实承担起粮食质量安全检验监测职责。

（二）发挥机构效用。定期开展技术培训，丰富培训方式方法，提升检测人员业务水平，熟练掌握所配仪器设备操作技能。根据功能定位，安排相应工作任务，提高仪器设备使用效率。运用专业性、系统性的优势和技术专长，加强新收获粮食和库存粮食风险监测及各类政策性粮食质量安全监管，彰显财政资金效益，充分发挥检验监测体系作用。

（三）增强服务功能。围绕粮食安全战略和高质量发展，聚焦"五优联动"，结合粮食收储制度改革和本地实际，拓展服务范围，创新服务方式，增强服务效果，努力构建"监测服务政府、抽查服务监管、检测服务产业、测报服务农户"的服务模式。

四、推进粮食产后服务体系建设

（一）项目主体自愿建设。符合国家和省规定的建设主体可自愿申请建设粮食产后服务中心，在整县推进的基础上，粮食产后服务能力仍难以满足地方需求的，按照"一次规划、分期建设"原则，由县（市、区）级粮食行政管理部门会同级财政部门择优选择 3 个以内主体建设粮食产后服务中心。

（二）产粮大县实现"全覆盖"。没有列入三年建设计划的产粮大县，支持其择优选择 3 个以内、具备一定规模烘干能力、基本符合粮食产后服务中心条件且自愿提供粮食产后服务功能的单位进行授牌。未申请粮食产后服务中心建设或授牌的产粮大县，省级以上财政资金五年内不再支持该县县域内粮食烘干能力建设。

（三）**非产粮大县适度支持。**对粮食生产较为集中的非产粮大县，支持其择优选择 3 个以内、具备一定规模烘干能力、基本符合粮食产后服务中心条件的单位进行授牌，拟授牌单位需承诺规范提供粮食产后服务功能。

（四）**实现"三统一"管理。**统一全省粮食产后服务中心标识、标牌和编号。对验收合格的粮食产后服务中心，由设区市粮食行政管理部门汇总，向省粮食和物资储备局、省财政厅申请授牌。鼓励各地结合实际，制定地方粮食产后服务运营管理办法等，统一粮食产后服务中心的服务规范、服务标准、服务承诺等，强化为农服务。凡纳入全省粮食产后服务体系的机构，由省粮食和物资储备局、省财政厅向社会发布公告。挂牌机构要自觉接受地方和上级粮食、财政行政管理部门管理，对存在损害农民利益等不正当经营行为的，一经发现，省粮食和物资储备局、省财政厅将予以摘牌并向社会公开。

五、切实加强项目管理

（一）**强化项目变更管理。**各地要科学规划，合理申报项目，批复项目原则上不得进行调整。确需变更建设内容的，变更后的建设内容需在规定范围内，且项目投资总额不得减少，并经设区市粮食和物资储备局审核同意，报省粮食和物资储备局核准备案。粮食产后服务中心项目压减投资总额的，收回省以上补助资金。

（二）**规范组织项目验收。**根据国家有关规定，全面落实决算审计制和竣工验收制，强化项目绩效管理。项目单位应邀请第三方单位对项目决算进行审计，出具审计报告，提高审计效率。项目单位按照《资金申请报告》内容完成全部建设任务后，应及时提出验收申请。项目验收工作按照项目申报时管理权属，原则上由设区市粮食和物资储备局牵头，根据国家和省有关规定组织项目验收，并对验收结果负责。设区市级质检机构、有关院校、省属企业和驻苏央企等单位的项目由省粮食和物资储备局牵头组织项目验收。项目验收工作可以委托有资质、有经验的咨询机构进行。"中国好粮油"行动示范项目验收需在省级专家库中抽取 3～5 名专家。

（三）**严格项目备案管理。**项目验收完成后，及时将资料汇总报省有关部门备案。备案资料一般包括项目单位竣工验收申请、项目单位建设工作总结、预验收纪要、验收鉴定书、资金审计报告、质量鉴定报告等。

各地要切实加强"优质粮食工程"实施工作的组织领导，明晰职责，规范、高效、廉洁，切实有力推进项目落地实施，确保取得实效。要选树推广一批先进典型，形成典型示范县、先进示范企业（合作社）、样板店和一大批知名品牌的典型引领示范格局，促进增加绿色优质粮油产品供给，助力农民增收、企业增效、消费者得实惠，为建设"强富美高"新江苏作出积极贡献。

江苏省粮食和物资储备局　江苏省财政厅

2019 年 7 月 19 日

关于进一步加强江苏省"优质粮食工程" 实施项目验收管理工作的通知

各设区市粮食和物资储备局，有关单位：

根据《财政部、国家粮食局关于在流通领域实施"优质粮食工程"的通知》（财建〔2017〕290号）及有关规定，经国家有关部门批准，我省从2017年度起在粮食流通领域实施"优质粮食工程"。为更好发挥财政资金效益，强化项目绩效管理，经商省财政厅决定，进一步明确我省"优质粮食工程"实施项目竣工验收工作要求，切实加强实施项目验收管理，加快推进我省"优质粮食工程"项目实施。

请各设区市粮食和物资储备局按照项目属地管理原则，及时牵头组织对所属"优质粮食工程"实施项目验收，并按规定将项目验收情况报省粮食和物资储备局、省财政厅备案。未通过竣工验收的项目，市、县（市、区）粮食和物资储备行政管理部门要责成项目建设单位限期整改，整改后重新进行验收；若仍不合格，将取消项目实施资格，收回财政补助资金。粮食质量安全检验监测体系实施项目竣工验收按照《江苏省粮食局关于做好江苏省粮食质量安全检验监测体系建设项目验收工作的通知》（苏粮检〔2018〕15号）组织实施。

省粮食和物资储备局会同省财政厅将于12月底前对2017年度"优质粮食工程"实施项目验收情况进行抽查。

附件1 江苏省"中国好粮油"行动示范实施项目验收要求
附件2 江苏省粮食产后服务体系实施项目验收要求
附件3 "江苏粮食产后服务"标识（略）

江苏省粮食和物资储备局
2019年9月30日

附件 1

江苏省"中国好粮油"行动示范实施项目验收要求

"中国好粮油"行动示范县实施项目，原则上由设区市粮食和物资储备局牵头组织项目验收。"中国好粮油"行动示范省属企业、驻苏央企和有关院校等单位实施项目，由省粮食和物资储备局牵头组织项目验收。项目验收工作也可委托有资质、有经验的咨询机构进行。

一、验收对象

省粮食和物资储备局、省财政厅批复的"中国好粮油"行动示范县、示范企业（单位）等实施的项目。

二、验收条件

1. "中国好粮油"行动计划实施方案中各项具体任务均已完成，达到了预期目标；

2. 已完成总结报告和绩效自评报告，内容包括项目达到的目标及考核指标、计划实施内容、实施内容完成投资情况、总体进度完成情况、取得的主要成果和经验等；

3. 完成了第三方审计；

4. 行动示范各项任务的档案资料整理完整；

5. 有已备案的实施方案及资金下达的有关文件；

6. 示范县（市、区）和示范企业提交了项目验收申请。

三、验收资料

申请验收的示范县、示范企业（单位）需提供以下资料：

1. 项目单位验收申请报告；

2. 项目建设计划、任务相关内容的完整管理资料及证据材料；

3. 有资质的第三方出具的项目审计报告；

4. 项目批复及资金下达的有关文件；

5. 示范县（市、区）和示范企业出具的验收材料真实性声明。

四、验收程序

示范县实施项目建设任务全部完成，资金结算和账务处理完毕且符合规定，相关资料齐备，达到了验收基本条件后，由属地县（市、区）粮食和物资储备局向设区市粮食和物资储备局提出项目验收申请，并提供验收基本材料。省属企业、驻苏央企、有关高校向省粮食和物资储备局提出验收申请。

设区市粮食和物资储备局、省粮食和物资储备局受理项目验收申请后，牵头选取专家组成验收组（人数应为不少于 3 人的单数），承担项目验收责任，对项目进行验收，并形成验收报告。

项目验收组设组长 1 名，由牵头验收组织单位提名，参会专家代表表决通过。验收组可下设项目、财务和资料等小组。

五、验收原则

1. 客观公正。坚持公开、公平、公正，严格按规定程序对有关建设内容开展验收，确保项目验收结果真实客观。

2. 实事求是。坚持以问题为导向，敢于较真碰硬，不遮掩问题，认真查找发现项目实施过程中存在的问题，提出整改建议，以更好促进"中国好粮油"行动计划实施。

3. 系统全面。对"中国好粮油"行动计划实施情况和取得效果等进行全面验收和绩效评价，防止缺项漏项，验收结果作为未来省级粮食仓储物流设施建设资金安排和其他扶持政策方面给予倾斜的重要参考。

六、验收内容

参照国家和省有关"优质粮食工程"文件精神，及省批复的"中国好粮油"行动计划、项目单位资金申请报告内容组织验收，重点突出以下内容：

1. 方案制定情况。是否根据《江苏省粮食局、财政厅关于在粮食流通领域实施"优质粮食工程"的通知》要求，结合各地实际制定目标明确、措施具体、运行有序的实施方案；建设内容、支持方向是否符合国家和省粮食、财政等职能部门要求；建设目标是否具体、可行；专项实施程序是否符合规定要求等。

2. 示范县（企业）确定情况。是否按照有关规定、程序确定示范县、示范企业；示范县政府是否与示范企业签定了目标责任书，是否与有关企业签订委托授权书，准许使用相关资金开展公共服务等。

3. 优粮优产。示范县优质粮油种植面积比上年度变化情况、粮油优质品率提升情况；促进粮油种植结构调整、优质粮食产量、带动农民增收情况等。

4. 优粮优购。是否执行优质粮油订单生产（提供土地流转或订单合同）、优质优价收购任务完成情况（提供收购码单或银行证明）等。

5. 优粮优储。是否推行优质粮食按品种及等级分仓储存；是否通过改造仓储设施，实现储粮技术升级；是否开展优质粮食分品种及等级储存保鲜技术研究；是否推广应用低温储藏等新技术。

6. 优粮优加。是否创建科技创新联盟，开展粮油生产加工技术升级，开发优质绿色产品，提升"中国好粮油"产品占比；是否采用"中国好粮油"系列标准和生产指南指导粮油生产加工，优化本地、本企业粮油产业结构，区分产品等级，开展优质粮油测报测评，显著提升粮油产品品质和质量安全保障水平等。

7. 优粮优销。是否按照要求建立"好粮油"产品销售线上线下销售体系，及线上线下销售情况；专项实施效果社会认同、市场反响情况等。是否制定专题宣传工作方案，设计制作宣传资料，开展专题宣传推荐活动，宣传广告是否公开招投标等。是否建立品牌标准、规范、工作机制，品牌产品宣传、销售、竞争力情况等。

8. 资金使用情况。是否设立财政资金专账，并建立资金使用台账；资金使用是否符合规定；有关项目合同及资金收支票证是否符合财务规定（所有发票为正规的税务发票，专项资金的开支不得对个人账户支付）。是否按照建设进度及时拨付项目补助资金；有无挤占、挪用专项资金情况。资金筹集推进项目建设情况。

9. 经济效益情况。项目建设内容完成后，对当地经济社会发展产生的主要影响等。

10. 项目审计情况。是否请有资质的第三方单位进行项目审计，并出具项目审计报告（项目单位必须提供五优联动格式的资金表，审计单位要按照此资金表格进行审计、完成报告）。

11. 资料归档情况。是否按要求对项目建设、项目管理、绩效自评及项目验收等资料进行归档整理等。

七、验收方法

（一）听取示范县、示范企业等单位汇报有关示范建设任务完成情况的报告。

（二）专项小组分组现场核查示范项目建设任务完成、项目财务决算等情况，审阅相关文件、资料，并汇报检查结果。

（三）示范县、示范企业接受验收组质询。

（四）验收组讨论、评议主持验收项目，形成项目验收意见书。

其中，项目验收意见书中的验收结论，分合格、整改合格和不合格三种意见：

1. 合格意见。经验收，示范项目完成的建设内容基本符合省粮食和物资储备局、省财政厅批复的建设计划要求，任务量及投资额与建设计划一致，管理制度严格，资金使用程序规范，验收鉴定结论为合格。

2. 整改合格意见。经验收，示范项目建设内容及投资额基本按计划完成，但存在项目管理有瑕疵等情况的，验收组提出整改意见，待整改完毕后，验收组出具整改合格的验收鉴定结论。

3. 不合格意见。主要包括以下几种情形：

（1）示范项目建设内容的实施与批复建设计划有较大偏差，如实施的具体项目与批复建设计划不符，任务量及投资额严重偏低等。

（2）项目管理存在重大失误，工作任务质量严重不达标。

（3）挤占、挪用财政资金，或招标投标及采购过程出现违法违纪现象。

（4）提供虚假验收材料。

验收报告内容，包括批复的项目建设目标及考核指标、计划、内容和投资完成情况，取得的主要成果和经验，产生经济效益和社会效益，存在的主要问题等。

（五）验收组成员、被验收单位法人代表在《验收意见书》上签字。

八、验收依据

1. 财政部、国家粮食局《关于在流通领域实施"优质粮食工程"的通知》（财建〔2017〕290号）；

2. 国家粮食局、财政部《关于印发"优质粮食工程"实施方案的通知》（国粮财〔2017〕180号）；

3. 财政部《关于印发〈产粮（油）大县奖励资金管理暂办法〉的通知》（财建〔2018〕413 号）；

4. 江苏省粮食局、江苏省财政厅《关于在粮食流通领域实施"优质粮食工程"的通知》（苏粮产〔2017〕16 号）；

5. 江苏省粮食局办公室《关于印发〈2017 年度江苏省"优质粮食工程"具体实施有关问题的答复口径〉的通知》（苏粮办产〔2018〕1 号）；

6. 江苏省粮食局、江苏省财政厅《关于开展 2017 年度"优质粮食工程"实施情况绩效评价的通知》（苏粮财〔2018〕11 号）；

7. 江苏省粮食和物资储备局、江苏省财政厅《关于深入实施江苏省"优质粮食工程"的意见》（苏粮规〔2019〕6 号）。

九、验收备案

项目竣工验收后，应在十个工作日内将相关材料报省粮食和物资储备局、省财政厅备案。材料包括：

1. 示范项目建设单位竣工验收申请；
2. 示范项目建设单位的项目建设工作总结；
3. 示范项目资金审计报告；
4. 示范项目竣工验收意见书。

十、验收奖惩

省粮食和物资储备局将根据各地验收结果情况，按照"奖优罚劣"的原则，进一步核定"优质粮食工程"补助资金，对今后省级粮食仓储物流设施建设资金安排和其他扶持政策给予倾斜调整，并责成有关单位采取相应整改措施。

附件 2

江苏省粮食产后服务体系实施项目验收要求

粮食产后服务中心项目验收，是指经省粮食和物资储备局、省财政厅批复，对利用省级以上财政补助资金，通过整合粮食流通领域的现有资源，建立的专业化、经营性、有偿为农民提供"五代"服务的粮食产后服务中心项目的验收。

粮食产后服务体系实施项目，原则上按照项目申报时管理权属由设区市粮食和物资储备局牵头组织验收。省属企业直接申报实施的项目，由省粮食和物资储备局牵头组织项目验收。项目验收工作可以委托有资质、有经验的咨询机构进行。县级粮食和物资储备行政管理部门可视情对项目进行预验收。

一、验收对象

省粮食和物资储备局、省财政厅批复备案的粮食产后服务中心建设项目。

一、验收条件

1. 项目工程已按设计建成，能够满足生产作业需要。

2. 项目购买的设备、仪器规格、性能、材质、技术指标符合已批复建设方案的内容及相关规定。

3. 设备安装调试、空载联动试车（烘干设备 36 小时实载运行）均符合设计要求，有监理工程师签署的验收意见。

4. 有关设备取得管理部门批准使用文件或合格证明。

5. 建设单位、设计单位、监理单位及施工单位分别完成验收。

6. 项目建立专账，合同、发票等资料齐全完整。

7. 有资质的第三方机构出具了项目竣工决算审计报告。

8. 完成了服务中心门头制作、制度上墙和环境卫生美化整治等工作。

9. 有完整的工程档案和施工管理资料，已按《建设工程文件归档整理规范》GB/T 50328 规定整理并归档完毕。

10. 项目建设单位提出工程竣工验收申请。

11. 历次验收发现的问题已整改完毕。

三、验收资料

申请验收的项目单位须准备以下资料：

（一）项目建设单位出具的《验收材料真实性承诺书》。

（二）项目建设单位的建设总结报告，包括项目审批情况，项目建设目标及考核指标、计划和投资完成、设备调试等情况，取得的主要成果、经验，产生的经济社会效益，存在的主要问题等内容。

（三）项目单位的《项目验收申请》。

（四）建设单位、设计单位、监理单位和施工单位四方出具的项目竣工验收报告。

（五）有资质的第三方机构出具了项目竣工决算审计报告。

（六）安装调试单位的设备调试报告。

（七）历次验收所发现的问题整改记录及报告。

（八）分类材料。

1. 土建类。

（1）项目批复与设计审批文件：立项（备案、批复等）、土地、规划、环保等（仅新建项目提供此项）；

（2）工程竣工图、设计文件及有关资料；

（3）施工合同、监理合同等；

（4）材料合格证、测试报告、检验报告等；

（5）设计单位的质量检查报告；

（6）施工单位的施工自评报告和工程质量保修书；

（7）监理单位的工程质量评估报告。

2. 设施设备类。

（1）设备订货合同、发票等；

（2）设备合格证、保修卡、产品技术说明书、使用手册等；

（3）安装调试单位的设备调试报告与实载运行记录等；

（4）管理部门的批准使用文件或合格证明等；

（5）监理单位设施设备检查记录和鉴证等。

（九）其它必要的证明材料。

四、验收程序

1. 项目建设完成并符合验收基本条件后，项目建设单位备齐验收资料，向县级粮食和物资储备局提出竣工验收申请。

2. 县级粮食和物资储备部门可以视情组织预验收，督促建设单位按期整改预验收中发现的问题。项目预验收合格后，向设区市级粮食和物资储备局提出竣工验收申请。

3. 设区市粮食和物资储备局受领验收申请后，组成验收专家组对项目进行验收，并将验收意见书报省粮食和物资储备局、省财政厅备案。

五、验收方法

牵头组织单位要选取相关领域专家成立竣工验收专家组（人数应不少于3人的单数），对项目进行验收，并对项目验收结果负责。验收专家组可下设工程、财务和资料等小组。

建设单位、设计单位、施工单位、设备制造（供应）与安装单位、监理单位等代表作为被验收单位列席，负责解答验收专家组的质询。

验收会议议程：

（一）听取建设、设计、施工、监理、设备制造（供应）与安装、审计等单位汇报有关项目建设方面的情况。其中建设单位介绍工程建设情况和工程竣工总结；勘探、设计单位做设计总结报告；施工单位做施工总结报告；设备制造（供应）与安装单位进做设备调试总结报告；监理单位做工程监理总结报告；审计单位做竣工财务决算报告。

（二）专项小组分组现场核查工程完成情况、工程质量和工程财务决策等情况，审阅相关文件、资料，并汇报检查结果。

（三）项目建设单位、设计单位、施工单位、监理单位、设备制造（供应）与安装单位、接受验收专家组质询。

（四）验收专家组讨论、评议主持验收项目，形成项目《验收意见书》，并在项目《验收意见书》上出具验收结论。

验收结论分合格、整改合格和不合格三种结论：

（一）合格意见。经验收，项目建设内容基本符合已经向省粮食和物资储备局、省财政厅报备的建设方案要求，工作量及投资额与报备建设方案一致，管理制度严格，采购程序规范，工程、设备质量合格的，验收鉴定结论为合格。

（二）整改合格意见。经验收，项目建设工程量及投资额基本按计划完成，但存在项目管理有瑕疵等情况的，验收组提出整改意见，待整改完毕后，验收组出具整改合格的验收鉴定结论。

（三）不合格意见。主要包括以下几种情形：

1. 项目建设的实施与报备建设方案有较大偏差，如实施的具体项目与报备建设方案不符，工程量及投资额严重偏低等。

2. 项目管理存在重大失误，工程质量严重不达标。

3. 挤占、挪用财政资金，或招标投标及采购过程出现违法违纪现象。

4. 提供虚假验收材料。

（四）验收专家组、被验收单位法人代表在《验收意见书》上签字。

六、整改要求

对于不合格的项目，由县（市、区）粮食和物资储备局责成建设单位限期完成整改，并重新进行验收，整改仍未合格的，收回省以上财政补助资金。

七、验收备案

项目竣工验收后，应在十个工作日内将相关材料报省局备案。材料包括：

1. 项目建设单位项目竣工验收申请；

2. 项目建设单位的项目建设工作总结；

3. 项目竣工验收意见书；

4. 资金审计报告；

5. 质量鉴定报告。

八、验收依据

1. 国家粮食和物资储备局《关于印发"优质粮食工程"各子项实施指南的通知》（国粮规〔2019〕183 号）。

2. 国家粮食局《粮油仓库工程验收规程》（2010 年 10 月 5 日）。

3. 江苏省粮食局、江苏省财政厅《关于在粮食流通领域实施"优质粮食工程"的通知》（苏粮产〔2017〕16 号）。

4. 江苏省粮食局、省财政厅《粮食产后服务体系建设实施方案》。

5. 江苏省财政厅、江苏省粮食局《关于印发〈江苏省粮食物流仓储设施建设专项资金管理办法〉的通知》（苏财规〔2015〕10 号）。

江苏省粮食行业协会"水韵苏米"
集体商标使用管理规则

第一章 总 则

第一条 为了促进江苏省粮食行业协会成员在大米产品上的生产和经营，提高产品质量，共同维护和提高商品在国内外市场上的信誉，保护江苏省粮食行业协会成员的合法权益，根据《中华人民共和国商标法》、《中华人民共和国商标法实施条例》和国家市场监督管理总局《集体商标、证明商标、注册商标和管理办法》，制定本规则。

第二条 "水韵苏米"商标是经国家市场监督管理总局知识产权局商标局核准注册的集体商标，用于表明使用本集体商标的经营者属于江苏省粮食行业协会的成员。

第三条 "水韵苏米"集体商标的注册人是江苏省粮食行业协会，商标权属于江苏省粮食行业协会的全体成员。

第四条 江苏省粮食行业协会所属成员按本规则履行手续后，均可使用"水韵苏米"集体商标。任何企业、组织和个人未经授权不得擅自使用这一标志。

第二章 "水韵苏米"集体商标的使用条件和手续程序

第五条 使用"水韵苏米"集体商标的商品的品质标准：

（一）江苏大米．稻谷生产技术规程（T/JSLX001.1—2018）；

（二）江苏大米．加工技术规范（T/JSLX001.2—2018）；

（三）江苏大米．稻谷（T/JSLX001.3—2018）；

（四）江苏大米．大米（T/JSLX001.4—2018）。

第六条 江苏省粮食行业协会成员使用该集体商标，应办理如下事项：

（一）申请领取《集体商标准用证》；

（二）申请领取集体商标标识；

（三）交纳管理费。

第三章　江苏省粮食行业协会成员的权利和义务

第七条　江苏省粮食行业协会成员享有下列权利：

（一）在其产品、包装、宣传物料上使用该商标；

（二）使用该集体商标进行产品广告宣传；

（三）对集体商标管理费的使用进行监督。

第八条　江苏省粮食行业协会成员应承担下列义务：

（一）维护"水韵苏米"集体商标产品的质量和声誉，保证产品质量稳定；

（二）接受江苏省粮食行业协会对产品质量的不定期的检测和商标使用的监督，支持质量检测、监督人员的工作；

（三）"水韵苏米"集体商标的使用者，应有专人负责该集体商标标识的管理、使用工作，确保"水韵苏米"集体商标标识不失控、不挪用、不流失，不得向他人转让、出售、馈赠"水韵苏米"集体商标标识，不得许可他人使用"水韵苏米"集体商标。

第四章　"水韵苏米"集体商标的管理与保护

第九条　江苏省粮食行业协会是"水韵苏米"集体商标的管理机构，具体实施下列工作：

（一）组织本组织成员对《集体商标使用管理规则》进行制定和修改；

（二）组织、监督按本规则使用该集体商标；

（三）负责对使用该集体商标的产品进行全方位的跟踪管理；

（四）对产品质量进行监督检测；

（五）维护"水韵苏米"集体商标专用权；

（六）对违反本规则的成员做出处理。

第十条　对本规则条款的修改应经国家市场监督管理总局知识产权局商标局审查核准，并自公告之日起生效。

使用该集体商标的成员变化时，江苏省粮食行业协会应当向国家市场监督管理总局知识产权局商标局申请变更注册事项，由商标局公告。

第十一条　非江苏省粮食行业协会的成员，擅自在本申请包括的产品上使用与该集体商标相同或近似的商标的，或者江苏省粮食行业协会许可非本组织成员使用该集体商标的，江苏省粮食行业协会其成员将依照《中华人民共和国商标法》及有关法规和规章的规定，提请市场监督管理部门依法查处或向人民法院起诉；对情节严重的、构成犯罪的，报请司法机关依法追究侵权者的刑事责任。

第十二条　江苏省粮食行业协会成员在使用该集体商标时违反本规则，江苏省粮食行业协会有权取消其成员资格，收回其《集体商标准用证》和已领取的集体商标标识，必要时将请市场监督管理部门调查处理或寻求司法途径解决。

第五章　附　　则

第十三条　"水韵苏米"集体商标使用管理费，由江苏省粮食行业协会成员共同协商决定。

第十四条　"水韵苏米"集体商标的管理费专款专用，主要用于商标注册、续展事宜，印制集体商标标识、产品检验、受理集体商标投诉、收集案件证据材料和宣传集体商标等工作，以保障使用"水韵苏米"集体商标产品的信誉，维护江苏省粮食行业协会成员的合法权益。

第十五条　本规则自国家市场监督管理总局知识产权局商标局核准注册该集体商标之日起生效。

附："水韵苏米"商标许可使用申请表

"水韵苏米"商标许可使用申请表

申请单位（盖章）：　　　　　　　　　　　　　　申报时间：　年　月　日

单位全称				传　真	
单位地址				邮　编	
法定代表人 （负责人）			联系电话		
联系人			联系电话		
单位网址			电子信箱		
单位简况					
营业执照编号			注册商标名称		
资产总额		万元	固定资产		万元
年生产能力		万吨	年销售收入		万元
年税后利润		万元	年上缴税金		万元
申请使用商标大米名称					
申请使用商标的大米年产量					万吨
申请使用商标的稻米基地面积					万亩
申请使用商标的包装规格					
申请使用地理标志商标时限			年月日—年月日		
市粮食行政主管 部门推荐意见					
	推荐单位（盖章）　　年　月　日				

江苏省粮食行业协会团体标准

前　言

T/JSLX 001《江苏大米》分为如下 4 个部分：

——第 1 部分　稻谷生产技术规程

——第 2 部分　大米加工技术规范

——第 3 部分　稻谷

——第 4 部分　大米

本部分为 T/JSLX 001 的第 1 部分。

本部分按照 GB/T 1.1—2009《标准化工作导则　第 1 部分：标准的结构和编写》给出的规则起草。

本部分由江苏省粮食局提出。

本部分由江苏省粮食行业协会归口。

本部分起草单位：江苏省农业科学研究院粮食作物研究所、江苏粮食集团有限公司、江苏省粮油质量检测所、南京财经大学。

江苏大米　第1部分：稻谷生产技术规程

1　范围

T/JSLX 001 的本部分确立了用作江苏大米加工原料的稻谷生产程序，规定了稻谷生产的一般要求、育秧技术、田间管理、收获与储藏等阶段的操作指示，描述了过程记录、真实性检测、档案管理等追溯方法。

本部分适用于江苏省区域种植的用于江苏大米加工原料的粳稻谷生产。

本部分不适用于籼稻谷。

2　规范性引用文件

下列文件对于本文件的应用是必不可少的。凡是注日期的引用文件，仅所注日期的版本适用于本文件。凡是不注日期的引用文件，其最新版本（包括所有的修改单）适用于本文件。

GB 4285 农药安全使用标准

GB 4404.1 粮食作物种子　第1部分：禾谷类

GB 5084 农田灌溉水质标准

GB/T 8321（所有部分）农药合理使用准则

GB 15618 土壤环境质量　农用地土壤污染风险管控标准（试行）

GB/T 17420 微量元素叶面肥料

GB/T 19630.4　有机产品　第4部分：管理体系

GB/T 21015 稻谷干燥技术规范

GB/T 29890—2013 粮油储藏技术规范

NY/T 496 肥料合理使用准则　通则

NY/T 5117—2002　无公害食品　水稻生产技术规程

DB32/T 2971—2016 水稻机插钵苗育秧技术规程

DB32/T 3132—2016 机插稻工厂化育秧技术规程

3　术语和定义

下列术语和定义适用于本文件。

3.1

安全间隔期

最后一次施药、施肥到作物收获时允许的间隔天数。

3.2

安全排水期

稻田施肥及施用农药后不宜排水的间隔天数。

4　一般要求

4.1　产地环境

产地环境按照 GB 15618 规定的要求。

灌溉用水按照 GB 5084 规定的要求。

4.2　产地规模

单一品种连片种植面积≥300 亩。

4.3　品种选择

应选用通过国家、地方审定或各类种业联合体登记备案、食味值≥80 分的粳稻品种。

4.4　原粮生产种源

由品种培育单位指定的生产企业提供，种子质量应符合 GB 4404.1 的规定。

4.5　肥料使用

4.5.1　只准许按照 NY/T 496 和 GB/T 17420 的规定原则使用肥料。

4.5.2　只准许使用经农业主管部门登记的化学肥料。

4.5.3　只准许使用重金属含量小于附录 A 给出的限量指标的肥料（有机肥及矿质肥等）。

4.5.4　安全排水期 7d。

4.6　农药使用

4.6.1　只准许按照 GB/T 8321（所有部分）的规定使用农药，不得使用的农药以国家最新发布的禁用农药目录为准。

4.6.2　合理混用、轮换交替使用不同作用机制或具有负交互抗性的药剂，克服和推迟病虫草害抗药性的产生和发展。

4.6.3 安全排水期 5d～7d。

4.7 种植方式

宜采用机插秧方式。

5 育秧技术

工厂化育秧按照 DB32/T 3132—2016 规程执行，钵苗育秧按照 DB32/T 2971—2016 规程执行。

6 田间管理

6.1 水浆管理

返青期保持浅水层，分蘖期湿润灌溉，苗数达到穗数的 80％～90％时开始露田和晒田。穗分化后灌水并保持浅水层至抽穗扬花期。灌浆成熟期间歇灌溉、干湿交替。收获前 7 天左右断水。

6.2 肥料运筹

6.2.1 施肥总量

纯氮 18kg/亩左右，磷（P_2O_5）（8～10）kg/亩，钾（K_2O）（8～10）kg/亩。其中有机肥含氮量占总氮量 40％以上。

6.2.2 施肥方法

基肥、分蘖肥和穗肥用量比例为 4：4：2 或 4：4：3，磷肥主要用作基肥；钾肥 50％作基肥，50％作穗肥施用。分蘖肥在栽后 5d～7d 和 12d～15d 分 2 次施用，穗肥在倒 4 叶至倒 3 叶时根据苗情分 1～2 次使用。硅锌肥在倒 2 叶期使用。宜少施氮肥，多施有机肥，特别是后期尽量不施氮肥，在获得 600kg/亩～650kg/亩稻谷产量的前提下确保米质优良。

6.3 病虫草害化学防治措施

按照 NY/T 5117—2002 中 6 章规定执行。

6.4 安全间隔期

25d 以上。

7 收获与贮藏

7.1 收获

在保证成熟度的条件下，稻谷水分含量宜控制在 20％～25％时适期收获，应防止品种机械混杂。

7.2　干燥

高水分稻谷应进行干燥，可采用晾晒或机械烘干。采用机械烘干时，宜按照 GB/T 21015 规定进行。不得在沥青路面及粉尘污染严重的地方晒谷。

7.3　贮藏

按 GB/T 29890 规定的要求进行，储藏期间稻谷水分应控制在 15.5% 以下，库房仓宜温控制在 20℃以下。

8　原粮品种鉴定

必要时，生产的原粮可随机抽取样品送品种选育单位、品种选育单位委托的机构或有资质的第三方检验机构进行检测，以鉴定原粮生产所用品种。

9　生产档案

稻谷生产者应按照 GB/T 19630.4 的要求，建立并保持从稻谷生产到收获、贮存全过程的台账记录，主要包括稻谷生产农事操作、农药肥料、产地环境和贮存销售等事项。相关记录表可采用附录 B 的表式。

各类记录应至少保存 5 年。

附录 A

（规范性附录）

肥料中主要重金属含量的限量指标

表 A 肥料中主要重金属含量的限量指标

mg/kg

标准	砷及其化合物（以 As 计）	镉及其化合物（以 Cd 计）	铅及其化合物（以 Pb 计）	铬及其化合物（以 Cr 计）	汞及其化合物（以 Hg 计）
GB 8172—1987 城镇垃圾农用控制标准	≤30	≤3	≤100	≤300	≤5
GB 18877—2009 有机-无机复混肥料	≤50	≤10	≤150	≤500	≤5
GB/T 23349—2009 肥料中砷、铬、铅、镉、汞生态指标	≤30	≤30	≤30	≤30	≤30
NY 525—2012 有机肥料	≤15（以烘干基计）	≤3（以烘干基计）	≤50（以烘干基计）	≤150（以烘干基计）	≤2（以烘干基计）
NY 884—2012 生物有机肥	≤15（以干基计）	≤3（以干基计）	≤50（以干基计）	≤150（以干基计）	≤2（以干基计）
NY 1110—2006 水溶肥料汞、砷、铬、铅、镉的限量及其含量测定	≤10	≤10	≤50	≤50	≤5
NT/T 798—2004 复合微生物肥料	≤75	≤10	≤100	≤150	≤5

附录 B

（资料性附录）

稻谷生产质量管理相关记录表式

表 B.1 稻谷生产农事管理综合记录表

基地名称		地块编号		面积，亩		种植者	
1. 品种名称							
2. 种子来源							
3. 种子处理时间及方法							
4. 播种时间及播种量							
5. 育秧方式							
6. 苗床管理							
7. 大田整地时间及方法							
8. 移栽时间及方法							
9. 大田施肥种类、数量及时间							
10. 灌水时间及水源							
11. 病虫害防治方式及时间							
12. 除草方式及时间							
13. 重大及突发事件							
14. 收获方式及时间							
15. 收获量与干燥方式							
16. 批次号							
备注（其他事项）：							

填写：　　　　　　　　　　审核：　　　　　　　　　　批准：

　年　月　日　　　　　　　　年　月　日　　　　　　　　年　月　日

表 B.2 稻谷生产农事管理综合记录表

基地名称：

地块号	面积，亩	品种	病虫害防治						杂草防治	
			病虫害名称	危害程度	农药名称	使用量	使用时间	用药方式	杂草名称	防除方式及时间

填写：　　　　　　　　　　审核：　　　　　　　　　　批准：
　年 月 日　　　　　　　　年 月 日　　　　　　　　年 月 日

表 B.3　稻谷生产农事管理综合月度记录表

基地名称		地块编号		面积，亩		种植者	
月份	农事操作事项描述						
1							
2							
3							
4							
5							
6							
7							
8							
9							
10							
11							
12							
备注（其他事项）：							

填写：　　　　　　　　　　　　　审核：　　　　　　　　　　　　　批准：

　年　月　日　　　　　　　　　　　年　月　日　　　　　　　　　　　年　月　日

表 B.4 稻谷贮存进出库记录表

仓库地点		品种名称		基地来源		保管员	
进　库			出　库			生产批号	
仓库号	日期	数量	日期	数量	目的地		
备注：							

填写：　　　　　　　　　　　审核：　　　　　　　　　　　批准：

年　月　日　　　　　　　　年　月　日　　　　　　　　年　月　日

江苏大米 第2部分：大米加工技术规范

1 范围

T/JSLX 001的本部分规定了江苏大米加工企业基本要求、原料、食品添加剂和食品相关产品、生产过程控制、检验、大米储存和运输、产品召回管理、人员和管理制度要求、记录与文件管理等要求。

本部分适用于江苏大米的加工过程控制。

2 规范性引用文件

下列文件对于本文件的应用是必不可少的。凡是注日期的引用文件，仅注日期的版本适用于本文件。凡是不注日期的引用文件，其最新版本（包括所有的修改单）适用于本文件。

GB 1350 稻谷

GB/T 1354 大米

GB 2715 食品安全国家标准 粮食

GB 5749 生活饮用水卫生标准

GB 8875 粮油术语 碾米工业

GB 13122—2016 食品安全国家标准 谷物加工卫生规范

GB 14881—2013 食品安全国家标准 食品生产通用卫生规范

GB/T 17891 优质稻谷

GB/T 21015 稻谷干燥技术规范

GB/T 22515 粮油名词术语 粮食、油料及其加工产品

GB/T 26630—2011 大米加工企业良好操作规范

GB/T 26631 粮油名词术语 理化特性和质量

GB/T 29890—2013 粮油储藏技术规范

JJF 1070 定量包装商品净含量检验规则

建标 172—2016 粮食仓库建设标准

T/JSLX 001.3 江苏大米　第 3 部分：稻谷

T/JSLX 001.3 江苏大米　第 4 部分：大米

3　术语和定义

GB 1350，GB/T 1354，GB/T 8875，GB/T 17891，GB/T 22515 和 GB/T 26631 界定的以及下列术语和定义适用于本文件。

3.1

江苏大米　Jiangsu rice

苏米

以按 T/JSLX 001.1 规定的规程生产的符合 T/JSLX 001.3 规定的粳稻谷为原料，加工的符合 T/JSLX 001.4 规定要求的大米。

4　加工企业基本要求

4.1　选址及厂区环境

应符合 GB 14881—2013 中第 3 章和 GB/T 26630—2011 中第 4 章的相关规定。

4.2　厂房和车间

4.2.1　应符合 GB 14881—2013 中第 4 章和 GB/T 26630—2011 中第 5 章的相关规定。

4.2.2　用于堆放、晾晒谷物、半成品、成品的地面不得铺设含有沥青等有害物质的材料。

4.3　设施与设备

4.3.1　设施

应符合 GB 14881—2013 中 5.1 的规定。

4.3.2　设备

4.3.2.1　应符合 GB 14881—2013 中 6.2 和 GB/T 26630—2011 中第 6 章的规定。

4.3.2.2　仓库应配备粮温、库温等粮情监测、通风等温湿度调控和防控虫害、鼠害、鸟类等保证粮食安全储存的设备。

4.3.2.3　外溢粉尘的部位应安装粉尘控制装置。

4.4　卫生管理

4.4.1　管理要求

应符合 GB 14881—2013 中 6.1 的规定。

4.4.2 厂区环境卫生管理

应符合 GB 13122—2016 中 6.2 的规定。

4.4.3 厂房及设施卫生管理

应符合 GB 13122—2016 中 6.3 的规定。

4.4.4 人员健康管理与卫生要求

应符合 GB 14881—2013 中 6.3 的规定。

4.4.5 虫害控制与防鼠

应符合 GB 13122—2016 中 6.5 的规定。

4.4.6 废弃物的处理

应符合 GB 14881—2013 中 6.5 的规定。

4.4.7 工作服管理

应符合 GB 14881—2013 中 6.6 的规定。

5 原料、食品添加剂和食品相关产品

5.1 一般要求

应符合 GB 14881—2013 中 7.1 的规定。

5.2 原料

应符合 GB 13122—2016 中 7.2 的规定。

5.3 食品添加剂

不得使用食品添加剂。

5.4 食品相关产品

应符合 GB 14881—2013 中 7.4 的规定。

5.5 其他

应符合 GB 14881—2013 中 7.5 的规定。

6 生产过程控制

6.1 一般要求

6.1.1 原料清理应除去杂质及霉变粒，防止杂质进入后续加工，造成产品污染。

6.1.2 生产用水应符合 GB 5749 中的相关规定。

6.1.3 应采取有效措施防止金属或其他外来杂物混入产品中。

6.1.4 在生产过程中，现场不得进行生产设备的维修。

6.1.5 应加强设备的日常维护和保养，保持设备清洁、卫生。设备的维护必须严格执行正确的操作程序。设备出现故障应及时排除，防止影响产品质量卫生。每次生产前应检查设备是否处于正常状态。所有生产设备应定期进行检修并做好保养维修记录。

6.2 食品安全控制

6.2.1 产品污染风险控制

应符合 GB 14881—2013 中 8.1 的规定。

6.2.2 生物污染的控制

应符合 GB 14881—2013 中 8.2.1 的规定。

6.2.3 化学污染的控制

应符合 GB 14881—2013 中 8.3 的规定。

6.2.4 物理污染的控制

应符合 GB 14881—2013 中 8.4 的规定。

6.3 稻谷接收、初清及干燥

6.3.1 工艺流程

6.3.1.1 应包括下列工序和干燥工段（水分适宜时，可不经干燥工段）：

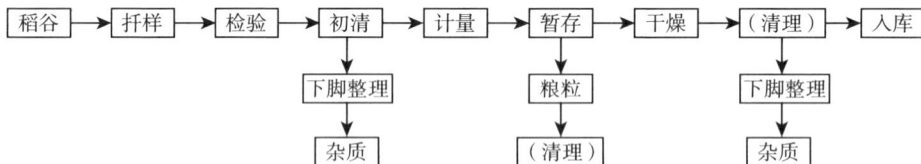

图 1 稻谷接收、初清及干燥工艺流程

6.3.1.2 稻谷水分较高时，应进行干燥，可采用晾晒或机械烘干。采用机械烘干时，宜按照 GB/T 21015 规定进行。

6.3.1.3 干燥冷却后宜设置"清理"工序。

6.3.2 设备选型

6.3.2.1 所选择的设备型式、生产能力、动力配备等应满足进厂稻谷等原料批量和质量的需要。

6.3.2.2 初清、清理和下脚整理设备，应适合进厂原粮，并可确保初清、清理及下脚整理后稻谷含杂、杂中稻谷含量均达到要求。

6.3.2.3 干燥设备可按照 GB/T 21015 规定进行选择。

6.3.2.4　除尘器、管路、通风机等设备及设施构成的除尘系统，应能确保工作场所卫生达标和废气等排放达标。

6.3.3　控制指标

6.3.3.1　原料

原料稻谷水分应≤25％，不同水分稻谷应分别储藏，水分≥16％时，应分别进行干燥。

6.3.3.2　原料初清要求

原料初清要求如下：

——出机稻谷杂质含量应≤1.0％（大于直径 10mm 的杂质宜除净，原料中杂质含量≤3.0％时，大型杂质去除效率≥90％）；

——出机杂质中完整稻谷粒：≤2.0％。

6.3.3.3　湿稻谷暂存要求

不同水分稻谷应分开暂存，同批稻谷水分不均匀度应小于等于2.0％。

6.3.3.4　稻谷干燥要求

稻谷干燥操作指标要求如下：

——干燥机入机稻谷控制指标：稻谷水分不均匀度≤2.0％；杂质总量：≤2.0％。

——干燥速率：≤0.8％/h。

——一次降水幅度控制指标：≤3.0％。

——干燥后稻谷质量控制指标：破碎率增加值≤1.0％；爆腰率增加值≤2.0％。

——干燥不均匀度：≤1.0％。

——色泽、气味：正常。

6.3.3.5　清理要求

清理操作指标要求如下：

——大型杂质去除效率：≥95％；

——小型杂质去除效率：≥95％；

——轻型杂质去除效率：≥90％；

——清理出的大型杂质中含稻谷、小型杂质含稻谷均应≤1.0％；轻型杂质含稻谷≤10 粒/kg。

6.4　稻谷储存

6.4.1　仓储设施与设备的基本要求

应符合 GB/T 29890—2013 第 5 章的规定。

6.4.2　储存技术

应按 GB/T 29890 规定执行，宜采用准低温、低温、气调、四合一等储藏技术。

6.4.3　稻谷储存操作指标

稻谷储存控制指标应符合表 1 所列要求。

表 1　稻谷（粳稻）储存控制指标

		入仓稻谷	储藏期稻谷	出仓稻谷
水分，%	≤	16.0		15.5
杂质，%	≤	1.0		
脂肪酸值（KOH/干基），mg/100g	≤		25.0	25.0

6.5　大米加工

6.5.1　工艺流程

6.5.1.1　大米稻谷加工通常包括：清理、砻谷、碾米、大米整理、计量包装等工段。

6.5.1.2　应根据生产规模、产品方案、结合原料种类与质量、设备条件，选择合适的加工工艺和控制方式，制定出具体的生产工艺流程，使产品质量符合 T/JSLX 001.4 的有关要求。

6.5.2　清理工段

应根据原料杂质含量情况设置清理工段流程。

——通常包括筛选、风选、比重去石、磁选等工序；

——应根据原料处理量及原料的杂质量情况设置清理工序；

——针对稻谷清理过程中清理出来的各种下脚，应分别设置下脚整理工序。

6.5.3　砻谷工段

以稻谷为原料的企业应设置砻谷工段流程：

——通常包括脱壳（砻谷）、谷壳分离、谷糙分离、糙米精选等工序；

——应设置稻壳整理工序。

6.5.4　碾米工段

砻谷后，应设置碾米工段流程：

——应根据原料品种、品质以及产品品质的要求设置适宜的碾白道数；

——如加工较低水分的糙米，可在头道碾白前增加糙米调质工序；

——应分别设置糠秕分离或米糠整理工序，以方便米糠分类利用；

——宜设置米糠保鲜工序，以保障米糠品质，方便后续制油等进一步加工利用。

6.5.5　大米整理工段

应根据原料品种、品质以及产品品质的要求，设置大米整理流程：

——通常包括大米分级、大米精选、刷米（抛光）、色选等工序；

——应根据原料品种与品质以及产品的要求设置具体工序的组合；

——加工粳米不得设置抛光工序；

——为提高产品储存性（货架期），可设置一至二道刷米工序；

——宜分道收集刷米（含抛光）工序分离出的糠粉，以方便糠粉分类利用；

——宜针对垩白粒、异色粒、有害杂质分别设置色选工序，以方便分离的垩白粒、异色粒分类利用。

6.5.6　包装工段

6.5.6.1　应符合 GB 14881—2013 中 8.5 的规定。

6.5.6.2　应根据产品的包装型式与规格等要求，合理设置包装流程：

——通常包括计量、灌包（抽真空或充气）、封口或缝口、金属检测等工序；

——产品包装宜小型化，宜充 CO_2 或 N_2 等惰性气体包装或真空包装，以延长产品保质期，尽可能降低产品消费前的损失；

——为方便运输，小包装后产品可选择装大箱或装大袋。

包装物总层数应小于等于 2 层，以减少过度包装造成的资源浪费。

6.5.6.3　外包装上应标示产品批号、产品名称、产品等级、执行标准、生产日期，原料产地、保质期等信息。

6.5.7　操作指标

6.5.7.1　清理工段

清理工段杂质去除指标如下：

——大型杂质去除效率≥95％；

——小型杂质去除效率≥90％；

——轻型杂质去除效率≥95％；

——并肩杂质去除效率≥99％；

——磁性金属去除效率≥99％；

——净谷中杂质总量≤0.5%，其中不得含有并肩石、玻璃、塑料等。

6.5.7.2 砻谷工段

砻谷工段控制指标如下：

——砻下物碎米含量：≤2.0%；

——谷糙混合物中含稻壳量≤1.0%；

——稻壳中含饱满粮粒≤4粒/kg；

——净糙含稻谷率≤30粒/kg；

——回砻谷含糙率≤10%；

——稻壳内含有的饱满稻粒、米粒总数≤5粒/kg；

——净糙米中含未成熟粒≤40粒/kg。

6.5.7.3 碾米工段

碾米工段控制指标如下：

——糙出白率≥90%；

——增碎率≤6.0%；

——糙白不匀率≤5.0%；

——出机米糠粉≤0.15%。

注：宜采用三道碾白，各道碾白的出糠率宜均衡分配，如：头道30%～35%、第二道35%～40%、第三道30%。

6.5.7.4 大米整理工段

大米整理工段控制指标如下：

——粳米抛光工序（含刷米、擦米）控制指标：总增碎率≤1.0%，出机米糠粉含量≤0.1%；

——色选机后大米的异色粒、垩白粒含量应达到产品的标准要求，不得含有玻璃、塑料粒等杂质；

——通过分级和精选的大米中碎米及其中小碎含量应达到产品的标准要求。

6.5.7.5 包装工段

包装工段应满足：

——包装袋封口或者缝口严密；

——包装产品的重量误差符合JJF 1070的规定。

7 检验

应符合 GB 14881—2013 中第 9 章的相关规定。

应按照 T/JSLX 001 第 3 部分、第 4 部分的要求进行稻谷、大米质量检验。

8 大米储存和运输

8.1 应符合 GB 14881—2013 中第 10 章的相关规定。

8.2 大米应按品种、包装形式、生产日期分别储存；应定期检查，如有异常应及时处理。

8.3 包装后的成品大米应短期储存，加工企业存放时间≤30d。仓库应控制库内温度，控制粮温升高、防潮及害虫感染，应有温度、湿度检测和记录。

8.4 大米的运输工具和容器应保持清洁，维护良好，必要时进行消毒。成品大米不得与有毒、有害物品同时装运。

9 产品召回管理

应符合 GB 14881—2013 中第 11 章的相关规定。

10 人员和管理制度要求

10.1 培训

应符合 GB 14881—2013 中第 12 章的相关规定。

10.2 管理制度和人员

应符合 GB 14881—2013 中第 13 章的相关规定。

11 记录与文件管理

应符合 GB 14881—2013 中第 14 章的相关规定。

质量检验记录应有原始记录，并按规定保存。

宜建立各环节信息登录系统，为方便质量信息传输和追溯，宜采用二维码等信息传输方式相关信息。

江苏大米　第 3 部分：稻谷

1　范围

T/JSLX 001 的本部分规定了用作江苏大米加工原料的稻谷的术语和定义、质量要求、检验方法、检验规则、标签、包装、储存和运输以及追溯信息的要求。

本部分适用于江苏省区域种植的用于加工江苏大米的单品种商品粳稻谷。

本部分不适用于籼稻谷。

2　规范性引用文件

下列文件对于本文件的应用是必不可少的。凡是注日期的引用文件，仅所注日期的版本适用于本文件。凡是不注日期的引用文件，其最新版本（包括所有的修改单）适用于本文件。

GB 1350 稻谷

GB/T 1354 大米

GB 2715 食品安全国家标准　粮食

GB 2761 食品安全国家标准　食品中真菌毒素限量

GB 2762 食品安全国家标准　食品中污染物限量

GB 2763 食品安全国家标准　食品中农药最大残留限量

GB/T 3543.5—1995 农作物种子检验规程　真实性和品种纯度鉴定

GB 5009.3 食品安全国家标准　食品中水分的测定

GB 5009.5 食品安全国家标准　食品中蛋白质的测定

GB/T 5490 粮油检验　一般规则

GB/T 5491 粮食、油料检验　扦样、分样法

GB/T 5492 粮油检验　粮食、油料的色泽、气味、口味鉴定

GB/T 5493 粮油检验 类型及互混检验

GB/T 5494 粮油检验 粮食、油料的杂质、不完善粒检验

GB/T 5495 粮油检验 稻谷出糙率检验

GB/T 5496 粮食、油料检验 黄粒米及裂纹粒检验法

GB/T 15682—2008 粮油检验 稻谷、大米蒸煮食用品质感官评价方法

GB/T 15683 大米 直链淀粉含量的测定

GB/T 17891 优质稻谷

GB/T 21719 稻谷整精米率检验法

GB/T 20569—2006 稻谷储存品质判定规则

GB/T 24904 粮食包装 麻袋

LS/T 1534 粳米品尝评分参考样品

LS/T 3108—2017 中国好粮油 稻谷

NY/T 2334 稻米整精米率、粒型、垩白粒率、垩白度及透明度的测定 图像法

T/JSLX 001.2 江苏大米 第2部分：大米加工技术规范

3 术语和定义

GB 1350、GB/T 17891 界定的以及下列术语和定义适用于本文件。为便于使用，以下重复列出了 GB/T 17891 中的某些术语和定义。

3.1 品种 cultivar

具有相对的遗传稳定性和生物学上的一致性的栽培植物群体。

3.2 食味品质 eating quality

按照规定的程序和方法制成的米饭的气味、外观结构、适口性、滋味、冷饭质地的综合评分值，用食味值表示。

3.3 垩白 chalkiness

米粒胚乳中的白色不透明部分，包括腹白、心白和背白。

3.3.1

垩白大小 chalkiness area percentage in rice kernel；chalky area

垩白米粒垩白部分的投影面积占该粒米投影面积的百分比。

3.3.2

垩白度 chalkiness degree；size of chalkiness

垩白米粒的垩白面积总和占试样米粒面积总和的百分比。

3.3.3

垩白粒率 rate of chalky kernel

垩白大小≥50%的垩白米粒占试样米粒数的百分比。

一致性 consistency

表征稻谷品种纯度特性的指标。

质量要求

质量指标

稻谷质量指标应满足表1要求。

表 1 质量指标

指标类别	项目		一级	二级	三级
定等指标	食味品质（食味值）/分	≥	90	85	80
	出糙率/%	≥	82.0	80.0	78.0
	整精米率/%	≥	68.0	64.0	60.0
	垩白粒率/%	≤	2.0	4.0	6.0
	垩白度/%	≤	4.0	6.0	8.0
基本指标	色泽气味		正常		
	水分/%	≤	15.5		
	杂质/%	≤	1.0		
基本指标	不完善粒/%	≤	3.0		
	黄粒米/%	≤	0.5		
	谷外糙米/%	≤	2.0		
	一致性/%	≥	98		
	直链淀粉（干基）/%	≤	8.0～15.0		
	蛋白质（干基）/%	≤	6.0～8.5		
	脂肪酸值/mg/100g	≤	25.0		

4 食品安全指标

感官要求、有毒有害菌类、植物种子指标按 GB 2715 规定执行。

生产过程中，除符合 GB 5749 规定的水之外不得添加任何物质。

污染物、重金属、真菌毒素、农药残留等除符合 GB 2761、GB 2762、GB 2763 的限量要求外，还应符合表 2 规定的要求。

表 2　安全指标

序号	项目		指标
1	砷（以 As 计）/mg/kg	≤	0.1
2	汞（以 Hg 计）/mg/kg	≤	0.01
3	铅（以 Pb 计）/mg/kg	≤	0.1
4	镉（以 Cd 计）/mg/kg	≤	0.1
5	铬（以 Cr 计）/mg/kg	≤	0.2
6	黄曲霉毒素 B_1/μg/kg	≤	5.0

5　检验方法

食味值检验：按 GB/T 15682—2008 执行，其中"6.1.4 参照样品的选择"宜选用 LS/T 1534 和 LS/T 1535 规定的参考样品；可按 LS/T 3108—2007 附录 B 使用米饭食味计进行测定，必要时采用人工品尝试验进行测定结果验证。

出糙率检验：按 GB/T 5495 执行。

整精米率检验：按 GB/T 21719 执行。

垩白粒率检验：按 LS/T 3108—2017 附录 D 执行。

垩白度检验：按 GB/T 17891 附录 A 执行，或按 NY/T 2334 执行。

色泽、气味检验：按 GB/T 5492 执行。

水分测定：按 GB 5009.3 执行。

杂质检验：按 GB/T 5494 执行。

不完善粒检验：按 GB/T 5495 执行，拣出生芽粒糙米、不完善粒糙米，称量并计算含量。

黄粒米含量检验：按 GB/T 17891 附录 D 执行。

谷外糙米检验：按 GB/T 5494—2008 中 6.1.3 执行，拣出糙米粒，称量并计算含量。

一致性检验：按 GB/T 3543.5—1995 中 6.2.1、6.2.2 及 GB/T 5493 规定的执行，结果表示以"一致性"替代"品种纯度"。

直链淀粉含量检验：按 GB/T 15683 执行。

蛋白质含量检验：按 GB 5009.5 执行。

脂肪酸值检验：按照 GB/T 20569—2006 附录 A 执行。

新鲜度检验：按 LS/T 6118 执行。

食品安全指标检验：分别按照 GB 2715、GB 2761、GB 2762 和 GB 2763 规定的方法检验污染物、真菌毒素和农药残留含量。

检验规则

一般规则

检验的一般规则按 GB/T 5490 执行，并标明代表数量和货位。

扦样、分样

按 GB/T 5491 执行。

检验批次

同品种、同产地、同收获年度、同运输单元、同储存单元的稻谷为一个批次，样品代表数量一般不超过 2 000 吨。

判定规则

按 4.1 中食味值、出糙率、整精米率、垩白粒率、垩白度要求判定稻谷等级。

食品安全指标中有一项检验结果不符合本文件要求时，判定该批产品为不合格产品。

标签标识

应在包装物上或随行文件中注明品种名称、等级、产地、收获年度等，并附检验报告。

注：建议在包装物上加贴二维码，其内容包括 4 章中相应指标的检验值和 9 章的追溯信息。

包装、贮存及运输

按 T/JSLX 001.2 执行。麻袋包装还须符合 GB/T 24904 的规定。

应使用符合食品安全要求的运输工具和容器运送，运输中应注意防止日晒、雨淋、污染和标签脱落。

应贮存于清洁、干燥、防雨、防潮、防虫、防鼠、无异味的仓房内，不得与有害、有毒物品或水分较高物质混存。

追溯信息

供应方提供的追溯信息应符合表3的要求。

表3 追溯信息

信息分类	追溯信息	
生产信息	品种名称 产地（具体到县或基地） 收获时间（具体到年月） 种植面积及区域分布 化肥和农药使用记录（包括：通用名称，用量，施用时间） 产量/可供交易量	
收储信息	收获水分 干燥方式 储存方式 储存地址 虫霉防控记录	
其他信息		

江苏大米 第 4 部分：大米

1 范围

T/JSLX 001 的本部分规定了江苏大米的术语和定义、质量要求、检验方法、检验规则、标签、包装、储存和运输以及追溯信息。

本部分不适用于以籼稻谷加工的大米。

2 规范性引用文件

下列文件对于本文件的应用是必不可少的。凡是注日期的引用文件，仅所注日期的版本适用于本文件。凡是不注日期的引用文件，其最新版本（包括所有的修改单）适用于本文件。

GB/T 191 包装储运图示标志

GB/T 1354 大米

GB 2715 食品安全国家标准 粮食

GB 2761 食品安全国家标准 食品中真菌毒素限量

GB 2762 食品安全国家标准 食品中污染物限量

GB 2763 食品安全国家标准 食品中农药最大残留限量

GB 5009.3 食品安全国家标准 食品中水分的测定

GB 5009.5 食品安全国家标准 食品中蛋白质的测定

GB/T 5490 粮油检验 一般规则

GB/T 5491 粮食、油料检验 扦样、分样法

GB/T 5492 粮油检验 粮食、油料的色泽、气味、口味鉴定

GB/T 5493 粮油检验 类型及互混检验

GB/T 5494 粮油检验 粮食、油料的杂质、不完善粒检验

GB/T 5496 粮食、油料检验 黄粒米及裂纹粒检验法

GB/T 5503 粮食检验 碎米检验法

GB 5749 生活饮用水卫生标准

GB 7718 食品安全国家标准 预包装食品标签通则

GB/T 15682—2008 粮油检验 稻谷、大米蒸煮食用品质感官评价方法

GB/T 15683 大米 直链淀粉含量的测定

GB/T 17109 粮食销售包装

GB/T 17891 优质稻谷

GB 28050 食品安全国家标准 预包装食品营养标签通则

JJF 1070 定量包装商品净含量检验规则

LS/T 1534 粳米品尝评分参考样品

LS/T 3247—2017 中国好粮油 大米

NY/T 2334 稻米整精米率、粒型、垩白粒率、垩白度及透明度的测定
图像法

T/JSLX 001.1 江苏大米 第 1 部分：稻谷生产技术规程

T/JSLX 001.2 江苏大米 第 2 部分：加工技术规范

T/JSLX 001.3 江苏大米 第 3 部分：稻谷

3 术语和定义

除 GB 1354、GB/T 17891 界定的以及下列术语和定义适用于本文件。为便于使用，以下重复列出了 GB 1354、GB/T 17891 中的某些术语和定义。

3.1

江苏大米

苏米

以按 T/JSLX 001.1 规定的规程生产的符合 T/JSLX 001.3 规定的粳稻谷为原料，加工的符合本部分规定要求的大米。

3.2

不完善粒 unsound kernels

未成熟或受到损伤但尚有食用价值的米粒，包括：

未成熟粒：籽粒不饱满，外观全部呈粉质的米粒。

虫蚀粒：被虫蛀蚀的米粒。

病斑粒：粒面有病斑的米粒。

生霉粒：粒面有霉斑的米粒。

糙米粒：完全未脱皮层的米粒。

3.3

杂质 impurities；foreign matter

除米粒之外的其他物质，包括有机杂质和无机杂质。

3.3.1

有机杂质 organic impurities

包括稻谷、稻壳、米糠、糠粉、稻草、带壳稗粒、异种谷粒等植物源杂物和害虫或害虫组织等动物源杂物。

3.3.2

无机杂质 inorganic impurities

包括泥土、砂石和灰尘等无机杂物。

3.4

垩白 chalkiness

米粒胚乳中的白色不透明部分，包括腹白、心白和背白。

3.4.1

垩白大小 chalkiness area percentage in rice kernel；chalky area

垩白米粒垩白部分的投影面积占该粒米投影面积的百分比。

3.4.2

垩白粒率 rate of chalky kernel

垩白大小≥50％的垩白米粒占试样米粒数的百分比。

3.4.3

垩白度 chalkiness degree；size of chalkiness

垩白米粒的垩白面积总和占试样米粒面积总和的百分比。

3.5

食味品质 eating quality

按照规定的程序和方法制成的米饭的气味、外观结构、适口性、滋味、冷饭质地的综合评分值，用食味值表示。

4 质量要求

4.1 质量指标

应满足的质量指标见表1。

表 1　质量指标要求

指标类别	质量指标			一级	二级	三级
定等指标	食味值/分		≥	90	85	80
	碎米	总量/%	≤	5.0	7.5	10.0
		其中　小碎米/%	≤	0.5	0.5	1.0
	垩白粒率/%		≤	2.0	4.0	6.0
	垩白度/%		≤	4.0	6.0	8.0
基本指标	色泽气味			正常		
	水分1/%		≤	15.5		
	不完善粒/%		≤	1.0		
	黄粒米/%		≤	0.2		
	互混/%		≤	2.0		
	杂质	总量/%	≤	0.1		
		其中砂土、石子、玻璃、塑料等		不得检出		
	直链淀粉（干基）/%			8.0～15.0		
	蛋白质（干基）/%			6.0～8.5		

注 1：企业应根据产品销售区域，在此限量的基础上确定产品在一定期限内能够安全保质的水分含量的最大限量。

4.2　食品安全指标

感官要求、有毒有害菌类、植物种子指标按 GB 2715 规定执行。

生产过程中，除符合 GB 5749 规定的水之外不得添加任何物质。

污染物、重金属、真菌毒素、农药残留等除符合 GB 2761、GB 2762、GB 2763 的限量要求外，还应符合表 2 规定的要求。

表 2　江苏大米安全指标

序号	项目		指标
1	砷（以 As 计）/mg/kg	≤	0.1
2	汞（以 Hg 计）/mg/kg	≤	0.01
3	铅（以 Pb 计）/mg/kg	≤	0.1
4	镉（以 Cd 计）/mg/kg	≤	0.1
5	铬（以 Cr 计）/mg/kg	≤	0.2
6	黄曲霉毒素 B_1/μg/kg	≤	5.0

4.3 加工过程质量控制

4.3.1 原料应符合 T/JSLX 001.3 的规定。

4.3.2 生产过程按照 T/JSLX 001.2 规定执行。

4.4 净含量

应符合 JJF 1070 的规定。

5 检验方法

5.1 食味值检验：按 GB/T 15682—2008 执行，其中"6.1.4 参照样品的选择"宜选用 LS/T 1534 规定的粳米品尝评分参考样品，可按 LS/T 3247—2017 附录 B 使用米饭食味计进行测定，必要时采用人工品尝试验进行测定结果验证。

5.2 碎米检验：按 GB/T 5503 规定的方法执行。

5.3 垩白粒率检验：按 LS/T 3247—2017 附录 D 执行。

5.4 垩白度检验：按 GB/T 17891 附录 A 执行，或按 NY/T 2334 执行。

5.5 色泽、气味检验：按 GB/T 5492 规定的方法执行。

5.6 水分检验按 GB 5009.3 规定的方法执行。

5.7 杂质、不完善粒检验：按 GB/T 5494 规定的方法执行。

5.8 黄粒米检验：按 GB/T 5496、GB/T 24302 规定的方法执行。

5.9 互混检验：按 GB/T 5493 规定的方法执行。

5.10 直链淀粉含量检验：按 GB/T 15683 规定的方法执行。

5.11 蛋白质含量检验：按 GB 5009.5 规定的方法执行。

5.12 安全指标检验：按 GB 2715、2761、2762 和 2763 规定的方法检验真菌毒素、污染物和农药残留含量。

5.13 净含量检验：按 JJF 1070 规定执行。

6 检验规则

6.1 一般规则

检验的一般规则按 GB/T 5490 执行，并标明代表数量和货位。

6.2 扦样、分样

按 GB/T 5491 执行。

6.3 产品组批

同原料、同工艺、同设备、同班次加工的产品为一批。

6.4　出厂检验

产品出厂时，应按 5.1 中规定的项目（直链淀粉、蛋白质）进行检验。

6.5　型式检验

6.5.1　凡有下列情况之一时，应进行型式检验：

——新产品投产时；

——正常生产时每年应进行一次型式检验；

——当原料、设备、工艺有较大变化可能影响产品质量时；

——国家质量监督部门提出要求时。

6.5.2　型式检验按本标准 4.1、4.2 规定的内容检验。

6.6　判定规则

凡不符合 GB 2715、GB 2761、GB 2762 和 GB 2763 和植物检疫有关规定的产品，判为非食用产品。

大米以食味值、碎米（包括小碎米）垩白粒率、垩白度进行定等。

初验不合格时，可加倍抽样复验，以复验结果为准。

7　包装和标签

7.1　包装

包装应符合 GB/T 17109 的规定和卫生要求。

若采用包装袋，则包装袋应坚固结实，封口或者缝口应严密。

7.2　标签、标识

包装大米的标签标识应符合 GB/T 191、GB 7718 和 GB 28050 的规定。以江苏省粳米稻谷为原料生产的大米符合 4 章要求的，认证授权后可标注"江苏大米"，产品名称应按本标准规定的名称和等级标注，标明原料产地（具体到县或基地）、原料收获时间（具体到年月）、加工日期、保质期。

注：宜在包装物上加贴二维码，其内容包括 4 章中相应指标的检验值和 9 章的追溯信息。

8　储存和运输

8.1　袋装产品应储存在清洁、干燥、防雨、防潮、防虫、防鼠、无异味的合格仓库内，不得与有毒有害物质或水分较高的物质混存。

8.2　运输时，应使用符合卫生要求的工具和容器，运输过程中应注意防止雨淋和被污染。

8.3 产品在常温下的保质期不应低于 3 个月。

9 追溯信息

应提供可供质量追溯的信息应符合表 3 的要求。

表 3　追溯信息

信息分类	追溯信息	
原料信息	品种名称 产地（具体到县或基地） 收获时间（具体到年月） 化肥和农药使用记录 （包括：通用名称，用量，施用时间） 干燥方式 储存方式 储存地址 虫霉防控记录 储存量	
生产信息	碾米日期 加工工艺	
储运信息	储存方式 运输方式	
其他信息	（可填）	